공무원과 법

Public Servant & Law

선정원 지음

박영사

머리말

오랜 세월 공직에 요구되어 왔던 선공후사와 청렴봉사의 정신은 여전히 오늘날의 공무원에게도 요청되고 있다. 하지만, 더 이상 그것으로는 충분하지 않다. 산업화되고 도시화된 현대 사회의 복잡성을 적절히 관리하기 위해서는 공무원들에게 높은 전문성이 요구된다.

우리나라에서 공무원임용시험은 고등학교에서 배운 과목들이 다수 포함되어 있을 뿐 직무관련성이 높은 대학의 학문들을 제대로 반영하지 않고 있다. 이로 인해 공무원 합격자들은 전문성이 부족하여 행정 업무에 적응하는 데 어려움을 겪고 있고 현장의 행정조직들에서는 전문 인력이 매우 부족한 상황이다. 학계의 학문연구의 성과도 행정의 혁신에 잘 반영되지 않는다.

주민 및 기업과의 관계에서 공무원들은 해당 상황에 맞게 규제자로서의 역할과 서비스제공자로서의 역할을 모두 적절히 수행할 수 있어야 하고 어느 하나의 역할만을 고집해서는 안 된다. 또, 행정자원이 제한된 상황에서 권리의식이 높은 민원인들의 민원을 적절히 처리하기 위해서는 주민 및 사업자들과 협력적 법집행의 방법을 다각도로 모색하여야 한다. 이를 위해서는 업무처리시스템을 재설계해야 할 뿐만 아니라 공무원들이 스스로 먼저 협력하려는 자세를 가져야 한다.

민주적 법치사회가 기대하고 요구하는 공무원상의 형성과 정착을 위해서는 상당한 시간 동안 관련 교과목 등을 통해 치열한 학습과 토론의 과정을 거쳐 공무원으로 임용될 것이 요청된다. 이 책은 공무원지망생들과 신규공무원들에게 현장행정업무에 대한 안내서의 역할을 목표로 공무원들의 일하는 방식을 종합적으로 배울 수 있도록 했다. 이를 위해 행정법학과 행정학을 중심으로 현장행정의 업무와 관련된 다양한 학문들의 성과를 종합적으로 수용하여 내용을 기술하려 하였다.

현장공무원들을 위한 종합적 안내서를 쓰는 것은 저자의 오랜 소망이었다. 이 과정에서 이 꿈을 키우고 발전시키는 데 도움을 주신 은사님, 많은 동료 교수님들, 공무원들, 그리고 대학원생들, 행정학과와 법학과 학생들 모두에게 깊은 감사를 드린다. 이 책에서 표현의 미숙함이나 논리의 비약 등이 발견될 수 있을 것이다. 그것은 전적으로 저자의 능력부족에 기인한 것으로 앞으로 수정과 보완을 할 것을 약속드린다.

2013년 8월

저자

차 례

제 1 부 기본 정신과 과제

제 2 부 전자정부와 행정정보의 공개

제 3 부　공무원과 시민의 협력과 책임

제 1 부

기본 정신과 과제

제 1 장 「공무원과 법」론의 의의와 과제

:: 실무사례 ::

1. 군청공무원 A는 매월 장애인 수당 등을 지급 받는 B, C, D 등이 사망하자 다른 사람 명의의 통장으로 매달 송금 받아 편취하고, 저소득 장애인의 장애수당을 편취한 사실이 감사결과 드러났다. 도와 군에서는 사회적 약자들에 대한 현금지출이 많은 사회복지행정에서 부패방지를 위한 대책을 세우고자 한다. 어떠한 방안이 효과적일까?
2. 소비자들은 A 회사의 제품(정수기, 연수기, 비데, 공기청정기 등)을 임차하여 사용해 오던 중 회사의 파산으로 제품을 사용하지 못하게 되었지만, 회사에 대해 정수기 등의 회수조치를 촉구하거나(내용증명 발송 등), 반환증 요구를 소홀히 한 채 시간이 경과하면서 분실하거나 폐기처분하였다.

   회사의 파산 후 채권추심업자 B는 법원으로부터 53,000여 건의 임대차계약과 관련한 파산회사의 잔여자산 매각처분 허가를 받아 정수기 등에 관한 소유권을 취득하고 나서, 소비자를 대상으로 채권독촉장을 발송하였다. 이에 많은 지역주민들이 도청에 이 문제를 해결해줄 것을 호소하였다. 도청공무원인 C팀장과 D는 채권추심업자인 B에게 합의를 권고하는 공문을 보내고, 한국소비자원 분쟁조정위원회에서도 조정결정을 내렸으나, 채권추심업자인 B는 이를 모두 거부하고 소비자를 대상으로 하는 소송을 제기하였다. 이후 소비자들은 법원으로부터 지급명령, 화해권고, 이행권고결정 등 다양한 명령과 권고를 받게 되었다.

   채권추심업자 B는 회사의 귀책사유(부도, 파산)로 계약이 해지됐음에도 제품의 회수의무를 불이행한 채 오히려 소유권 미반환에 따른 손해배상을 청구했고, 정수기 등 제품에 대해 건당 1,000원(고철값)에 인수하였음에도 신제품 가격(50~200만원)을 기준으로 평균 100만원의 손해배상을 청구하였다. 또한, 소송절차에 무지한 평범한 소비자, 특히 생활고에 바쁜 서민들이 소송에 대응할 수 없는 궁박한 상황을 악용하여 악질적 채권추심행위를 하였다.

이에 도청공무원인 C팀장과 D는 사안의 심각성을 인지하고 적극적으로 언론홍보(보도자료 4회, TV 라디오 인터뷰 3회), 민관공동대책회의 소집(2회), 소비자 대상 설명회(2회), 소송지원(1,741건)을 통한 17억여원의 피해예방, 세미나 개최(3회) 등을 통해 채권추심업자들이 형사소추되게 하였다.

이 사안의 특성을 분석하고 약탈적 사회에서 집단민원에 대한 행정의 역할에 대해 검토하고 토론해보자.

Ⅰ. 현장행정을 위한 학문의 연혁과 현대에서의 가치

1. 중국과 우리 역사에 있어 현장행정의 문란과 서리의 횡포문제의 고질적 심각성

(1) 현장행정에 관한 역사적 경험과 관련 학문의 계승과 비판적 극복의 필요

오늘날 나타나는 현장행정과 현장공무원들의 문제점들은 중앙집권적인 우리 사회와 역사에서 고질적인 것으로 어제 오늘의 일이 아니며 정치적으로 중요한 의제로 다루어진 적도 없었다.

어떤 패러다임이든지 그것이 지배적 패러다임으로 정착하고 나서 일정 수준까지 사회의 발전을 이끈 후에는 자신을 회고하고 비판하지 않고서는 사회도 관련 학문도 더 이상 발전할 수 없을 것이다. 때문에, 우리의 사고방식과 행정에 관한 학문의 성격을 비판하고 발전의 지향점을 모색하는

비판은 매우 소중한 가치를 갖는다.[1]

(2) 중국역사에 있어 서리계층의 현장행정에의 출현과 그의 고질적 문제점들

우리나라 지방행정의 문제점들에 대하여 문화적·역사적으로 영향을 주었던 중국이 비슷한 역사시기에 보여주었던 상황과 비교하는 것은 우리의 상황을 객관적으로 인식하기 위한 기초가 된다. 우리나라 사학자들이 중국의 서리제도에 대해 연구분석한 자료들을 토대로 중국의 송나라를 중심으로 지방행정에 있어 서리계층과 그들의 행태들을 종합해보면 다음의 사실을 알 수 있다.[2]

중국에서 당나라시대까지 서리들은 행정과 백성들 사이에서 그 위치가 불분명하고 비중도 크지 않았다. 하지만, 송대(960~1279) 이전 5대의 분열시대에 무인들은 문인들을 극도로 경시했기 때문에, 대부분 문맹이었던 무인들을 대신하여 지방행정에서 중심적인 역할을 담당했던 사람들은 지방관이 아니라 관료들이었는데 그들은 서리라 불렸다. 이들은 지방에서 행정, 재정과 형사문제까지 모두 실질적으로 처리하면서 다양한 부정을 저지르며 백성들을 괴롭혔다.

문인정권이었던 통일왕국 송대가 시작되면서 기대가 컸고 중앙정부도 서리들을 감독하기 위하여 감독기관의 자리에 과거제도를 통해 선발한 문인관료들을 임명하여 감독을 강화하고자 했다. 하지만, 조세와 형사처벌권까지 가지고 있는 상태에서 서리들은 다양한 방법으로 백성들을 수탈하고 괴롭혔으며, 이로 인해 중앙의 개혁조치들은 성과를 내지 못했다. 다음의

---

1) 비판정신이 결여되거나 부족한 사회는 더 이상 모방할 타자가 존재하지 않게 되면 이제 오히려 자신의 성과를 좀먹고 역사를 후퇴시키는 경향이 있다. 독일이 일본과 달리 2차 대전 후 나치에 복종했던 지식인들의 과오를 반성하며 자신에 대한 비판정신을 사회에 정착시키기 위해 노력했던 것은 우리에게 중요한 시사점을 제공한다. 민주화되고 선진화된 사회에서 지속가능한 발전을 위하여 우리는 합리적인 비판정신을 필요로 한다.

2) 이근명, 5대 송초 서리 존재형태의 변화와 그 성격—서리제도의 확립과정과 관련하여—, 동양사학연구 제40집, 1992, 55~106면; 박순곤, '名公書判淸明集'을 통해 본 송대 지방서리의 모습, 법사학연구 제31집, 2005, 57~99면.

인용문은 문제상황의 심각성을 잘 보여준다.[3)]

"백성에게 해를 가하는 것 중에 서리보다 추악한 것은 없다. 탐욕한 관은 서리가 행하는 부정에 대해 모르는 척 눈감아 주고, 심지어 서리와 공모하는 자도 있다. 범용한 관은 서리를 단속할 수 없어 모든 것을 서리의 손에 맡겨 버린다. 그래서 서리는 마음먹은 대로 부정을 행하고 백성은 수족을 둘 곳도 없을 정도이다."

(3) 조선사회에 있어 '서리의 횡포'의 극복과 목민심서 정신의 계승 필요

정약용은 목민심서(1818)에서 조선말의 지방을 배경으로 묘사한 현장행정의 문란한 모습들과 서리들의 다양한 농간과 횡포들을 묘사하면서 목민관들의 대처방법을 제시하였다.[4)] 목민심서에서 현장행정의 문제들을 파악하고 대안을 제시한 것들은 대한민국의 건국 이후 민원행정론의 탄생 및 행정법학과 행정학에 일정한 영향을 미쳤다고 판단된다. 그 의미와 한계를 지적해보기로 한다.

첫째, 목민심서에서 '지방현장행정'의 문제들을 현장의 시각으로 파악하려 한 것은 중요한 의미를 갖는다고 본다.

조선시대는 물론 일제시대를 거쳐 해방 이후 현재에 이르기까지 우리나라에서 중앙정치세력이 관심을 갖는 주제들을 중심으로 수많은 논쟁과 성과들이 나타났다. 해방 이후에는 국가안보, 경제성장, 그리고 민주주의의 정착이 전국적인 사회과제로 등장해 우리 사회와 정치행정의 주된 관심대상이 되었다. 하지만, 현장행정의 문제들은 주된 관심대상에서 제외되었다.

1995년 민선 지방자치제가 실시된 이후 주권자로서 주민의 복리증진을 위하여 주민과 직접 접촉하는 현장행정과 현장공무원들에 대한 관심이 조금씩 늘어나고 있으나, 노무현정부에서의 지방분권개혁에서도 현장행정

---

3) 박순곤, 위의 논문, 70~71면.

4) 정약용과 목민심서에 관해서는 많은 연구성과가 축적되어 있다. 여기서는 다음의 문헌을 주로 참고했다, 조성을, 조선후기 실학의 부패방지책—<목민심서>를 중심으로—, 한국사연구 130, 2005, 123~149면; 오필환, 목민심서에 나타난 현대공직부패문제에 관한 연구, 한국부패학회보 제15권 제4호, 2010, 67~85면.

의 위기에 대한 문제의식은 약했다.

이 문제는 한국인들의 중앙지향적 사고구조의 약점에 기인한 부분이 일정 부분 있지 않나 생각한다.

둘째, 다양한 '경험사례'들을 통해 실증적으로 문제들을 파악하려 했다는 점이다. 조선시대는 물론 오늘날 한국사회에서도 지방행정현장의 병리적 문제들은 물론, 다른 지방으로까지 확산시킬 가치가 있는 우수한 제도나 운영사례들에 대해서 정치권이나 중앙 관료들은 거의 주목하지 않았다.

학문적으로도 실증적으로 조사하여, 법적 측면이나 행정학 등 다른 사회과학적 측면을 종합하여 분석한 글은 드물다. 양적으로 드물어 우리 행정현장의 사례들은 분석대상에서 대부분 제외되고 있을 뿐만 아니라, 분석한 글들도 전문영역에 사로잡혀 개별 사례가 현장에서 갖는 의미를 종합적으로 파악하지 못하고 있다.

셋째, 목민심서 자체도 "당장 전면적·총체적 제도 개혁을 할 수 없는 상황에서 지방관의 양심에 호소하여 지방행정의 운영을 개선함으로써 소민층의 고통을 다소나마 완화시켜 보려고 한 것"이라는 것이다.[5)]

이와 같이 공무원 자신의 윤리적 측면에 호소하는 방식은 민원행정론에서도 민원사무처리에서 나타나는 병리적 현상에 대해 공무원의 친절봉사의 정신이나 마인드의 개혁을 주장하는 방식으로 반복되어 나타났던 것이다. 때문에 민원행정론은 정약용의 목민심서정신을 계승하면서도 정약용이 당대의 상황상의 제약으로 안고 있던 문제점들에서 거의 탈출하지 못한 것이었다고 평가할 수 있을 것이다.

민주화된 선진사회로서 우리 사회가 발전을 지속하기 위해서는 우리 사고구조의 약점을 객관적으로 비판하고 스스로를 극복하지 않으면 안 될 것이다.

2. 민원행정론의 계승과 그의 극복

1) 민원행정은 민원인이 행정기관에 대하여 처분 등 특정한 행위를

5) 조성을, 위의 논문, 124면.

요구할 때 그것에 대응하는 행정을 말한다.[6]

우리나라에서 현재 알려진 형태의 민원행정론이 체계적으로 등장한 것은 1985년에 이르러서인 것으로 보인다. 이 당시까지 민원행정은 '일상적인 문제제기와 실무적인 수준에서만 논의되어 왔을 뿐, 이의 체계적인 연구와 그 개선책에 관한 제의는 거의 없었'던 상황이었다. 1985년 권경석의 한국민원행정론이 출판되면서 민원행정이 '시민들 스스로의 요청' 또는 '시민의 능동적인 행정수요'에 따르는 행정이라는 점에서 '국가의 일방적인 수혜행정'과 다른 것으로 행정의 민주화를 위해 중요한 가치를 지닌 것으로 부각되고 체계화되었다.[7] 이 책에서 권경석은 민원행정론의 체계화를 통해 권력행정의 극복에 기여하고 '국가개발의 목적을 위해 행정체제를 동원'하는 데 주력한 발전행정을 개선하고 극복하려는 관심을 표명하였다.[8]

이 책에 나온 민원행정론의 골격은 민주화 이전 시기의 민원관련법령의 규율태도를 반영하였는데 관계법령들의 내용과 변화과정을 살펴본다. 우리나라에서 민원행정에 관해 규율한 최초의 법령은 '행정사무처리간행령'(1949. 11. 15 시행. 대통령령 제197호)이다. 이 대통령령에서는 "'행정청의 사무를 간이하게 처리하여 행정의 신속원활한 운영을 도모'함을 목적으로 '허가, 인가, 면허 또는 승인 등' 민원에 대해 접수했을 때에는 30일 이내에 처리하여 민원신청인에게 문서로 통지하되, '처분행정청이 말단행정청인 경우에는 30일을 10일로 한다'"고 하였다.

이 대통령령에서 우리나라 민원행정론의 주요 특징이 이미 형성되어 제시되고 있다. 첫째, 민원행정에 있어 입법자의 목표는 사무처리의 간이화 및 신속원활화에 있었고, 이러한 이유로 입법자는 민원처리의 기한단축에 매우 큰 의미를 부여하였다. 공정과 같은 목표는 제시되어 있지 않다. '원활'이라는 용어 속에 공정의 측면도 일부 민원행정의 목표로 포함되어

6) 오석홍, 행정학, 1999, 887면은 "집행적·전달적 행정 가운데서 고객의 특정적 요구행위가 있을 때 그에 대응하는 행정"으로 정의하고 있다.

7) 따옴표에 나온 인식과 평가는, 같은 책(권경석, 한국민원행정론, 대왕사, 1985)에 추천사를 쓴 김영훈 교수의 추천사에서 인용했다. 이 책 이전에도 '민원행정'이라 이름붙은 책(법생활추진회 편, 민원행정, 성우출판사, 1982)이 발간되었으나, 다양한 민원사무사례들을 설명하고 있을 뿐 이론적 체계화와는 거리가 있다.

8) 권경석, 위의 책, 15~16면.

있다고 주장할 수도 있지만, 명시적으로 언급되어 있지 않으며, 의미있는 비중을 가지고 있지도 않았던 것으로 보인다.

둘째, 민원의 핵심적인 업무내용은 '허가, 인가, 면허 또는 승인 등'으로서 민원행정의 개념이 '민원인이 행정기관에 대하여 처분 등 특정한 행위를 요구할 때 그것에 대응하는 행정'으로 정착되게 하는 근거가 되고 있다.

셋째, 민원행정은 중앙부처, 광역자치단체와 이른바 '말단행정청'이 모두 관할사항의 범위 내에서 주관기관이 될 수 있다고 인식했다. 하지만, '말단행정청'이라는 표현에서 드러나듯이 대한민국 건국초기에 중앙집권의식이 매우 강해서 기초지방자치단체 등을 계층제적 시각에서 바라보고 있을 뿐, 주민과 직접 접촉하면서 주민의 의사를 가장 풍부하고 다양하게 반영해 행정을 개선할 수 있는 측면, 즉 풀뿌리 민주주의의 활성화는 경시되고 있었다.

2) 이후 '행정사무처리간행령'은 폐지되고 '민원서류처리규정'(1963. 11. 27 시행. 각령 1630호)에서 민원행정에 대해 동일 취지의 내용으로 계승되어 규정되다가, '민원사무처리규정'(1970. 12. 9 시행. 대통령령 5398호)으로 계승되었다. '민원사무처리규정'에서는 민원실의 설치와 민원사무편람의 비치를 규정했다. '민원서류의 처리상황을 매일 점검하여 처리 기간이 경과했을 경우에는 지체없이 관계공무원에게 독촉장을 발부하고, 기간의 도과, 법규의 위반사항 및 민원사무의 처리에 있어서 부당하다고 민원인이 신고한 사항은 이를 매일 기관의 장에게 보고'하도록 하기 위해 민원사무통제관 제도를 도입했다. 여기에서도 여전히 민원처리의 신속성에 중점을 두고 규율했다.

민원에 관한 법령의 신속성 중시의 특징 때문에 민주화 이전에 탄생된 민원행정론은 행정의 가치로서 신속성과 민원인의 요구에 대한 공무원의 친절봉사의 태도를 강조하였다. 행정의 실체적 내용의 타당성이나 다양한 이해의 조정을 위한 합의지향의 행정은 경시되었다.

3) 1993년 민주화 이후 김영삼 문민정부가 들어서며 민원사무는 행정

규제의 규율원칙들과 함께 '행정규제 및 민원사무기본법'(1994. 4. 8 시행. 법률 4735호)에 의해 통합규율되게 되었다. 이 법률에서는 민원사항에 대해 그 이전의 법령들에 몇 가지를 추가하여 규정하였다. '행정기관의 위법·부당하거나 소극적인 행정행위(사실행위·부작위를 포함한다) 및 불합리한 행정제도로 인하여 국민의 권리를 침해하거나 국민에게 불편·부담을 주는 사항에 관한 민원'을 '고충민원'으로 정의하였다. 중앙행정기관으로서 국민고충처리위원회를 설치하여 '고충민원을 접수·상담하고 이를 신속하게 조사·처리하며, 행정기관의 민원사무처리상황을 감시'하도록 했다.

이후 행정규제에 관한 사항과 민원사항에 관한 규율을 상호 분리하기 위해 행정규제기본법을 별도로 제정하고, '민원사무처리에 관한 법률'(1997. 12. 31 시행. 법률 제5369호)을 제정하였으나 내용변화는 거의 없었다.

민원사무처리에 관한 법률은 이후 여러 차례 개정을 거쳐 오늘에 이르고 있는데, 그 중에 특기할 만한 개정은 2006년 개정법률(2006. 6. 4 시행)에서 복합민원사항과 전자민원창구를 규정한 것이다. "하나의 민원목적을 실현하기 위하여 법령·훈령·예규·고시 등에 의하여 다수의 관계기관 또는 관계부서의 허가·인가·승인·추천·협의 또는 확인 등을 거쳐 처리되는 민원사무"를 복합민원으로 규정하였다. 그 이유는 경제사회의 발전에 따라 기업관련 민원사항처럼 자본규모가 크고 다수의 행정기관의 심사가 필요한 민원에 대응하기 위함이었다. 또, 지방행정기관 등에서 민원처리가 전자적으로 처리되고 있는 현황을 고려하여 전자민원창구를 두도록 규정했다.

4) 해방 이후 토착적 이론으로서 민원행정론은 민주화 이전 민원사무처리에 있어 개혁의 지향점을 제시하고 법령의 개정과 민원처리실무를 지도하는 역할을 수행해왔다. 우리 사회의 수많은 이론들은 서구에서 유래된 것으로 토착적 성격이 부족하기 때문에 민원행정론은 우리에게 중요한 의의를 갖고 있다 할 것이다.

하지만, 민주화되고 선진화된 사회인 오늘날, 민원행정론의 기여부분은 존중하면서도 우리 현장행정의 지속적 발전을 위해 극복되어 새로운 패러다임으로 전환되지 않으면 안 될 것이다. 계속해서 과거의 패러다임을 고집한다면 이제는 오히려 현장행정의 발전을 저해하는 역할까지 할 우려도 있다고 본다.

경제사회의 발전에 따라 급증하고 있는 복합민원, 계약민원, 집단민원과 고질민원 등은 다양한 이해조정절차, 합의지향적 결정과정, 상담과 악의적 민원인에 대한 제재 등의 필요를 발생시키고 있다. 이러한 주제들과 문제상황은 민원처리의 신속성과 공무원의 친절봉사의 정신만을 강조했던 민원행정론의 패러다임으로서는 감당하기 어려운 것들이라고 할 수 있을 것이다. 민원사무를 규율한 입법자도 복합민원에 대해서는 그의 규율필요를 인정하여 법률에서 규정하였지만 문제의 성격과 복잡성에 맞는 규율을 제시하지 못하고 있다. 이제 민원사무의 처리에 관한 법적 규율에 있어 민원행정론의 패러다임을 대신할 새로운 학문체계가 필요하다 할 것이다.

3. 현장행정의 위기원인의 진단과 그의 극복과제

정약용은 조선 후기 많은 민란 발생과 조선 쇠퇴의 원인을 전정, 군정, 환곡과 같은 '삼정의 문란'과 삼정의 운용 주체인 '목민관의 무지'와 '서리의 횡포'에서 찾았었는데, 이 문제점들은 오늘날 우리 사회에서는 어떤 의미를 갖는 것일까?

이 책에서는 정약용 시대와 마찬가지로 현장행정의 문제는 심각한데 우리 사회가 이에 대한 관심이 여전히 부족하고 문제상황이 악화돼가고 있다고 진단한다. 그 이유는 다음과 같다.

첫째, 지방분권과 사회복지행정의 증가 등으로 지방행정의 업무가 급격히 증가하고 있으나, 지방자치단체들은 예산과 인재의 부족으로 정책을 효과적으로 집행하지 못하고 있다. 또, 지방행정현장에서 정보기술의 수용에 따라 인력의 수요가 주는 행정부문도 있고 사회복지행정을 중심으로 인력의 수요가 급증하고 있는 부문도 있으나 인력배치와 예산배분의 불균형이 지속되고 있다. 기존의 일반행정과 발전행정 중심의 인력배치관행의 영향이 강하게 남아 있다.

둘째, 임용당시에도 법학을 공부할 필요가 없고 임용 후에도 교육훈련과정에서 다양한 법학의 학습기회가 부족해 현장공무원의 법지식이 현저히 부족한 상황이다. 뿐만 아니라, 국가와 지방자치단체의 예산증가에 따라 현장에 배분된 예산도 급격히 증가하고 있는데 이 예산의 집행과정에서 현장공무원들의 부패도 증가하고 있다.

셋째, 조세처분과 인·허가처분중심의 침해행정과 규제행정뿐만 아니라 지역사회발전과 사회복지중심의 급부적 서비스행정도 그 중요성이 과거와 비할 수 없게 되었다. 그럼에도 불구하고 이러한 변화에 맞추어 기존의 공무원들은 전문지식을 보완하고 증가시키려는 노력이 부족했다. 순환발령된 인력들은 전문지식과 적절한 서비스정신의 부족으로 생산성과 효율성이 떨어지고 있다.

넷째, 민주화된 사회에서 주민들의 권리의식은 매우 높고 관계법령에 대해 상당한 지식을 가지고 행정에 불만을 제기하는 사람들이 늘어나고 있다. 주민들의 정보공개청구쟁송도 증가하고 있고 공격적 고질민원과 집단민원도 증가하고 있다.

다섯째, 행정현장이 구조적으로 위기상황에 빠져드는 과정에서 중앙부처들 및 자치단체장 등은 인력수요의 예측실패, 인력배치를 위한 조정노력의 결여, 현장공무원의 임용과 임용 후의 교육훈련에 있어 전문지식을 소홀하는 등 현장행정의 전문성부족과 비효율성을 방치함으로써 감독책임을 적절히 이행하지 못했다. 상황분석과 대안개발에 무관심했다.

여섯째, 행정인력이 부족하게 되면 필연적으로 공기업이나 시민단체 등 공공성을 지향하는 다른 단체들에 의존하게 되는데, 이들의 활동의 합리성과 효율성을 개선하기 위한 관심과 노력도 매우 부족한 상황이다. 이에 따라 지역시민단체들이나 지방공기업들의 활동이 비효율적이거나 저조하고 주민참여도도 낮다.

Ⅱ. 「공무원과 법」론의 의의와 특징

1. 「공무원과 법」론의 의의

(1) 「공무원과 법」론의 목표와 고찰대상

「공무원과 법」론은 행정현장에서 주민과 기업의 권리와 복지의 조화적 실현을 위해 현장공무원의 부패를 막고 공무원들이 공무를 감당할 수 있는 전문성과 책임성을 갖추도록 하려 한다. 주된 고찰대상은 행정현장에서 발생하는 법적·행정적 문제들과 그의 처리방법들이다.

현장행정이라는 말은 정부내외에서 널리 쓰여 왔지만 그것이 정확하게 무엇을 의미하는가에 대한 사람들의 이해는 한결같지 않고 모호한 부분이 있는 것 같다. 여기서는 행정이 행정사무실 내외를 불문하고 주민 또는 기업과 직접적·간접적 접촉을 통하여 법적·행정적 임무들을 처리하는 활동을 현장행정이라고 부르기로 한다. 행정현장이라고 부를 때는 장소개념으로서 현장행정활동이 이루어지는 장소라는 의미를 갖는 것으로 사용하기로 한다.

현장행정의 개념은 「공무원과 법」론의 고찰범위를 제한하기 위해서 의미를 갖는다. 현장행정은 일반 국민과 접촉을 갖는 집행적 성격의 행정으로서 관계있는 국민에 대한 행정의 조치나 국민의 구체적인 요구투입에 대응하는 행위가 현장행정의 중심고찰대상이 된다. 그렇지만, 지방자치단체의 민원실과 같은 대민창구 또는 민원창구라고 부르는 장소에서 처리하는 민원행정이나 창구행정보다는 더 넓은 개념이다. 때문에 민원사무처리에 관한 법률의 적용대상보다는 더 넓은 범위를 포괄한다.

행정기관 사이에서 이루어지는 행정은 현장에서 발생한 문제의 처리에 관련되는 경우를 제외하고는 「공무원과 법」론이 다루는 현장행정의 문제와 관련성이 적다.

국가의 기능이 19세기의 자유방임형 소비국가에서 21세기의 복지와 행정서비스의 국가로 변모하게 됨에 따라, 국가는 국민생활 전반에 대하여 관여하게 되었다. 이에 따라 국민의 일상생활과 긴밀하게 관련을 맺고 있는 현장행정이 크게 증가하고 있다.

현장행정은 국민과 직접 접촉하여 업무를 처리하므로 정부가 국민으로부터 신뢰와 지지를 얻는가에 심대한 영향을 미친다. 때문에, 국민에 대한 봉사를 중시하는 민주행정을 위하여 매우 중요한 가치를 갖는다.

(2) 관련학문의 종합과 비교가능한 학문의 지향

현장행정이 위기에 처해 있음에도 불구하고 지방자치단체들의 예산부족과 자율성부족 때문에 발전의지를 구체화할 주체적 역량과 인재가 부족한 실정이다. 이러한 상황을 고려하여 현장행정을 다루는 학문은 법학뿐만 아니라 행정학 등 다른 사회과학의 지식을 종합적으로 체계화하여 제공하여야 한다. 뿐만 아니라, 우리 현장행정의 현 주소를 시공간 속에서 객관적으로 파악하기 위해서 외국과 비교가능하게 할 필요도 있다.

이 책은 영미의 규제집행론과 일선관료제론, 일본의 자치체 정책법무론, 그리고 정책집행론과 조직행태론, 민원행정론, 법사회학과 행정법학 등의 성과내용들을 종합하였다. 이 점은 특정 전공분야의 내용만을 다루는 책들과 다른 이 책만의 특징이고, 민원행정론과 다른 부분이기도 하다. 또, 외국과 우리나라를 비교하기 위해 통계자료를 활용하였다.

(3) 민원행정론의 계승발전으로서 「공무원과 법」론의 가치

공무원과 법은 현장행정을 중심연구대상으로 삼아 민원행정론을 계승발전시키려 한다. 때문에, 공무원과 법 강좌에서도 민원행정론의 주요연구대상이었던 민원사무는 중심적인 강의주제의 하나가 된다.

「공무원과 법」론은 민원행정론과 같이 현장행정의 업무처리과정에서 국민의 권익침해와 분쟁을 사전에 예방하려 하므로 국민권익의 사전적 보호론으로서도 의미를 갖는다. 민원에 대한 행정소송은 현실적으로 그 기능을 제대로 발휘하는 한 커다란 효과가 있지만 거기에는 여러 가지 한계가 있다. 사후적 구제제도로서 대상행위, 기간, 적격성 등의 제한이 있고, 시간이나 비용의 상당한 부담으로 개인의 권리구제에 어려움이 있다.

(4) 「공무원과 법」론의 역할

도시사회, 산업사회 그리고 지식정보사회로 사회성격이 변하면서 점증하는 동태성과 이질성으로 인해 정책집행의 불확실성은 증가하고 있으며, 국가단독의 노력은 점점 더 그 한계를 드러내고 있다. 또, 일방적이고 권위주의적인 국가의 태도는 더 이상 시민들에게 수용되지 못하고 있기 때문에, 국가와 사회가 활발한 의사소통을 통한 협력이 요구되고 있다.[9]

현장행정은 행정체제의 내부관리적 기능이 아니라 국민의 특정한 기대와 요구에 대하여 직접적 산출을 생산하는 기능을 수행하고 있기 때문에 행정수요와 국민의 욕구증대에 의하여 업무량이 증대하게 된다. 「공무원과 법」론은 현장행정의 문제들과 해결에 집중하여 공무원들이 국민에게 봉사하고 행정의 민주화를 실현할 수 있도록 지속적인 계기와 자극을 가할 것이다. 또, 현장공무원들의 창의적인 아이디어 개발과 확산을 격려하여 행정발전과 지방자치의 촉진에 기여하게 할 것이다.

현장행정에서 민원은 주로 행정기관에 대하여 일정한 어떤 행위를 요구하거나 부당한 행정으로 인한 불이익을 시정하고자 하는 것과 관련되는데, 「공무원과 법」론은 현장공무원에 대한 시민통제를 가능하게 하는 현장의 아이디어들이 학문적 공동체로 들어올 수 있게 하는 공론장을 형성시키는 기능을 수행할 것이다. 지방자치가 진전되면서 시민단체의 행정참여와 주민참여도 점차 활발해질 것인데, 「공무원과 법」론이 현장행정에서 담당하고 있는 시민과 공무원의 매개역할은 더욱 중요해질 것이다.

2. 「공무원과 법」론의 특징 — 민원행정론과의 차이

(1) 현장행정의 문제해결에 대한 접근방법의 차이

현장행정은 그 내용과 특성이 다양하다. 업무가 침익적인지 아니면 수익적인지에 따라 차이가 크며, 광역자치단체인지 기초자치단체인지 아니면

9) Reiner Pitschas, Verwaltungsverantwortung und Verwaltungsverfahren, 1990, SS. 235~239.

특별지방행정기관인지에 따라 그 내용과 업무처리방법도 상당히 다르다. 해당 지방자치단체 등이 속한 지역의 성격, 주민의 소득수준, 지역의 발전 정도와 지역문화적 특성 등에 따라 현장행정의 내용과 특성도 달라지는 경우가 많다.

행정이 주민에게 미치는 영향이 침익적인지 아니면 수익적인지, 그리고 주민과 기업들에 상이한 영향을 미치는지에 따라 현장행정의 어려움에는 차이가 많이 난다. 「공무원과 법」론은 민원행정론이 단지 친절봉사의 관점에서 공무원의 의식혁신을 강조하는 등 법제도적 측면을 경시했던 것과는 달리 주민과 사업자들의 이해갈등현장의 문제들을 직접 다루면서 법제도적인 해결방안들까지 함께 제시하고 다루려 한다.

(2) 현장행정의 필요에 상응한 전문성제고의 구체적 방향의 제시

현장행정에서 제기된 문제들의 처리에 있어서 공무원들은 상당한 전문적 지식을 필요로 하고 있으며, 행정기관들이 서로 협력하고 공동의 노력을 기울여야 하는 경우도 증대되고 있다. 민원행정론에서는 막연하게 전문성의 제고가 필요하다고 하였을 뿐 구체적 방안제시에는 소홀하였으나, 「공무원과 법」론에서는 문제처리에 핵심적으로 필요한 지식과 제도설계의 사례들 그리고 집행재량의 합리적 행사를 위한 지식을 제시하였다.

또, 공무원의 임용단계부터 교육훈련에 이르기까지 현대의 행정문제를 감당할 수 있도록 전문성의 습득을 위한 과제도 보다 구체적으로 제시하였다. 그것은 행정학적 관점에 치우쳤던 민원행정론과 비교하여 「공무원과 법」론이 행정법학과 행정학의 종합적 성격을 갖는 것으로서 양자의 장점을 수용하였기에 가능한 것이다.

(3) 민주적 법치시대에 적합한 정보기술의 활용

컴퓨터의 보급률이 높아지고, PC방이나 공공기관의 컴퓨터를 통해 인터넷접속이 급속히 늘어나면서 인터넷이 보다 편리하고 정의로운 사회로 이끌어줄 것이라는 '인터넷신화'(Internet Myth)가 확산되어 왔다. 그러나 정보기술의 혁신만으로 정당한 사회가 이루어지는 것은 아니다. 행정의 효율성을 높이려는 행정 자신의 노력, 시민의 자유와 재산에 대한 법치주의적 보장장치가 존재하고 함께 작동해야 한다.

이것은 인쇄술의 발명이 사회발전에 영향을 미치게 되는 과정을 분석해보면 보다 분명해진다. 아시아에서 인쇄술이 먼저 발명되었고 14세기 중엽 구텐베르크에 의해 유럽에서 인쇄술이 발명되었지만, 15세기 말까지 인쇄된 성경은 너무 비싸 보급이 잘 이루어지지 않았고 문맹률은 90%에 달할 정도로 사회변화에 별 영향을 미치지 못했다. 그러나 17세기에 들어오면서 시민들 사이에 평등사상이 전파되고 국가가 국민들을 공교육기관에 의하여 교육시키면서 문맹률은 현저히 낮아져 19세기 말엽에는 10%까지 떨어지게 되었다. 이 과정에서 인쇄술은 공교육이 더 쉽게 성공적으로 수행되도록 하는 데 도움을 주었을 뿐이었다. 인쇄술보다 중요한 의미를 가졌던 것은 계몽된 사회적 분위기와 국가의 공교육정책이었던 것이다.[10)]

인터넷의 보급속도는 역사상 그 어떤 발명품보다 빠르지만 성숙된 정보사회를 위해서는 단순히 정보기술이나 정보망의 문제만이 아니라 정보를 읽고 해석하고 관리하는 사회전반의 정보문화적 능력이 더욱 중요한 선결과제이다. 행정정보와 공적 지식을 생성하고 보존하려는 행정의 노력과 불법적인 개인정보침해로부터 시민을 지키려는 행정과 사회의 적극적인 의지와 노력이 필요하다.

「공무원과 법」론은 민원행정론과는 달리 시민의 정보공개요구나 개인정보의 보호를 위해 적극적으로 시민의 역할을 인정하고 행정이 법적 의무를 이행하는 것의 중요성을 강조한다.

(4) 현장의 법집행에 있어 행정과 시민의 협력방향의 제시

오늘날 행정은 점점 복잡해지고 글로벌 환경에 영향을 받고 있어 문제해결방안들도 보다 정교해지고 종합적일 것이 요구되고 있다. 중앙과 지방의 관계도 변하고 있어 과거와 같은 권위주의적 사고가 그대로 통용되지 않는다. 행정법학과 행정학의 종합적 성격을 갖는 「공무원과 법」론은 현장

---

10) Peter Brandon, The Internet Myth: A Model for More Activist Government in a Knowledge Society, Government Information in Canada, number 14. pp. 1~3.

행정에서의 복합적인 문제상황에 대응하여 민원행정론보다 정교한 해결방안들을 설계하여 제시하는 데 더 적합하다.

국가의 예산과 권한이 점점 현장행정으로 넘어오면서 인력이 부족하고 부패와 재량남용의 위험도 커지고 있다. 민주화된 사회에서 주민의 권리의식도 매우 강하고 행정서비스의 질에 대한 기대수준도 높다. 이 상황에서 현장행정의 미래는 행정이 시민들과 어떻게 역할을 분담하고 협력할 것인가에 달려 있다. 과거 민원행정론은 공무원 개인 행태의 개혁관점에서만 이러한 문제들에 대응하려 했으나, 그러한 개인적 접근방법과 행정단독의 일방적 업무처리방식을 수정하지 않으려는 입장으로는 한계가 명백하게 되었다.

「공무원과 법」론은 이와 같은 현대행정의 주요 과제에 부응하여 행정과 시민의 협력을 위한 실제 사례들과 그것을 가능하게 하는 법제도적 틀을 제시하면서 행정과 시민사회의 발전을 위한 계기를 만들려고 하였다. 이것은 민원행정론이 보여주지 못했던 부분이다.

Ⅲ. 현장행정의 과제의 변화—현장행정을 위한 이론과 학문의 지속적 발전의 필요

1. 부패방지, 기초질서보호 및 생활배려 과제의 조화적 실현

부패방지를 위해서는 규제법령의 복잡성과 모호성을 제거하고 공무원들의 재량권을 줄이는 것이 필요하다. 또, 공무원들과 사업자들 및 주민들과의 접촉도 줄여야 한다.

하지만, 현대사회에서는 현장행정의 수요가 급증하고 있어 법집행의 여부 및 그 내용의 선택을 둘러싸고 광범위한 집행재량이 발생하고 있다. 예를 들어, 자동차 교통량이 증가하는 상황에서 주정차질서와 교통질서를 유지해야 하고, 수입식품의 유통이 급증하는 상황에서 국민건강을 보호하기 위해서는 위법의 의심이 있는 영업소, 식품 및 사업자들에 대해서는 철저하게 현장조사하지 않으면 안 되지만, 필연적으로 집행자원의 제약과 한계에 부딪치게 된다.

이와 같이 부패방지, 기초질서보호와 생활배려의 법적 과제 사이에는 심각한 긴장관계가 존재한다. 이 상황에서 입법자들도 빈번하게 법령을 개폐하여 다양한 행정수요에 대응하려 하기 때문에 법집행자의 어려움은 가중된다. 이러한 긴장 속에서 새로운 수요에 빠르게 대응해가는 지방자치단체나 공무원들도 있지만, 아직도 구태의연하게 중앙의 지침에만 의존하려 하거나 업무처리를 미루거나 기계적으로 대응하면서 기한 맞추기에 급급해 하는 곳도 있다.

법령을 집행하는 것은 집행자에게 상당한 재량을 부여하는 것이기 때문에 현장행정의 공무원들은 사회의 수요에 대응하여 합리적이면서도 일관성있게 대응하는 것이 필요하다. 문언주의적이고 기계적으로 법령을 집행할 것이 아니라 냉철한 현실평가를 기초로 법집행계획을 세우고 집행재량을 합리적으로 행사해가야 한다. 주체적이고 계획적인 대응이 필요하다.

2. 행정자원의 효율적 확충과 재배치

지방자치 이후 주민의 권리가 신장되고 사회적 규제와 복지행정의 수요가 급증함에 따라 법집행의 환경도 급격하게 변하고 있다. 사회복지행정의 분야처럼 공무원들이 인력부족으로 과로로 숨지거나 자살하는 곳도 나타나고 있다.

침해행정이 현장행정의 중심을 차지하던 시대에는 주민들과 기업들이 자신들의 권익침해방지를 위해 적극적으로 처분요건사실의 확인에 필요한 기초정보를 제공하였다. 때문에 관청 내에서의 서면심사로 업무를 처리하고 예외적으로 현장조사를 나갔다. 그래서 상대적으로 적은 공무원인력으로 업무를 처리할 수 있었다. 조세행정은 대량행정이지만 이와 같은 특성을 잘 보여준다.

하지만, 사회복지행정과 같은 급부행정이 현장행정에서 차지하는 비중이 증가하면서 수급권자들이 요구하는 권리의 존부와 급부금액의 확인을 위하여 현장조사수요가 급증하고 있다. 이를 위해 매우 많은 현장인력들이 필요하다. 예를 들어, 노인들에 대해서 노인장기요양급여가 필요한지, 그리고 어떤 등급의 부여가 적정한지를 확인하기 위하여 반드시 급여대상인 노인들을 방문하여 확인해야 한다. 이 점은 선진국에서도 마찬가지이지만, 우리나라에서는 단기간에 사회복지행정이 급증하였기 때문에 인력의 채용과 그 배치의 계획을 수립하는 행정기관들이 행정의 성질에 따른 인력수요의 구조적 차이점을 충분히 인식하지 못했다.

이 상황에서 사회복지행정과 같이 현장조사를 많이 요구하는 행정영역에서는 엄청난 인력수급의 불균형이 발생하고 있다. 적정인원의 보충이 시급하게 이루어지지 않으면 안 되고, 기존의 행정자원을 급증하는 현장행정의 수요에 맞추어 재배치하는 것도 필요하다.

3. 정책결정공무원과 현장공무원의 역할과 관계의 재정의 필요

민주화와 지방분권 이전의 경제성장시대 행정은 권위주의 행정문화가 지배하고 있었다. 대통령을 비롯한 중앙정부의 정책결정자에게는 정책형성과 변경에 대한 넓은 재량을 인정하면서, 현장 집행공무원들의 정책순응도를 높이기 위하여 매우 구체적이고 상세한 통제권을 부여하였다.

이 시기 정부는 행정능률을 매우 권위주의적인 방식으로 추구했다. 행정내부규제에 있어서도 정책결정자와 현장공무원간의 현저한 권력불균형이 특징적으로 나타났다. 정책결정자는 광범위한 정책결정재량 및 지시재량을 가지고 있었으나, 현장의 집행기관은 극히 한정된 권한과 재량을 가지고 있으면서 단순행정업무에 대한 처리에 있어서만 재량을 행사하고 있었다.[11] 상급기관과 상관은 현장공무원들의 전문성의 필요에 대한 인식이 거의 없으면서, 집행공무원을 복종자로서만 인식하고 구체적인 훈령과 지침에 따라 업무를 처리하면 되는 것으로 평가했다. 여기에서 행정구조적으

11) 이것은 그 당시 지방이 저발전상태에 있었기 때문인 측면도 있었다. 지방행정은 업무량도 적었고 더구나 복잡한 업무는 많지 않았다. 예산규모도 작았고, 사회복지행정과 같은 서비스행정도 매우 부족했다.

로 전제되어 있는 것은 경제성장시대 국가재정의 한계를 고려하여 필요최소한의 행정인력만 확보할 수 있도록 하고 그들에 대해 낮은 보수를 유지한다는 점이었다.

이상과 같은 행정내부문화가 지속되면서 정책결정자의 광범위한 권력적 지배, 행정내부규제의 과잉과 산만함이 고질적 병리현상으로 고착되었는데, 오늘의 행정에 있어 극복해야 할 행정문화가 되었다.

오늘날 민주적 법치사회가 정착되면서 점점 더 자치단체의 재량이 확대되고 예산규모도 증가하여 정책설계와 정책집행이 혼합된 업무들이 증가하고 있다. 현장행정의 업무량과 투입되는 예산규모가 커지면서 현장에서 세부적으로 인력과 자원을 계획적으로 배치하고 운용할 필요는 더 커지고 있다.

권위주의적 행정문화가 급격히 약화되면서 정치인들과 고위 정책결정자들이 어떤 정책을 결정해서 현장행정에 지침을 내려도 그것이 실효적으로 집행되지 못하는 경우도 늘어나고 있다. 정책결정공무원들과 현장공무원들의 관계를 시대상황에 맞게 재설정함으로써 이러한 문제들을 해결해 가야 할 것이다.

4. 현장행정능력의 강화를 위한 현장공무원의 전문지식의 개선

1) 권위주의 행정시대에 현장공무원의 레드테이프 행태는 관료제의 병리로서 온갖 비판의 중심 대상이 되었다. 규칙과 문서에 얽매어 실질에 따라 효과적인 행정을 수행하지 못하고 친절과 봉사, 서비스의 마인드가 없다는 비판을 받았다. 이 당시 행정업무는 근거법령들도 많지 않았고 주민들의 권리의식도 성숙하지 않아 실정법령은 공무원에게는 무조건적 복종의 대상이면서 민원인과의 관계에서는 전가의 보도로서 사용되었고 문언주의적으로 집행되었다. 이 시대에는 민원행정론에서 표방하는 친절봉사의 정신과 서비스마인드로 무장한 공무원상은 현장행정의 개혁을 위한 표어로서 설득력을 갖는 것이었다.

2) 분권화된 사회가 기대하는 유능한 공무원상은 과거 친절하고 봉사정신이 충만한 공무원에서 더 나아가 정책집행의 기술과 정책설계의 기술을 상호 조화롭게 이해하고 다룰 수 있는 공무원으로 변해가고 있다. 공무원은 봉사정신과 함께 제도를 관리하고 설계하면서 행정, 주민과 기업들 상호간의 갈등을 이해하고 그러한 문제를 해결하기에 적합한 수단을 발견할 수 있는 능력을 갖추도록 기대되고 있다.

현대행정에서 현장공무원들이 갖추어야 할 능력은 단순한 전문지식의 양이라기보다는 해당 지역사회의 특성을 이해하고 갈등의 잠재력을 가지고 있는 이해관계인들의 감성적 측면까지 이해할 수 있는 능력까지 포괄하는 것이다. 지식기반행정에서 강조하는 공무원의 지식도 단순한 정보와 학문적 지식 등 객관적 지식뿐만 아니라, 자신의 지역사회에서의 경험에 바탕을 두고 여러 이익들을 비교형량하고 타인을 이해하는 것까지 포함하고 있다.

3) 행정이 새로운 환경에서 사회발전을 위한 역할을 적절히 수행하기 위해서는, 국회와 중앙부처의 정책혁신이 자치단체와 현장행정의 내발적인 개혁에너지와 합쳐져 쌍방적인 혁신운동이 되지 않으면 안된다.

자치단체의 공무원들은 정책의 설계와 정책의 집행이 혼합되어가고 있던 새로운 행정환경에 맞추어, 법령과 자치법규에 대하여 문언에 따라 단순히 복종하려는 마인드만을 가져서는 안 되고 설계의 마인드도 가져야 한다. 법령과 자치법규가 갖는 서로 다른 기능을 이해하고 새로운 행정환경에 맞추어 필요한 자치법규를 설계할 능력을 갖추어야 한다. 이를 위해, 수시로 내부연구회나 외부전문가들과의 공동연구를 통해 연구하고 검토하여 상위법령과 자치법규의 합리성을 개선시키기 위한 노력을 전개해가야 할 것이다.

5. 행정과 시민간 행정정보흐름의 법적 구조의 현대화

1) 행정현장에서 공무원의 업무처리과정은 시민으로부터 행정으로, 그리고 행정으로부터 시민으로 정보가 흘러가는 과정이라 할 수 있다. 전자

문서가 늘어나면서 정보의 유통속도와 활용가능성이 높아질 여건도 조성되고 있다.

공무원의 업무처리과정에서 시민으로부터 행정으로 정보가 흘러가는 경우는 전통적이면서도 전형적인 행정작용에서 자주 나타난다. 행정이 규제법령을 집행하면서 당사자의 신고내용이나 직권에 의한 사실조사를 통해 얻는 정보에 의해 건물의 안전성, 식품의 안전성, 환경침해의 유무, 주민의 권리침해의 유무 등을 판단한다. 이 정보는 문서, 사진 그리고 디지털 자료의 형태로 존재할 수도 있다.

행정은 필요한 정보를 직접 조사하지 않고 다른 공공기관이 수집한 정보를 공동이용센터로부터 전달받아 이용할 수도 있다. 정보간 중복성과 충돌가능성을 제거하여 효율적인 정보의 흐름이 가능하기 위해서는 그 흐름을 연결시켜 주는 컴퓨터 프로그램과 전자서식의 표준적 정비와 체계적 관리가 매우 중요하다.

또, 대량의 행정정보가 행정으로부터 시민에게로도 흘러가고 있다. 행정이 자발적으로 홈페이지에 정책정보나 법령정보, 그리고 구체적 민원사항의 처리정보 등을 공개하거나 시민이 공공기관에 정보공개를 청구함으로써 행정으로부터 시민에게로 정보가 흘러가고 있다.

2) 현대행정은 풍부하고 정확한 정보 없이는 가능하지 않은데, 전자정부에서 정보공동이용으로 행정의 생산성이 높아지고, 정보공개를 통해 행정의 투명성제고와 부패방지의 효과가 나타날 것으로 기대되고 있다. 하지만, 정보공동이용과 정보의 공개에는 일정한 한계가 있다. 국가안전보장의 이익에 중대한 해를 끼칠 우려가 있거나 수사를 현저히 곤란하게 하는 것처럼 공익적 사유가 있거나, 타인의 영업상 이익을 현저히 해할 우려가 있거나 타인의 사생활의 비밀 또는 자유를 침해할 우려가 있는 정보는 공개되어서는 안 된다. 또, 원칙적으로 법령상 필요하다고 인정한 경우 이외에는 다른 공공기관이 정보를 수집한 목적 이외의 목적을 위해 타인의 정보를 이용해서는 안 된다. 또, 개인정보도 보호되어야 한다.

이와 같이 일견 상충하는 이익들을 조화시키기 위해서는 행정정보의 흐름에 관한 법적 구조를 명확하게 인식하고 그 기준을 준수하지 않으면 안 된다. 또, 그 법적 구조도 처리해야 할 과제와 임무에 맞추어 지속적으로 현대화시키려는 노력이 경주되어야 한다.

6. 현장행정에 있어 행정과 시민의 책임과 협력의 강화

1) 민주주의를 지도이념으로 표방하는 국가들에 있어 사회문제의 해결을 위하여 행정과 사회의 협력은 점점 더 중요해지고 있다. 우리나라에서도 복잡한 이해갈등으로 극한 대립이 자주 벌어지고 있지만, 행정단독의 문제처리는 점점 한계를 드러내고 있고 행정결정이 장기간 지체되는 경우도 빈번하다. 예를 들어, 화장터나 쓰레기처리장 설치허가, 다가구 주택의 건축허가 등 고질적 미해결 집단민원이 증가하고 있으나 행정은 그에 대해 효과적인 대응을 못해왔다.

선거를 대비해야 하는 자치단체장으로서는 갈등소지가 많은 민원인 경우, 결정의 위험을 혼자서 부담하는 것을 회피하려 하므로 행정마비상태가 길어지면서 환경오염 등의 피해도 더욱 확대되고 있다. 그럼에도 불구하고 그 동안 현장행정에 대한 개혁이념을 주도한 민원행정론은 공무원들의 민원처리에 있어 신속성과 친절봉사를 강조하였을 뿐, 행정자원의 제약 속에서 빈번하게 발생하는 관민갈등과 민민갈등을 어떻게 해결해야 하는가에 대해 효과적인 논의를 이끌어내지 못했다.

2) 주민의 중요한 이해사항들이 관련된 업무들에 있어서는 잠재적 갈등을 회피하고 합의를 촉진시키기 위해 의사결정의 방식을 권위주의적·일방적 방식에서 합의지향적 방식으로 전환시켜 나가지 않으면 안 된다. 이를 위해, 행정은 업무처리과정에서 시민의 이해와 신뢰를 획득하기 위해 일방성과 폐쇄성을 극복해야 하는데, 현장공무원에 대한 친절봉사의 교육에 안주하지 말고 업무처리의 과정을 재설계해야 한다.

시민이 행정에 관해 이해하고 권한과 책임도 공유하도록 유도해가야 한다. 이를 위해서는 행정이 먼저 주도적으로 협력을 가능하게 할 인적·물적 기반을 확보하여 제공하여야 한다. 업무처리과정의 재설계를 통해 시민들의 권리와 역할을 강화해야 한다. 예를 들어, 혐오시설이나 환경위해시설에 대한 건축허가신청이 들어오면 현장예고제를 도입하고, 공무원과 지역사회의 민원배심원단이 함께 모여 갈등민원을 처리할 수 있도록 하는 것과 같은 한국형 청문제도를 설계하여 도입해야 한다.

시민도 행정을 공적 정당성의 발견과 보호를 위한 상호보완적인 협력자로 인식하여 행정이 협력시스템과 절차를 만들어내고 운영하는 데 적극 협조하여야 할 것이다.[12)]

12) Reiner Pitschas, a.a.o.(각주 9), 1990, SS. 284~288.

제 2 장 행정부패의 방지와 행정서비스헌장

:: 실무사례 ::

1. 청소행정과에 근무하는 시청공무원 A는 관내에서 발생하는 폐기물 처리업체의 선정과 관련하여 특정업체로부터 유흥주점 접대 등 향응을 수수하고 수차례 뇌물을 수수하다 적발되었다. 이와 유사한 사례가 여러 번 드러나자 B시는 소속 공무원들의 부패방지를 위해 대책을 마련하려 한다. 어떠한 방안이 효과적일 것인가? A가 민원인이 '외부압력'과 '연고'를 동원하다 안 되니 '협박'과 '뇌물'을 동원해 뇌물을 받지 않을 수 없었다고 항변하는 경우, 시는 어떠한 대책을 세워야 하는가?

2. 시청 공무원인 A팀장은 청소년수련원에서 개최하기로 한 워크숍의 준비상황을 점검하기 위해 수련원에 출장하여 근무시간중에 수련원 직원들을 불러내어 음식점과 노래방에서 만취된 상태까지 술을 마셨다. 이 과정에서 수련원 여직원들의 손목과 손등을 잡는 등 성희롱의 추태를 부려 공무원의 품위를 손상시키는 행위를 한 것을 이유 해임처분을 받았다. 이에 대해 공무원 A는 공무원 및 수련원 직원들의 친목도모를 위한 행위이고 의도하지 않은 만취상태에서의 행위일 뿐이므로 해임처분은 부당하다고 소청심사를 청구했다. 이 주장은 타당한가?

3. 구청 회계과에 근무하는 공무원 A는 사업자 B로부터 컴퓨터와 도서함 등을 구매하면서 구매하기로 한 것과 다른 저품질 품목을 구입하고 일부 납품하지 않은 사실을 허위 검수하여 모두 정상대로 납품한 것으로 묵인하였다. 이로 인해 자치단체의 예산을 낭비하고 공금을 횡령하였다. 국민권익위원회로부터 이 사실을 통지받은 해당 자치단체는 예산

낭비와 부패의 방지를 위한 조치를 취하고자 한다. 어떠한 조치가 효과적일까?

Ⅰ. 현장행정에서 공무원의 부패방지운동의 의의

1. 공무원 부패의 정의

1) 공무원의 부패는 공무원이 지녀야 할 보편적 윤리의 위반이라는 측면을 가지고 있지만,[1] 보다 구체적으로 자신의 업무와 관련된 권한을 남용하여 사익을 취하거나 공공기관에 손해를 끼치는 측면도 가지고 있다.

'부패방지 및 국민권익위원회의 설치와 운영에 관한 법률'은 공직자의 부패행위에 대하여, 가. 공직자가 직무와 관련하여 그 지위 또는 권한을 남용하거나 법령을 위반하여 자기 또는 제3자의 이익을 도모하는 행위, 나. 공공기관의 예산사용, 공공기관 재산의 취득·관리·처분 또는 공공기관을 당사자로 하는 계약의 체결 및 그 이행에 있어서 법령에 위반하여 공공기관에 대하여 재산상 손해를 가하는 행위, 다. 이상의 행위나 그 은폐를 강요, 권고, 제의, 유인하는 행위를 말한다고 정의하고 있다(동법 제2조 제4호).

이 책에서 공무원의 부패는 공무원이 직무와 관련하여 그 지위 또는

---

1) 실정법상 공무원의 윤리라는 개념은 넓게 정의할 수도 있고 좁게 정의할 수도 있다. 좁은 의미에서 공무원의 윤리는 국가공무원법과 지방공무원법 등 실정법에서 공무원이 지키도록 부과된 성실의무, 청렴의무, 법령준수의무 등에서 도출되는 행위규범을 말한다고 할 수 있을 것이다. 하지만, 넓은 의미에서 공무원윤리란 실정법령으로부터 도출된 것뿐만 아니라 서비스헌장이나 행정내부지침 그리고 사회적으로 건전한 상식 등에서 도출된, 공무원이 지켜야 할 행위규범을 의미한다고 볼 수 있을 것이다.

공직자윤리법 제1조는 공직자의 윤리를 확립하기 위해서, ① 부정한 재산증식의 방지 ② 공무집행의 공정성의 확보 ③ 국민에 대한 봉사정신 등 3가지가 필요하다고 이해하고 있는데, ②와 ③까지 포함시킨 것을 볼 때, 공직자윤리법에서 규정한 내용 이외에 서비스헌장 등에 포함된 내용까지 포함하여 공무원의 윤리를 매우 넓게 파악하고 있음을 알 수 있다.

권한을 남용하거나 법령을 위반하고, 자기 또는 제3자의 이익을 도모하거나, 법령에 위반하여 공공기관에 대하여 재산상 손해를 가하는 행위라고 이해하기로 한다.

공무원의 부패는 그 상대방에 따라 관관부패와 민관부패로 나누어 볼 수 있다. 지방행정의 영역에서 부패의 성격도 선거자금의 제공 및 조달과 관련된 정치적 부패와 선거과정에서 지원해준 공무원들이나 승진희망자 등과 관련된 정실형 부패 등은 관관부패의 예이다. 또한, 기업이나 주민들에게 인·허가 등에 있어 특혜를 부여하거나 건축행정이나 조세행정분야에서 건축인·허가나 조세처분과 관련된 것은 민관부패의 예이다.

2) 일반 사회구성원들과 달리 공무원의 부패는 특별한 의미를 갖는다. 공무원들에게는 사회구성원들에게 광범위한 영향을 미치는 공무의 처리가 위탁되어 있기 때문에, 공무원이 부패하게 되면 공익의 침해를 가져오고 사회구성원들에게 피해를 가져온다.[2] 공무원의 부패로 직접적인 재정손실을 가져오는 것이 불분명하더라도, 공무원의 윤리는 그 시대 사회가 지향하는 가치를 표상하는 것이기에, 이러한 가치의 침해는 사회의 아이덴티티를 훼손하고 사회의 질서와 통합을 저해하여 사회의 존속과 가치보호를 어렵게 한다. 행정조직은 물론 사회는 도덕적 해이상태에 빠지게 되어 활력과 발전의지를 잃게 된다.[3][4]

---

2) Christian Brünner, Zur Analyse individueller und sozialer Bedingungen von Korruption, in: Christian Brünner(Hg.), Korruption und Kontrole, 1981, SS. 678~679.

3) Tom Baker, ON THE GENEALOGY OF MORAL HAZARD, Texas Law Review 1996, p. 239. 도덕적 해이는 이해당사자들이 상대를 배려하지 않고 책임을 다하지 않는 행태라 할 수 있는데, 이 용어는 보험약관을 악용하거나 사고방지에 태만하여 사고발생빈도를 높이는 보험가입자들의 비도덕적인 행위를 지칭하는 용어로 사용되기 시작했다. 오늘날 도덕적 해이의 문제는 실업보험, 사회보험, 의료보험, 은행감독, 토지수용제도, 파산법, 제조물책임법 등 많은 법 영역에서 다루어지고 있다.

4) Eric D. Beal, POSNER AND MORAL HAZARD, Connecticut Insurance Law Journal 2000~2001, p. 85. 도덕적 해이상태에 있는 피보험자는 의도적으로 보험 사고를 야기하거나, 피해의 확대를 방지하기 위한 조치를 취하지 않거나, 오히려 피해를 확산시키는 방식으로 행동한다.

2. 부패방지에 대한 헌법제정자의 의지와 현장행정에서의 부패방지 운동의 필요성

(1) 공무원의 부패방지의 헌법적 과제

1) 헌법사에 나타난 공무원규정들의 변화

제헌헌법(1948. 7. 17) 제27조는 공무원에 대하여 '주권을 가진 국민의 수임자'이며 '국민에 대하여 책임'을 진다고 규정하고 있었다. 또, 국민은 불법행위를 한 공무원의 파면을 청원할 권리가 있다고 하였다. 직무상 불법행위에 의해 손해를 받은 자에게 손해배상청구권을 인정하면서 공무원의 민사책임이나 형사책임을 면제해주고 있었다.

4.19 이후 제정된 제3차 개헌헌법(1960. 6. 15)인 제2공화국헌법은 제헌헌법의 규정들에 추가하여 제27조 제2항에서 "공무원의 정치적 중립성과 신분은 법률의 정하는 바에 의하여 보장된다"고 규정하고 있었다.

5.16 이후 제정된 제3공화국헌법(1962. 12. 26)은 공무원을 '국민전체에 대한 봉사자'로서 정의하고, '공무원의 신분과 정치적 중립성'이 법률이 정하는 바에 의하여 보장된다고 하고 있었다(제6조). 또, 제26조에서 공무원의 직무상 불법행위에 대한 손해배상청구권을 규정하면서 공무원 자신의 책임은 면제되지 아니한다고 규정하고 있었다. 유신헌법(1972. 12. 27)은 제3공화국헌법의 규정들을 그대로 승계하면서 제26조에서 군인과 경찰공무원 등에 대한 국가배상청구권을 부인하고 있었다. 이 규정들은 1980년의 헌법에서도 그대로 유지되었다.

현행 헌법도 제7조와 제29에서 공무원에 관해 규율하고 있는데, 유신헌법 이래 같은 규정들을 조문만 바꾸어 두고 있다.

우리 헌법사를 살펴볼 때, 공무원은 다음의 몇 가지 관점에서 규율되었다.

첫째, 제헌헌법 이래 주권재민의 사상을 명확히 하기 위해 공무원에 대해 '주권을 가진 국민의 수임자' 또는 '국민전체에 대한 봉사자'로서 '국민에 대하여 책임'을 진다고 하고 있다.

둘째, 공무원의 선거개입의 후유증을 심하게 경험하고 등장한 제2공화국 헌법 이래 '공무원의 신분과 정치적 중립성'을 보장하도록 하고 있다.

셋째, 제3공화국 이래 공무원의 직무상 불법행위에 대해 공무원 자신의 책임은 면제되지 아니한다고 규정하고 있다. 더 나아가 군인과 경찰공무원 등에 대해서는 피해자로서 국가배상청구권을 크게 제한하고 있다.

2) 헌법상 공무원의 부패방지의 과제

우리 헌법사는 공무원의 부패문제와 관련하여 중요한 교훈을 시사하고 있다.

첫째, 우리 헌법제정자들은 새로운 사회에서 민주주의의 정착과 발전을 위하여 '주권을 가진 국민의 수임자' 또는 '국민전체에 대한 봉사자'로서 '국민에 대하여 책임'을 지는 자세를 가져야 한다는 점을 공무원에게 부과된 가장 중요한 과제로 설정하였다.

둘째, 우리 헌정사는 국가권력 자체가 선거승리와 사리사욕을 위해 조직적으로 소속공무원들을 부패의 수렁으로 몰고 가고 그것에 대하여 공무원 개인은 무력할 수 있다는 점을 보여주었다. 더 나아가, 그것이 사소한 문제가 아니라 현대사회에서 가장 심각한 공무원윤리상실의 원인일 수 있다는 점을 보여주었다. 조직화되고 제도화된 부패는 공무원 개인에게 수치심을 느끼지 않은 채 부패행위를 하게 한다는 점에서 심각성을 지닌다.

셋째, 비윤리적인 행위나 불법행위를 한 공무원의 내적 동기 중 가장 강한 것은 '사익을 획득하려는 욕망'이다. 제1, 2공화국시대와 달리 제3공화국시대 이래 추가된 내용인 공무원 자신의 책임은 면제되지 아니한다는 규정은 공무원에 대한 개인적 책임의 추궁이 반드시 관철되지 않으면 안 된다는 점을 시사한다.

지방행정의 현장에도 적용되는 우리 헌법은 공무원들에 대하여 주민전체에 대한 책임성과 정치적 중립성이 보장될 것을 요구하고 있고, 부패에 대하여 공무원의 개인책임도 추궁되어야 함을 명확히 하고 있다는 것을 알 수 있다.

(2) 현장행정에서의 부패방지운동의 필요성

1) 다음은 국민권익위원회에 신고접수된 공무원의 부패에 관한 통계 내용이다.

표 1 연도별 신고접수현황

(단위: 건, %)

구분	총계	2002년	2003년	2004년	2005년	2006년	2007년	2008년	2009년	2010년	2011년
건수	22,102	2,572	1,679	1,763	1,974	1,745	2,544	1,504	2,693	3,099	2,529
월평균	186	234	140	147	165	145	212	125	224	258	211

출처: 국민권익위원회, 부패신고접수처리 및 비위면직자취업제한제도 운영현황(2011년말 기준)

[표 1]에서 드러나듯이 2002년~2011년 신고된 공무원 부패건수는 줄어들지 않고 있고, 2009년 이후는 오히려 늘어나고 있다.

표 2 업무분야별 신고접수현황

(단위: 건, %)

구 분	합계		2002년	2003년	2004년	2005년	2006년	2007년	2008년	2009년	2010년	2011년
		구성비										
합 계	22,102	100.0	2,572	1,679	1,763	1,974	1,745	2,544	1,504	2,693	3,099	2,529
중앙행정기관	7,383	33.4	1,029	631	714	722	663	855	453	718	845	753
지방자치단체	5,888	26.6	695	499	521	574	462	589	380	687	761	720
교육자치단체	1,165	5.3	54	70	83	109	109	162	72	113	220	173
헌법기관*	726	3.3	147	49	68	123	68	69	30	58	56	58
공직유관단체	2,059	9.3	212	161	183	211	142	177	177	227	330	239
기 타*	4,881	22.1	435	269	194	235	301	692	392	890	887	586

* 기타: 공공기관의 예산사용과 관련한 민간부문의 연구기관, 시설, 단체, 개인 등

출처: 국민권익위원회, 부패신고접수처리 및 비위면직자취업제한제도 운영현황(2011년말 기준)

중앙행정기관과 지방자치단체의 부패신고건수를 비교해보면 2002년에는 중앙공무원들의 부패신고건수가 1,029건, 지방공무원들의 부패건수가 695건으로 중앙공무원의 비율이 1.48배 높았다. 하지만, 2011년의 부패신고건수의 경우 그 비율은 753건 대 720건으로 거의 1 : 1로 지방공무원들

의 부패비율이 상대적으로 높아지고 있다.

표 3 피신고자 소속기관별 신고접수현황

(단위: 건, %)

구 분	합계	구성비	2002년	2003년	2004년	2005년	2006년	2007년	2008년	2009년	2010년	2011년
합 계	22,102	100	2,572	1,679	1,763	1,974	1,745	2,544	1,504	2,693	3,099	2,529
행정자치	1,929	8.7	133	116	246	319	209	176	84	220	216	210
인사행정	1,083	4.9	218	163	181	142	41	67	47	36	85	103
재정·경제	1,450	6.6	192	167	100	180	103	104	108	88	210	198
건설·교통	3,522	15.9	411	322	248	294	306	320	250	437	502	432
산업·농림·수산	1,415	6.4	81	67	93	49	117	163	135	159	310	241
노동·복지·환경	2,085	9.4	179	155	127	110	128	205	154	270	393	364
교육·문화·관광	2,243	10.2	153	187	181	202	181	258	141	215	383	342
국방·외무·통일	529	2.4	108	64	35	44	34	54	27	46	64	53
민사·형사·법무	4,318	19.5	732	359	479	532	355	384	233	411	407	426
기 타	3,528	16.0	365	79	73	102	271	813	325	811	529	160

출처: 국민권익위원회, 부패신고접수처리 및 비위면직자취업제한제도 운영현황(2011년말 기준)

[표 3]에서 드러나듯이 전통적으로 부패신고건수가 가장 많은 행정부문은 건설·교통, 노동·복지·환경, 교육·문화·관광, 그리고 민사·형사·법무였다.

2) 민주화된 이후 정권교체과정을 거치면서 강력한 부패추방운동이 전개되어 청와대의 친인척비리와 국가고위공무원들의 부패는 그 규모에서는 줄어들었으나, 그 빈도는 줄어들지 않고 있다.

지방의 경우 자치단체장과 지방의회 의원의 직선제가 정착되고 분권이 촉진되면서 지방자치단체장들이 부패 등으로 직을 잃는 경우가 1기에서 3기로 올수록 점점 늘어나고 있다. 자치단체장의 경우 민선 1기(95~98; 3년)에는 23명, 2기(98~02; 4년)에는 59명, 3기(02~06; 4년)에는 60명이 사법처리되었다.[5]

5) 이 통계는 행정자치부, 민선지방자치 10년(www.mogaha.go.kr 발간자료), 2005,

이상의 통계에서 보듯이 지방분권의 진전과 함께 국회의원의 자치단체장 공천비리, 사무관승진을 위한 뇌물수수 등 지방자치단체장들의 부패증가가 빈번히 발생하고 있다. 지방자치단체장들과 지방의회 의원들은 선거과정에서 많은 정치자금을 필요로 하기 때문에 선거 이후 은밀히 다양한 방법을 통해 그 비용을 충당하려 하고 있다. 자치단체의 공무원들도 사무관 등 상위직에의 승진의 욕망에서 벗어나기 어렵기 때문에 지방자치실시 이후 구조적으로 부패가 새롭게 확산되고 있다.

3) 전통적인 침해행정과 규제행정 이외에 사회복지행정과 같은 급부행정과 서비스행정이 증가하는 상황에서 지방자치가 강화로 중앙정부의 권한이 현장행정으로 이전되고 있다. 이로 인해 해당 서비스의 공급에 관여하는 현장공무원들이 증가하고 그들의 부패규모와 빈도도 점점 증가하고 있다.

공무원들의 부패는 그들이 민원인들에 대해 갖는 재량권의 정도와 규제법령의 복잡성 등과 밀접하게 관련을 맺고 있는데, 행정서비스공급이 급격하게 확대되면서 현장행정업무의 복잡성도 가중되고 있다. 이 과정에서 특혜를 입으려는 기업들과 주민들의 욕구와 결합하여 현장행정의 부패가 급격하게 증가하고 있다.

Ⅱ. 현장행정에서 부패발생의 방지를 위한 처벌강화와 업무처리구조의 재설계

1. 공무원의 책임

(1) 공무원의 권리와 의무

공무원은 공무원이 됨으로써 신분상 권리, 직무상 권리 그리고 재산상 권리를 갖는다. 신분상 권리에는 형의 선고나 징계처분 등을 받지 아니하

344면과 민선지방자치 11년 자료를 참조한 것이다.

는 한 그 의사에 반하여 불리한 처우를 받지 않을 신분보장권과 소청심사권 등이 있다. 직무상 권리에는 직위보유권과 직무집행권, 교육훈련을 받을 권리, 보건·휴양·후생 등의 권리 등이 있다. 재산상 권리에는 보수청구권, 연금수급권, 실비변상청구권 등이 있다.

공무원은 공무원이 됨으로써 신분상의 의무와 직무상의 의무를 지게 된다. 신분상 의무에는 품위유지의무, 영리업무·겸직금지의무, 정치운동금지의무, 사실상 노무에 종사하는 공무원 이외에 집단행동의 금지의무, 4급 이상 공무원 등의 재산등록의무 등이 있다. 직무상 의무에는 법령준수의무, 성실의무, 위법하지 않은 소속 상관의 직무상의 명령에 복종할 의무, 직장이탈금지의무, 친절공정의무, 재직 중은 물론 퇴직 후에도 직무상 알게 된 비밀을 엄수하여야 할 의무, 청렴의무 등이 있다.

(2) 공무원의 징계책임

공무원의 징계책임은 공무원으로서 지켜야 할 법적 의무를 위반한 경우에 국가 또는 지방자치단체가 공무원관계의 질서를 유지하기 위하여 과하는 행정상 제재를 받을 책임을 말한다.

일반공무원에 대한 징계는 중징계로 파면, 해임과 정직이 있고, 경징계로 감봉과 견책이 있다. 파면은 공무원관계를 해제하는 배제징계로 가장 중한 징계벌이다.

파면을 당한 자는 퇴직금 중 1/2 감액(5년 이상 근무자) 또는 그 1/4 감액(5년 미만 근무자)이 이루어지며 5년간 공무원으로 임용될 수 없다. 해임은 공무원관계를 배제하는 점에서는 파면과 같으나 퇴직금은 다 받고 3년간 공무원으로 재임용될 수 없다. 정직은 공무원 신분을 보유하나 직무에 종사하지 못하며, 정직기간 중 보수의 2/3(연봉제 적용자는 연봉월액의 7할) 감액, 정직기간 및 정직처분 종료 후 18개월간 승진 및 승급이 제한된다.

감봉은 감봉기간 중 보수의 1/3(연봉제 적용자는 연봉월액의 4할) 감액, 감봉기간 및 감봉처분 종료 후 12개월간 승진 및 승급이 제한된다. 견책은 과거의 과오에 대하여 훈계하고 회계하는 것으로 6개월간 승진 및 승급이 제한된다.

(3) 국가배상법상 공무원의 배상책임

국가배상법은 제2조에서 공무원의 위법한 직무행위로 인한 손해배상책임을 규정하고 있다. 이에 따르면 공무원이 직무상 고의 또는 과실에 의한 불법행위로 타인에게 손해를 발생하게 한 때에는 피해자는 국가 또는 지방자치단체에 대하여 손해배상을 청구할 수 있다. 이 경우, 공무원에게 고의 또는 중과실이 있을 때에는 공무원 자신이 국가 등에 대해 최종적 구상책임을 지거나 피해자에게 직접적 배상책임을 지게 된다.

국가배상법 제5조에서는 영조물의 설치 또는 관리의 하자로 타인에게 손해가 발생하면 국가 또는 지방자치단체는 배상책임을 지게 된다고 하면서, 이 경우에도 공무원의 고의 또는 중과실이 그 손해발생의 원인이 된 때에는 공무원은 국가 등에 대한 구상책임이나 피해자에 대한 직접적 배상책임을 지게 된다.

여기서, 고의는 일정한 결과가 발생하리라는 것을 알면서 감히 이를 행하는 심리상태를 말하고, 과실은 통상적인 사람을 기준으로 하여, 마땅히 하여야 할 의무를 태만히 하였거나, 또는 하지 아니하면 아니 될 의무를 이행하지 아니한 경우를 가리킨다. 다만, 그와 같이 하지 아니한 것이 불가항력적이었다면 과실이 있다고 할 수는 없다. 공무원의 구상책임 또는 직접적 책임이 발생하기 위해서는 고의 또는 중대한 주의의무위반이 있어야 한다.

(4) 회계관계직원의 변상책임

1) 회계관계직원의 변상책임의 개념과 내용

지방행정의 현실에서 현금과 자산의 운용에 직접 개입하는 사람은 회계관계직원이다. 회계관계직원이 직무를 집행하면서 고의 또는 중대한 과실로 법령 및 그 밖의 관계규정과 예산에 정하여진 바에 위반하여 국가와 지방자치단체 등의 재산에 대하여 손해를 끼친 때에는 변상책임을 진다. 지방자치단체의 회계관계직원은 지방자치단체의 예산 및 회계에 관계되는 사항을 처리하는 징수관·경리관·지출원·출납원·물품관리관 및 물품사용 공무원 등을 말한다.

선량한 관리자로서의 주의를 게을리 하여 보관하는 현금 또는 물품이 망실되거나 훼손되게 한 경우도 변상책임을 진다. 손해가 2인 이상의 회계관계직원의 행위로 인하여 발생한 때에는 각자의 행위가 손해발생에 미친 정도에 따라 각각 변상의 책임을 진다. 이 경우 손해발생에 미친 정도가 분명하지 아니한 때에는 그 정도가 동일한 것으로 본다. 회계관계직원은 스스로 사무를 집행하지 아니한 것을 이유로 그 책임을 면할 수 없다. 회계관계직원의 상급자가 법령에 위반되는 회계관계행위를 지시 또는 요구한 경우 발생한 손해에 대해 당해 상급자는 회계관계직원과 연대하여 변상책임을 진다.

2) 변상책임의 집행절차

지방자치단체의 장 등은 변상의 책임이 있는 손해가 발생한 때에는 지체없이 재정경제부장관 및 감사원에 알려야 한다. 감사원이 판정하기 전이라도 당해 회계관계직원에 대하여 변상을 명할 수 있고, 위임한도액의 범위 안에서 해당 기관 또는 직위에 있는 자로 하여금 변상명령의 조치를 하게 할 수도 있다. 변상명령을 받은 회계관계직원은 이의가 있는 때에는 감사원에 판정을 청구할 수 있다.

변상책임 유무 및 배상액은 감사원이 판정하는데, 변상명령은 일종의 사법상의 채무이행명령에 불과하므로 변상명령을 강제집행할 방법은 없다. 감사원이 변상책임이 있다고 판정한 경우, 이에 불복하면 감사원에 재심의를 요구할 수 있고, 재심의도 기각되면 행정소송을 제기할 수 있다.

감사원의 변상판정에 대하여 변상책임자는 감사원이 정한 기한 내에 변상하여야 한다. 기한 내에 변상하지 아니한 때에는 감독기관의 장은 관계세무서장에게 위탁하여 국세징수법 중 체납처분의 규정을 준용하여 이를 집행한다.

(5) 형사책임

공무원의 의무위반행위가 동시에 형법을 위반하는 범죄가 되어 부담하는 책임을 말한다.

공무원의 형사책임은 직무범죄와 준직무범죄로 인한 책임으로 나눌 수 있다. 직무범죄로 인한 책임은 직권을 남용하는 등 직무집행행위 그 자체에 의하여 범죄가 성립되는 경우(형법 제122조에서 제128조)이다. 직무유기죄, 직권남용죄, 불법체포·불법감금죄, 폭행·가혹행위죄, 피의사실공표죄, 공무상 비밀누설죄, 선거방해죄가 여기에 해당된다.

준직무범죄로 인한 책임은 뇌물을 수수하는 등 직무와 관련있는 행위로 인하여 범죄가 성립되는 경우(형법 제129조에서 제133조)를 말한다. 수뢰·사전수뢰죄, 제3자 뇌물제공죄, 수뢰후 부정처사·사후수뢰죄, 알선수뢰죄, 뇌물공여죄가 여기에 속한다.

2. 부패공무원에 대한 제재강화와 그 한계

(1) 공무원의 책임추궁과 제재의 강화

해방 이후 공무원의 부패방지를 위한 전통적인 주요 수단들은 뇌물죄 등 형사책임(형법 제7장)과 변상책임(지방재정법 94조)이나 국가배상책임(국가배상법 제2조) 등 금전배상책임, 그리고 징계책임(지방공무원법 제69조)을 묻는 방법이었다.

그 이후 지방자치단체의 장과 지방의회의원 등 고위공직자들에 대한 재산등록제도(공직자윤리법 제2장)와 주식의 매각 및 신탁제도(공직자윤리법 제2장의 2), 고위공무원퇴직자의 취업제한과 행위제한(공직자윤리법 제4장), 내부고발자의 보호제도(부패방지 및 국민권익위원회의 설치와 운영에 관한 법률 제62조) 등이 도입되어 운영되어 왔다.

현장공무원들의 부패방지를 위한 수단들은 여전히 뇌물죄 등 형사책임, 변상책임, 국가배상책임과 징계책임 등 전통적인 성격의 것들이 중심이다. 공무원의 부패유형 중 민관부패는 기업들 및 자영업을 하는 사업자들과 관련하여 공무원들이 갖는 권력과 사업자들의 욕망이 결합되어 발생하는데, 형사법적 수단이나 금전적 제재수단 그리고 징계수단은 부패를 적발할 수만 있다면 장점을 가지고 있다. 부패가 적발될 확률이 높거나 적발된 사안이 처벌될 가능성이 높거나 처벌이 무거울수록 부패의 비용이 높아져 부패의 유인도 낮아진다고 볼 수 있다. 때문에, 부패행위를 하는 공무원들이나 국가와 지방자치단체의 재정에 손해를 초래하고 공무를 방해하는 사인의 불법적인 폭리행위에 대해서는 징벌적 성격의 제재수단들을 강화해 가야 한다.

(2) 제재와 처벌 강화방법의 한계

제재와 처벌의 강화방법들은 일정한 한계가 있다. 우선, 지방공무원들은 수가 많고 지역사회의 주민들과 연고주의적 온정주의로 연결되어 있어서 검찰조직과 감사조직의 제한된 인력과 의지력만으로는 적발하기가 어렵다.

그리고 형사법적 수단은 검사가 기소여부를 결정하므로 기소자가 반드시 처벌받는 것은 아니며, 원인행위자의 과실은 특별한 규정이 없는 한 처벌되지 않는 것이 원칙이다. 또한 무죄추정의 원칙 때문에 검사는 과실 입증에 대한 많은 부담을 지게 되는데, 이로 인해 기소자의 처벌이 상당히 어렵다. 특히, 형사법적 제재수단은 공무원이나 기업의 경영자 및 대주주 등을 감금과 벌금이라는 수단에 의해 처벌하는데, 현실적으로 기업주의 구속은 해당 기업의 경영위기를 불러오고 이는 고용자들의 대량실업을 불러온다. 뿐만 아니라 그들이 막대한 자본을 들여 로비를 하게 되므로 기업의 경영자나 대주주는 처벌하기가 매우 어렵다. 뇌물수수를 입증하지 못하는 한 공무원의 형사처벌도 어렵다.

금전적 제재수단의 경우 국가배상책임이나 변상책임은 공무원이 권한남용으로 사익을 획득하는 행위 여부만으로는 부족하고, 타인이나 지방자치단체에 손해를 끼쳐야 하기 때문에 부패방지수단으로는 일정한 한계를 갖는다. 뇌물을 제공한 사인이 신청한 인·허가를 얻거나 조세납부를 면제받은 경우 스스로 그 사실을 은폐하려 할 것이기 때문에 관련 정보의 획득도 매우 어렵다.

징계수단은 파면, 해임과 정직 등의 수단도 포함하므로 현실적으로 공무원들에게 매우 위협적인 수단으로 작용한다. 하지만, 사회복지 등을 담당하는 현장공무원들이 수십억 원을 횡령하는 사례들도 나타나고 있는 상황에서 부패로 얻게 될 편익이 훨씬 크다고 느끼는 공무원들에 대해서는 징계수단의 부패방지효과는 한계가 있다고 하지 않을 수 없다.

그렇기에 지방분권이 진행되고 급부행정과 서비스행정이 확대되는 시대에 급격히 증가하고 있는 현장공무원들의 부패확대를 막을 적합한 새로운 수단들이 필요하다. 감독과 처벌 수단들 이외에 다른 부패방지수단들에 대해서도 새로운 연구검토가 필요하다.

3. 공무원의 업무처리과정의 재설계를 통한 부패의 구조적 방지

(1) 업무처리구조의 재설계 필요

보험법에서는 두 가지 방법을 통해 도덕적 해이 문제를 해결하고 있는데, 첫째, 도덕적 해이 상태에 있는 보험계약자를 색출하여 그를 보험계약에서 배제하는 것이며, 둘째, 보험계약 설계를 통해서 도덕적 해이를 구조적으로 방지하고, 악인이 선인을 유혹하지 못하도록 하는 것이다.

보험법에서의 도덕적 해이문제의 해결방안 중 두 번째는 공무원의 부패방지와 관련하여 공무원의 업무처리과정의 재설계가 중요하다는 것을 시사한다. 현장에서의 업무처리과정에 대한 평가작업과 재설계의 연구가 활성화되어야 할 것이다.

(2) 규제의 복잡성의 감축과 공무원의 법지식의 개선

1) 해방 이후 우리나라는 경제건설과 국방에 매진하고 급격한 사회변화에 따라가느라 수많은 실정법령들이 제정되고 빈번하게 개정·폐지되어 왔다. 사회의 성격이 급변하는 상황에서 관계법령들이 지향해야 할 입법목적이나 그 의지가 가변적이기 때문에 안정된 법질서하에서 가능한 법령들의 체계화와 안정화는 입법자들에게 기대하기 힘들었다. 과거의 규제기준들은 국민정서나 정치논리 그리고 단순한 경제논리에 치우쳐 지나치게 단

순하거나 이상적이거나 집행능력의 부족을 고려하지 않은 경우가 많았다. 또, 신속한 대응의 필요에 의해 각 부처들은 행정입법 등에 의해 임기응변적으로 대응하느라 과거의 관계법령들과 충돌이 발생되어도 방치되는 경우가 많았다.

하지만, 이제 우리 사회도 점차 선진화된 민주적 법치사회로서 안정되어가고 있기 때문에, 파편화되고 비체계적인 법령의 정비를 통해 법질서의 구조적 안정성을 높이기 위한 노력을 경주해가야 한다. 이 과정에서 반드시 포함되어야 할 내용이 공무원지망자들과 공무원들의 법지식의 강화이다.

2) 법집행자와 민원인들의 관점에서 볼 때, 우리나라의 규제법령들은 매우 복잡하고 모호하며 불투명하게 인식되고 있다. 이것은 우리나라 규제법령의 체계성부족에도 원인이 있지만 공무원들이 규제법령의 복잡성을 감당할 정도의 법지식을 축적하지 못하도록 되어 있는 학습구조에도 중대한 원인이 있다.

법집행공무원들의 전문지식 부족상태가 심각한 상황에서는 현실에 적합한 업무처리방법들과 대안들에 대한 사고가 매우 어렵다. 예를 들어 관계법령에 현실을 고려한 구체적 타당성을 발견하도록 입법에 도입된 불확정개념들, 예를 들어 충분한, 적당한, 적절한 등의 용어들의 해석·적용에서 어려움이 발생한다. 관계법령의 정신이나 취지를 이해하고 법문이 놓여있는 위치를 살펴서 논리적으로 이해할 능력이 부족한 상태에서는, 불확정개념에 대해서 뜻이 불분명하고 모호하여 공무원들에게 언제나 재량을 인정하고 있다고 인식할 수 있다. 이 상황에서 현장부서들은 중앙부처와 상급감독기관에 구체적 지침을 달라고 하면서 기다리거나, 자신이 어느 쪽으로든 판단을 내릴 수 있는 권한이 있다고 생각하여 자의적으로 결정하기도 한다. 결정을 미루어 민원인들의 사업비용을 증가시키기도 한다.

부패유혹에 약한 공무원들에게 있어 법집행과정에서 갖는 재량권은 기업들 및 주민들을 위협할 수 있는 좋은 근거가 되어, 재량권의 크기가 부패의 크기에 중대한 영향을 미치게 된다. 사업을 통해 획득될 이익의 규모가 더 크게 되면 뇌물액수도 커지게 될 것이다. 사업인허가, 건축, 건설, 위생, 소방, 세무, 사회복지, 환경 등 부패가 많이 발생하는 행정영역에서부터 규제법령들의 체계적 정비와 공무원들의 학습구조의 개혁에 노력하여야 할 것이다.

(3) 업무처리과정의 공개와 시민참가제도의 도입 및 확대

규제법령이 복잡하거나 모호하더라도 집행과정의 공개나 시민참가 등을 통해 투명성이 높아짐으로써 권한의 오남용을 막고 부패를 방지할 수 있다. 정보가 공개되어 있거나 제3자인 시민들이 업무처리과정에 참가한 상태에서는, 공무원들의 집행재량도 사실상 줄어들고, 사업자 등이 뇌물을 주어도 결정과정에서 공무원의 자의성이 작동되기가 어렵다고 느끼게 되어 부패의 정도는 낮아질 수 있다.

우리 현장행정에서 민원처리의 온라인공개, 현장조사나 감사과정에 제3자인 시민단체나 시민들의 참가 등은 공무원의 부패를 막고 법집행에 대한 신뢰를 높이는 데 기여하고 있다. 지방자치단체의 계약체결이나 조달업무에서 전자입찰방식의 채용도 공무원들과 민간인의 접촉을 차단하여 거래비용을 감소시키는 효과를 발생시키고 있다.

현장에서의 이와 같은 업무재설계 노력들은 부패방지에 상당한 개선효과를 가져왔다. 이러한 정신을 담은 제도들이 앞으로 더 확대 도입되어야 할 것이다.

Ⅲ. 부패방지를 위한 공무원정신의 혁신과 행정서비스헌장

1. 시장경제에서 공직윤리의 실정법화의 한계—자연법적 윤리와 공무원정신의 부활필요성

전세계에서 공직자의 윤리에 관해 실정법으로 규율하는 현상이 널리 퍼지게 되었지만 아직까지도 공직윤리의 실정법화에 대해서는 찬반양론이 뜨겁다. 공직자의 직업윤리의 내용을 실정법에 규정하는 것은 지켜야 할 행위규범을 명시하고, 그 행위규범에 부합되는 행위의 기준과 한계들을 제시하며, 공직자의 행위가 그 한계 내에 머무르도록 구속시키는 것을 의미한다.

실정법화의 지지자들은 공무원들에 대해 해야 할 것과 하지 말아야 할 것을 객관적이고 구체적으로 제시하여 그들의 행위를 체계적으로 한계지우는 것은 중요한 의미를 갖는다고 한다. 국민들로부터 신뢰를 이끌어낼 수 있고, 행정작용의 수준을 향상시킬 수 있으며, 이익이 충돌할 때 중요한 행위지침이 될 수 있다고 한다.

이에 대하여 실정법화에 대한 회의론자와 반대론자들은 공직사회가 일반사회보다 더 윤리적일 것이 요청되기는 하지만, 지나친 공직윤리의 요구는 국가작용을 경직되게 하고 실용성과 창조성을 잃게 할 것이라고 본다.[6] 현대행정과 국가작용은 점점 복잡해져 가고 있어서 선과 악은 구체적인 상황에서 일정한 절차를 거쳐 합의를 도출하여 판단하는 것이 적절하다는 것이다. 이를 위해 공무원들에게 적절한 재량이 보장되어야 한다고 본다.[7] 또, 정치인들이 국민의 욕구와 기대에 대해 응답성을 높이기 위해서는 일정 수의 공무원들에 대해서는 그들의 정치적 중립성을 보장해주기보다는 선거에서 당선된 정치인들과 같은 정치적 성향을 가지고 그들의 공약을 적극적으로 실천하도록 할 필요가 있다고 주장한다. 공무원 또한 이기적인 욕망을 가진 자로서 시장경제 속에서 경제주체로서 활동하고 있는 한 실정법규정의 내용여하를 떠나 부패유혹에 빠질 가능성이 있다는 지적도 있다.

이러한 논쟁과정으로부터 우리는 공무원의 직업윤리의 실정법화는 단점도 있고 한계도 있음을 알 수 있다. 실정법의 한계도 분명히 존재하는 이상 실정법상의 기준과 제재위협에 의해 강제되지 않는 내면의 목소리로서의 공직윤리가 여전히 중요하다고 할 수 있을 것이다.

현대세계에서는 법실증주의가 지배적인 흐름이지만 공직윤리의 문제와 관련하여 자연법사상을 완전히 배척하는 것은 옳지 않다.[8] 공직윤리의

---

6) Maura Strassberg, TAKING ETHICS SERIOUSLY: BEYOND POSITIVIST JURIS-PRUDENCE IN LEGAL ETHICS, Iowa Law Review 80, 1995, pp. 914~917.

7) 미국에서 공직윤리의 실정법화에 대한 찬반양론의 소개는 Jerry F. Plant, Codes of Ethics, in: Terry L. Cooper(ed), Handbook of Administrative Ethics, 1994, pp. 221~241.

개혁은 부도덕한 행위에 대한 유혹과 기회를 박탈하기 위해 단순히 법을 제정하는 것 이상을 해야 한다. 공직윤리법과 같은 실정법 그 자체가 악인이 윤리적 행위를 하도록 보장해주지는 않는다. 실정법의 기준의 준수 이외에 비전, 에너지와 소명의식에 기초해 있으면서 공익지향적이고 합리적인 공무원정신(Beamtenethos)이 형성되고 유지되도록 노력해야 한다.

2. 행정서비스헌장제

1) 1997년 국내금융위기가 닥쳐오자 그것을 극복하기 위해 많은 혁신적 개혁들이 정부 내에서 일어났다. 행정서비스헌장은 공무원의 업무처리 과정을 규제법령에서 부여된 권한의 행사과정으로만 바라보던 시각을 전환하여, 국민과 민원인을 고객으로 바라보고 서비스를 제공하는 과정으로 이해해야 한다는 입장에서 출현하였다.

행정서비스헌장제는 '행정은 최대의 서비스산업'이라는 전제하에 민간기업이 제공하는 최고수준의 서비스를 따라 서비스의 질적 개선을 통하여 규제·절차 중심의 행태와 조직문화를 고객과 결과 중심으로 전환함으로써 국민요구에 대한 대응성과 책임성을 높이고자 하는 것이다.

오늘날 우리나라의 많은 공공기관들에서는 행정서비스헌장을 제정하여 운용하고 있다. 대표적인 것들 중 하나인 안전행정부의 '민원행정서비스헌장운영규정'(2001. 12. 24 제정)은 "고객을 최우선으로 하는 고객만족 민원행정을 실현함을 목적으로 한다"고 하면서, 헌장 이행기준에 따라 안전행정부 공무원들이 고객에게 제공하는 서비스에 대한 고객들의 평가결과인 '고객만족도'평가를 받겠다고 하고 있다.

헌장의 주요내용은 시민이 당연히 누려야 할 권리가 보장되도록 행정기관은 최선을 다하며, 모든 민원을 시민의 입장에서 친절·신속·공정하게 처리하고, 잘못된 서비스에 대해서는 즉시 시정과 보상조치는 물론, 주민의 건설적인 의견을 정책수립과 집행과정에 적극 반영할 것을 다짐하면서

8) Jon L. Mills, THE FUTURE OF GOVERNMENTAL ETHICS: LAW AND MORALITY, Dickinson Journal of International Law 17, 1999. p. 424.

시민의 협조사항도 함께 부탁하는 내용으로 구성되어 있다.

2) 우리 사회는 해방 후 격심한 사회변화를 경험했고 이로 인해 행정의 과제와 성격도 격심한 변화를 겪고 있다. 이에 따라 공익의 구체적 내용을 규정한 실정법령들도 얼마 지나지 않아 현실적합성이 떨어지거나 실정법의 흠결이 도처에서 나타나고 있다. 이와 같은 실정법의 불완전성에도 불구하고 행정은 국민들의 강력한 기대 때문에 공익보호의 임무를 포기할 수는 없다. 이 상황에서 합리적으로 형성된 공무원정신만이 실정법의 하자나 흠결을 보충할 길을 모색하게 해주고 새로운 과제에 적절하게 대응할 수 있게 해줄 것이다.[9]

분권사회로 나아가는 과정에서 공무원들이 공익을 보호하는 자로서 중립적이면서도 안정적 신분에 상응하는 윤리의식과 솔선수범에 기초한 공공정신을 갖는 것은 지역사회의 통합을 이루어내고 지역사회를 발전시키는 원동력이 될 수 있다. 지역발전의 과제가 절실한 지역주민들을 위하여 공무원들이 지역발전의 아이디어와 소명의식을 갖추고 일할 수 있도록 그들의 일하는 의욕을 격려하고 자극하기 위한 노력이 필요하다.

3) 우리 사회에서 확대강화된 자본주의로 인해 공무원들의 사욕을 억제할 공무원정신은 강하게 침식받아 왔음에도 불구하고, 그 동안 업무처리에 있어 고객을 위한 서비스정신을 갖추도록 하는 교육훈련이 부족했다.

공무원들은 현대의 민주적 법치사회의 공무원상에 맞는 공무원정신을 갖추어야 하고, 권한에 따르는 책임이나 윤리를 갖고 있어야 한다. 또, 공익에의 봉사자로서 공무의 처리에 필요한 기초지식과 능력을 갖도록 훈련받아야 한다. 공직윤리는 기존의 공무원들뿐만 아니라 공직후보자의 선발과 교육 프로그램의 설계에 있어서도 반영되어 공무원지망생들에게 인간본연의 선한 마음을 자극하여 공직에의 헌신의 소중함과 사명감을 고취시킬 수 있어야 한다.

---

9) Fritz Morstein Marx, Beamtenethos und Verwaltungsethik. Eine einführende Skizze, Verwaltungsarchiv, 1963, S. 329.

제 3 장 공무원과 법지식

:: 실무사례 ::

1. 양어장 운영을 목적으로 민원인 A는 농지의 전용허가를 신청하였다. 시청공무원 B는 시장으로부터 가능한 한 협조하라는 지시를 받고 농지전용허가를 해주었다. 하지만, 도는 3,000㎡ 이상의 농지의 전용허가에 있어서는 도지사와 협의할 사항임에도 불구하고 협의없이 전용허가를 하였다는 이유로 도지사의 요구에 따라 시장은 감봉 3개월의 징계처분을 하였다. 이 징계처분은 적법한 것일까?
2. 지역경제과에 근무하는 시청공무원 A와 시의회사무국 공무원 B는 시장과 시의회의장으로부터 시장과 시의회가 합의하여 재래시장과 중소영세상인을 보호하기 위하여 대규모점포의 영업활동을 제한하는 조례를 만들기로 합의하였으니 함께 조례초안을 만들어보라는 지시를 받았다. A와 B는 어떤 정보를 조사하고 무엇을 기준으로 하여 초안을 작성하여야 할까?

Ⅰ. 공무원들의 법지식기초의 취약성과 그 위험성

1. 사회와 행정환경의 변화—권리와 법을 위한 투쟁의 사회

1) 경제사회, 민주사회와 글로벌 사회로의 변화를 겪으며 우리는 기업

들과 시민들의 목소리가 매우 커진 사회에서 살고 있다. 시민들의 기대와 욕구가 단순한 생존의 욕구로부터 삶의 질로 변화하고 있으며 대의제에 대한 불만으로 정치와 행정에 대한 직접참여의 요구도 높아지고 있다. 기업들도 글로벌 경쟁환경에서의 생존과 발전을 이유로 정부에 다양한 요구들을 하고 있다. 고품질의 공공서비스를 기대하면서 세금의 효용과 공무원들의 서비스제공수준에 대해 더욱 더 민감하게 반응하고 있다.

과거 가난과 질병에 대한 전적인 자기책임의 세계에서 벗어나 이제 시민들은 자신들의 이익의 보호와 확대를 위해 권리투쟁을 전개하고 있으며, 기업들도 자신들의 이익보호를 위해 다양한 방법으로 노력하면서 자신에게 유리한 실정법령의 제정을 위한 투쟁을 전개하고 있다. 권리와 법을 위한 만인의 투쟁시대가 된 것이다. 그 결과 정치관계법령과 경제사회관계법령이 급격하게 증가하고 규정내용이 변해가고 있으며 국가에 대한 시민의 기본권과 개인적 공권도 꾸준하게 확대되고 있다.

2) 글로벌 사회로서 선진사회에 접어든 지금까지도 우리나라에서 공무원들의 양성과 교육과정에서 학습의 대상으로서 법지식에 대한 경시풍조는 매우 위험한 수준에 이르러 국가의 경쟁력을 심각하게 위협하는 수준에 이르렀다. 오늘날 한국사회에 통용되는 법의 원형은 다른 과학기술들처럼 대부분 서양사회에 그 뿌리를 가지고 있고 서양사회의 발전은 과학기술뿐만 아니라 법의 발전에도 기인하고 있다는 점을 직시해야 한다. 이 글에서 공무원의 임용과 관련하여 비교조사되는 독일과 미국의 상황은 여전히 우리나라와 현격한 차이를 보여주고 있다.

법학자들과 행정학자들을 포함한 미국 학자의 설문조사결과에서도 공무원들의 법지식이 행정의 효율성과 생산성을 향상시키는 데 매우 필수적이라는 점에 동의하고 있다.[1] 실정법을 집행하고 행정절차를 진행하며 법안이나 자치법규안을 기초하기 위해서는 필요한 법개념들과 법이론들, 그리고 판례를 알고 숙달시키는 것이 매우 중요하기 때문에, 법지식은 고급

---

1) Andrew. S. Turi, The Legal Environment of public Administration, ALR (1981), pp. 133~149.

공무원이 되기 위한 필수 요건이 되어가고 있다 한다.2) 또, 현대행정에서는 행정과 민원인들 사이의 분쟁이 점점 많아지고 있는데, 이러한 쟁송에 참여해야 하는 공무원들은 충분한 법지식을 갖추어 공익을 보호하면서 사익을 적절하게 형량하는 것이 요청되고 있다. 때문에, 공무원들을 임용하고 교육훈련시키는 과정에서 법지식의 학습정도의 평가와 교육훈련이 필수적으로 요구된다는 것이다.

3) 우리 사회가 힘과 전투력에 의한 지배, 권력에 의한 지배가 아니라 이성에 의한 설득과 타협의 사회가 되기 위해서는 입법자들은 물론 법집행자들도 사회의 변화방향에 필요한 전문지식을 탄탄하게 갖추고 있지 않으면 안 된다. 공무원들은 업무처리를 위해 갖추어야 할 새로운 정보, 방법과 기술, 그리고 전문지식을 지속적으로 학습하여, 행정실무의 학문적 기초를 심화시켜나가야 한다. 뿐만 아니라 처리한 업무의 내용과 성과에 대해 평가하고 반성하는 작업을 지속적으로 해나가야 한다.

4) 민주화 이후 지방행정현장에는 국민들의 높아진 기대수준과 권리의식에 부응할 수 있는 유능한 공무원들이 매우 부족하다. 이러한 실태를 조사한 한 중앙일간지에는 "중앙과 지방공무원들의 경험과 자질, 교육과 훈련은 하늘과 땅만큼 격차가 벌어지고 있으나 속수무책이다"라는 기사가 실리기도 했다(중앙일보 2005년 2월 1일 31면). 한국의 기업들은 성장핵심전략으로 유능한 인재확보에 사활적인 노력을 전개하고 있는데, 한국의 지방행정은 유능한 인재의 채용을 막고 채용된 인재들의 합리적인 경쟁을 막고 있다는 것이다. 이러한 비판은 지방행정공무원들에게는 매우 뼈아픈 것이다.

2. 공무원의 법지식의 부족

(1) 공무원의 법집행의 중요요소로서 법적 상황의 판단

현장공무원들은 법집행을 위하여 쓰레기투기현장이나 풍속영업소 등

2) Andrew. S. Turi, op.cit., pp. 134~136.

행정현장을 자주 방문하게 된다. 이 때, 공무원은 목격하거나 전개되고 있는 상황이 주민이나 사업자들의 정당한 권리행사인지 아니면 불법적인 행위인지 가능한 한 빠른 시간 내에 핵심을 파악하여야 한다. 예를 들어 환경관계법을 위반한 불법적인 오염행위인지 또는 유흥업소에서 미성년을 고용하고 있는지 등을 잠정적으로 신속하게 판단할 수 있어야 한다. 사실에 대한 조사와 평가를 마치면 해당 문제의 처리에 필요한 기준에 따라 처리해야 한다.

이상과 같은 공무원의 업무처리과정에서 어떤 상황이 어떠한 법적 문제를 포함하고 있는가를 판단하고 평가하는 것을 법적 상황의 판단과 평가라고 부를 수 있는데, 이 판단은 공무원이 필요한 조치를 선택하기 전에 반드시 해야 하는 작업이다. 이것이 가능하기 위해서는 공무원들이 행정현장을 조사할 때 자신의 임무와 관련된 법령들에 관한 지식을 체계적으로 알고 있어야 한다. 이 법지식에는 특수한 세부적 법지식뿐만 아니라, 관련 분야에 대해 전체적으로 균형잡힌 안목과 상당히 종합적인 법감각, 즉 법적 판단능력(legal mind)이 요구된다.[3] 문제상황에 대한 법적 정의와 평가를 한 후에는 가능한 조치들 중 적합한 조치를 선택하여 집행하여야 한다.

(2) 법적 상황판단의 오류의 원인들

행정실무상 흔히 나타나는 법적 상황판단의 오류의 원인들을 다음의 몇 가지로 유형화해볼 수 있다.

첫째, 법적으로 중요한 사실정보의 수집이 불충분하거나 틀린 정보를 수집하는 경우가 많다. 즉, 주민이나 업계의 의견조사가 필요한 경우에도 그것을 하지 않거나 조사한 정보를 무시하는 등으로 결정의 사실적 기초가 틀리기 때문에 법적 상황판단을 잘못한다.

둘째, 업무집행에 중요한 원칙들과 관련규정들을 체계적으로 이해하지 못하고 단지 특정 규정만을 일부 알고 있는 경우에도 오류가 나타난다. 그 일부규정들도 적용되어야 할 상황이나 적용방식 등을 잘못 이해하고, 또,

3) Robert G. Heiserman, Nonlawyer Practice before federal administrative Agencies should be discouraged, Administrative Law Review Vol.36, 1984, p. 378.

이미 개정되거나 폐지된 규제변화상황을 파악하고 있지 않은 경우도 있다. 이러한 잘못된 이해를 근거로 관련 주민의 이익을 과도하게 침해하거나 악의적인 사업자들에 대한 규제태만을 정당화하기도 한다.

셋째, 관계법령들의 행정목적들이 상호 잠재적으로 충돌하고 있거나, 주민들과 사업자들의 기대와 이해가 충돌하고 있고 법령에 그 해결기준도 명확하지 않아 보일 때, 잘못된 판단과 평가를 하는 경우가 생겨난다. 법집행을 회피하거나 불필요한 형식과 절차 등을 통해 민원인에게 부당한 비용을 지출하게 하기도 한다.

문제상황이 복잡할 때, 단지 특정영역에 타당한 부분가치만의 추구는 갈등을 증폭시킬 것이다. 목적들을 조화시켜 가치혼란을 막고 이해충돌의 강도와 그 원인들을 충분하게 파악하여야 한다. 그 후 개입의 수단들과 범위들을 확정하고 체계적으로 배려하는 것이 필요하다.

(3) 행정지체의 원인으로서 법지식의 부족

1) 법령이 공포되어 법적인 효력을 발생하게 되면 행정은 법령에서 부과된 과제의 이행책임을 지게 된다. 이 책임은 공무원들이 새로운 법령에서 부과된 책임의 내용을 모른다고 해서 면제되는 것은 아니다. 하지만, 현실적으로 공무원들에 의한 관계법령의 학습과 그의 수용은 법의 효력발생을 위한 사실상의 조건이 된다. 어떤 법령이 공포되어 효력을 발생한 후에도 사실상 법으로 인식되고 수용되지 않으면 그 법은 집행되지 않게 된다. 공무원들의 법지식의 부족이 집행단계에서 제1차적으로 행정지체와 법집행의 정지효과라는 부정적 결과를 발생시키는 것이다.[4)]

2) 우리나라의 행정현장에서 공무원들은 법지식이 부족한 상태에서 행정지체에 대해 '늦장대응'으로 비판을 받게 되면 불가피하게 어떤 대응수단을 찾게 된다. 이 때, 공무원들은 우선 타자의존적 해결방식을 찾는다. 즉, 전임자들에게 처리방식을 묻거나 보관중인 문서들에서 과거의 처리방

4) Heribert Röken, Gesetzesgehorsam statt Gesetzesakzeptanz, DÖV 1989, SS. 56~57.

식을 조사하기도 한다. 또, 중앙의 감독부처에 지침을 주기를 의뢰하기도 한다.

하지만, 관계법령에 대한 체계적인 법지식을 기초로 스스로 대응수단을 찾지 못하고 타자의존적 방식에 주로 의존하는 것은 많은 문제를 야기한다. 이것을 법지식 부족의 제2차적 문제라고 부를 수 있을 것이다.

첫째, 공무원들이 과거의 관행이나 전임자들의 처리경험에 지나치게 의존하는 것은 현대행정과 같이 사회변화의 속도와 법령의 개폐속도가 빠른 상황에서는 불합리하거나 현행법을 위반한 업무처리의 원인이 되기 쉽다.

둘째, 중앙행정부처들은 현장의 집행기관에 비해 간접적인 위치에서 제2차 정보를 접하기 때문에, 현장감각이 결여될 수밖에 없고 해당 지방현장의 특수한 사정도 정확하게 파악하기가 어렵다. 때문에, 그들의 지침들은 점점 더 구체성과 현실적합성이 떨어지거나 과도하게 경직적이기 쉽다. 뿐만 아니라 과도한 집권화, 그리고 권한과 책임의 불일치에 따른 상급자의 자의적 개입이 만연하게 되어 책임행정의 실종상태를 야기할 것이다.

(4) 경직적 법집행의 원인으로서 문언주의와 레드테이프

1) 우리 행정현장에서 공무원들이 법지식이 부족한 상태에서 취하게 되는 또 다른 업무처리방식은 문언주의적 대응이다.[5] 이 때 공무원들은 해당 업무분야에 관해 얽혀 있는 복잡한 관계법령들에 대한 체계적 지식이 없는 상태에서, 관계 법령들과 행정규칙들 중 해당 행정부서에서 주로 참고하는 한두 개의 훈령의 구체적 문언에 집착하여 업무를 처리한다. 이것이 법지식 부족이 야기하는 제3차적 문제라고 할 수 있을 것인데, 가장 심각한 폐해를 야기하는 경우가 많다.

행정이 문언주의에 따라 법을 집행하게 되면, 상위법령이나 관계법령들이 전체적으로 지향하는 정신, 각 규정들의 위계체계와 논리구조에서 갖는 맥락적 의미를 알지 못한 채, 해당 훈령에 표현된 단편적인 문언 자체에

---

5) 문언주의는 법을 정신없는 물적 대상으로만 보고 입법의 목적, 관계법의 체계 그리고 법의 논리를 이해하지 못한 채, 특정 문언만을 기계적으로 적용하거나 적용하지 않는 것을 말한다.

집착하게 된다. 이러한 인식방법에 따라 업무처리의 기준을 찾게 되면 해당 규정의 의미나 집행공무원에게 인정된 재량의 범위를 오해하게 되는 경우가 많다.6) 특정 문언에의 집착이 비합리적이고 상식에 반하는 판단을 유도할 수도 있다. 또, 특정 훈령만을 참조한 상태에서 공무원들은 해당 사안에 적용할 규정이 없다거나 기준이 불명확하다는 불평을 하는 경우도 많다.

2) 더 큰 문제는 집행공무원들이 점점 더 상세하고 명확한 지침만을 원하기 때문에 사회의 다양한 수요에 맞추어 그 때 그 때 임기응변적으로 나타난 행정규칙들이 쌓여서 복잡한 기준과 절차로 형상화되게 된다는 점이다. 이러한 복잡성의 결과 행정절차의 모습이 불필요하고 복잡한 절차와 과도한 서류를 요구하는 레드테이프(red tape) 현상, 즉 ① 권위주의, ② 형식주의, ③ 사인주의가 나타나게 된다. 레드테이프 현상이 나타나게 되면 행정에 지나친 재량의 제약과 경직성이 초래되고 민원처리비용을 증가시키며 행정부패를 조장하게 된다.

Ⅱ. 선진국의 공무원양성 및 임용에 있어 법지식의 교육과 법전문가의 임용현황

1. 선진국의 공무원양성제도의 조사 필요

우리 사회에서 공무원은 자신의 이익을 위해 뇌물제공이나 협박·폭력 등 수단방법을 가리지 않는 악의적인 사업가들에 대해서도 공익을 보호하고 법령의 기준들을 관철할 수 있어야 한다. 또, 공정한 입장에서 이해관계가 다른 사람들을 조정하면서도 공익을 지킬 수 있어야 한다. 우리 공무원들이 이와 같은 능력과 지식을 갖추도록 하기 위해서는 무엇이 필요한지 정책결정자들에게 깊은 고민이 필요다.

6) Robert G. Heiserman, op.cit.(각주 3), pp. 387~388.

공무수행을 위해 필요한 기초지식과 능력이 피상적인 것이 되지 않고 체계적인 깊이를 갖기 위해서는 상당히 오랜 시간의 성실한 노력이 필요하다. 분주한 업무에 방해받으면서 그때그때 산발적으로 습득한 법정보로는 갈등상황을 지탱할 수 있는 지주가 될 수 없고 바람직한 공무원정신이 형성될 수도 없을 것이다.

공무원의 임용 당시 지식기초가 부실하게 형성되어 있으면 임용 후 이로 인하여 엄청난 교육비용이 들어가도 그 효과가 낮다. 업무처리의 하자로 인한 비용도 증가하고 행정불신을 치료하기도 어렵다. 선진외국의 공무원 양성방법을 조사하여 우리의 문제점의 해결을 위한 방안을 모색할 필요가 있다.

2. 독일의 일반공무원의 양성제도

1) 독일에서 연방정부의 일반행정공무원들의 주된 학력배경은 법과대학이고, 주정부 이하에서는 3년 이상의 직업공무원학교에서 60~70% 법학과목들로 구성된 코스를 밟은 사람들이 공무원이 된다.[7]

독일의 경우 공무원은 단순직(Einfacher Dienst), 중급직(Mittlerer Dienst), 상급직(Gehobener Dienst), 고급직 공무원(Höherer Dienst)으로 나누어진다. 그 중에서도 전체공무원의 23%를 차지하면서 주와 지방자치단체에서 중추적인 역할을 담당하는 공무원은 상급공무원인데, 이들의 교육훈련을 위하여 전문대학(Fachhochschule)이 설립되어 있다.[8] 독일의 공무원교육훈련은 3단계의 과정을 연계시키고 있는데, 직업학교교육을 비롯한 학교교육(Vorbildung), 채용전 예비공무원교육(Ausbildung), 채용후 교육훈련(Fortbildung)이 그것이다. 이 가운데 전문대학은 채용전 예비공무원교육

7) 일반 직업공무원의 교육과 법학과목의 관계에 대해서는 선정원, 직업공무원의 법지식의 개선과 법집행의 합리성증대, 공법연구 제28권 제2호, 2001. 1, 383~411면 참조.

8) 통일되기 전 독일의 주들에서 전문대학의 설립현황에 관한 개괄적 설명은 박응격, 지방행정의 전문화를 위한 교육훈련—서독의 전문행정대학을 중심으로—, 한양대 사회과학논총 제8집, 1989, 116면 참조. 그러나 이 논문은 각 전문대학의 교과과목에 관한 교육시간을 구체적으로 설명하고 있지는 않다.

(Ausbildung)을 위한 교육기구이다.

2) 독일 관료의 전문적 능력은 다른 나라에도 잘 알려져 있는데 이와 같은 전문능력은 공무원들이나 예비 공무원들이 전문대학에서 몇 년간 특별교육을 받도록 되어 있는 교육제도에 기인한 바 크다. 독일의 전문대학에서는 교과과목과 그 교육훈련시간을 결정하기 위해서 많은 직무분석과 공무원들에 대한 설문조사 그리고 끊임없는 개혁을 위한 논의들이 있어 왔는데, 여기서는 1979년의 독일의 Niedersachsen 주의 전문대학의 상황과 통일된 후인 1995년 독일의 모든 주들과 연방의 전문대학에서의 교육상황을 소개하기로 한다.

1979년의 시점에서 Niedersachsen 주에서는 3년의 채용전 예비공무원 교육(Ausbildung)을 실시하고 있었는데,9) 3년간 총 2,248시간의 교육시간에서 ① 헌법사, 국가론, 정치학 등 행정에 관한 일반적 교양부분에 224시간, ② 경제학(재정학포함)에 468시간, ③ 법학에 총 1,134시간에 배정되어 있었고, 구체적으로는 헌법 90시간, 행정법총론 234시간, 지방자치법 116시간, 경찰법과 경범죄처벌법 등 72시간, 형법 32시간, 공무원법 192시간, 사회보장법 114시간, 건축법 110시간, 민법 등 사법 154시간, 기타 특별행정법 20시간이었다. ④ 행정학은 382시간이었고, ⑤ 기타 40시간이었다. 1979년의 Niedersachsen 주의 교육시간의 특징은 첫째, 어학과목이 없고 행정과 관련된 사회과학들이 망라되어 있다는 점, 둘째, 법학과목의 비중이 압도적으로 높다는 점이다.

통일된 후인 1995년 독일의 모든 주들과 연방의 전문대학에서의 교육상황은 [표 4]와 같은데, 교육시간 중 법학과목의 비중이 여전히 매우 높음을 알 수 있다.

9) 이하의 내용은 Willi Thiele, Ablösung der juristisch vorgebildeten Verwaltungsfachleute durch Fachhochschuler?, DÖV 1979, S. 744 참조.

표 4 독일 연방 전문대학의 법학과목 교육상황[10]

연방/주 과목/시간	바덴-뷔템베르크	바이에른	베를린	브레멘	연방	함부르크	헤센	니더작센	노르드하인-베스트팔렌	라인란트팔츠	자알란트	쉴레스비히-홀스타인
경제학, 행정학 및 정치학 등	1,179	879	840	1,123	703	846	1,080	821	888	612	870	718
헌 법	88	65	144	142	180	174	110	136	148	160	120	–
행정법총론	288	140	228	228	298	180	164	135	200	180	190	226
지방자치법	153	125	12	–	–	–	162	120	104	130	160	126
경찰법 및 외국인법	61	30	48	–	–	–	40	57	104	132	140	142
건축법 및 계획법	61	85	–	–	–	–	50	54	64	80	50	60
사회법	53	90	48	142	142	54	160	42	152	122	150	104
공무원법	43	135	108	112	112	108	210	183	120	132	190	226
그 밖의 특별행정법	46	95	–	56	56	–	–	–	(64)	–	–	40
형법 및 경범죄처벌법	44	85	–	–	–	–	54	–	64	58	60	–
사 법	330	155	156	154	154	180	210	120	168	176	160	226
그 밖의 법	10	20	–	30	30	–	–	186	32	40	–	170
법학합계	1,177	1,025	744	864	972	696	1,160	1,033	1,156 (1,220)	1,210	1,220	1,320
총 계(기타포함)	2,546	2,400	1,996	2,215	1,920	2,646	2,250	2,182	2,200	2,380	2,200	2,216

3. 미국 정부조직에서의 법률전문가의 채용

1) 독일과 달리 미국에서 법학은 물론이고 다른 사회과학이나 자연과학 전공자들도 많은 수가 공무원이 된다. 하지만 행정의 합법성은 매우 강력한 법무조직과 변호사들에 의해 유지된다.

그 동안 미국 일반행정공무원들의 출신배경이나 교육훈련내용이 우리나라에 중점적으로 소개되면서, 우리 행정조직에서 법학배경을 가진 공무원들이 다수를 차지하고 관료제의 병리를 야기하는 데 일조를 한 것으로 줄기차게 비판받아 왔다. 미국의 일반공무원의 채용제도는 이 주장을 뒷받침하는 유력한 근거가 되었다.

10) 이 도표는 Hans-Werner Möller, Die Reform der Beamtenausbildung an den FHöV, Verwaltungsrudschau 1995, S. 365, Tabelle 1을 참조하여 재구성한 것이다.

그 결과 오늘날, 과거와 달리 우리나라 중앙행정부처와 자치단체에서 법률가들과 법학을 학문배경으로 갖는 공무원들은 매우 부족한 상황이다. 민주화되고 개방된 사회에서 중앙부처는 물론 지방자치단체에서도 점점 더 분쟁처리기준으로서 법지식에 대한 수요가 커지고 있는 상황에서 우리 행정의 이러한 약점은 심각한 문제라 하겠다.[11)]

2) 미국에서는 연방정부와 주 그리고 지방행정기관들에 많은 수의 변호사들이 고용되어 일하고 있다.[12)] 1990년대 중반 무렵 연방정부에만 고용된 변호사들의 숫자가 4만 명에 이른다.[13)] 연방정부에 고용된 변호사들 중 5분의 1은 법무부에서 일하지만 나머지는 여러 연방기관들에 흩어져 있다.[14)] 이 변호사들은 법정에서 각 부처와 관련된 사건들을 대리하거나 행정공무원들의 정책형성에 있어 법적 측면에 관하여 필요한 조언을 해주고 있다.

변호사들은 각 부처에 있어서 법적 문제에 관하여 장관에게 법적 자문을 제공할 뿐만 아니라, 해당 부처에서 만드는 각종 법률안, 시행령, 규칙 등의 입안 단계에서 이를 검토하고, 그 적용 단계에서는 법적인 해석에 관한 자문을 한다. 또 그들은 각 부처에 관련된 계약과 관련하여 계약서 작

11) 법학자들도 우리 행정조직과 달리 미국의 대부분의 행정조직 내에서 별도로 존재하는 법무조직의 위치와 그의 강점을 충실히 소개하고 우리나라를 위한 대안을 제시하지 못한 점은 상당한 책임이 있다 할 것이다.

12) 미국에 관한 이하의 정보는 주로 Cornell W. Clayton, Government Lawyers—who represents government and why does it matter?, in: Cooper/Newland (ed.), Handbook of Public Law and Administration, 1997, pp. 457~478면 참조.

13) 미국에 있어서 정부, 공공기관 및 기업 등에서 상시적으로 근무하면서 법률에 관한 자문 기타 법률 관련 업무를 담당하는 법률전문가를 법무담당관이라 부른다. 법무담당관은 일반적으로 General Counsel로 호칭되지만 Solicitor, Legal Advisor 기타 다양한 용어로 표현되기도 하는데 그 의미는 대략 동일하다. 미국 연방정부 기타 공공기관에서 근무하는 변호사들은 전체 미국 변호사들의 16%를 차지하는 것으로 파악되고 있다. 도두형, 법무담당관제도, 2004년 2월 23일 대한변호사협회 주최 공청회 발표문 참조.

14) 법무담당관은 대통령이 국회의 추천과 동의를 얻어 임명하도록 되어 있는데, 대체로 차관 또는 차관보급의 직위를 갖고 있다. 법무담당관은 장관과 개인적으로 돈독한 신뢰관계가 형성되어 있는 사람이 임명되는 경우가 대부분이고 정무직이므로 정권이 교체되면 스스로 사직하거나 교체되는 것이 일반적이다.

성, 체결, 해석, 분쟁에 관한 자문을 제공하고 필요한 경우 계약체결 과정에 직접 관여하기도 한다. 그리고 부처 내의 직원들의 복무지침, 공무원윤리규정의 제정, 개정, 준수 등에 관여하며, 이에 관한 직원들의 법적 자문에 응하기도 한다.

의회는 1970년대 이래 법률을 제정하여 의회 독자적으로 변호사들을 고용하여 자기와 관련된 사건들의 대리를 맡기며 법률문제의 자문을 얻고 있다. 연방대법원도 자신이 소송의 당사자가 된 경우 자신을 대리하여 소송을 수행하도록 법무조직(Legal Counsel's Office)을 만들었다. 환경청(Environmental Protection Agency)이나 노동부(Department of Labour) 등과 같은 연방기관도 변호사를 고용하여 독자적으로 소송을 수행할 수 있는 권한을 의회가 입법으로 부여하였기 때문에 다수의 변호사들을 고용하고 있다.[15]

3) 주정부 수준에서도 50개 주 대부분 법무부나 그와 유사한 조직이 별도로 조직되어 있다. 주의 법무조직은 연방정부에 법무부가 등장하기 전부터 영국의 영향을 받아 지방에 등장하여 오랜 역사와 뿌리를 가지고 있다. 자치단체에 비하여 중앙정부의 법무조직이 매우 강한 한국과는 아주 다른 면이다.

주의 법무부는 건국초기에는 사법부에 소속되어 있다가 점차 행정부에 속하는 것으로 바뀌어 지금은 대부분 행정부에 속한다. 예를 들어, Louisiana에서는 1974년까지 법무부가 사법부의 일부이었다가 1974년의 새로운 주헌법에 따라 행정부에 속하게 되었다. Tennessee와 Oregon 주에서는 아직도 사법부에 속해 있다.

대부분의 주들에서 법무장관은 주지사와 마찬가지로 선거에 의해 선출된다. 법무장관이 주지사와 다른 정당출신인 경우도 많다. 연방정부에서 법무장관이 임명직인 것과 달리 선출직이기 때문에 강한 독립성과 자율성을 가지고 있어서, 연방정부에서 대통령을 비호한다는 점에서 지나친 정치성에 대한 비판이 제기되는 것과는 달리 주차원에서는 그러한 비판이 드

15) Cornell W. Clayton, op.cit.(각주 12), p. 465.

물다.

예를 들어, California에는 법무장관이 775명의 변호사와 955명의 보조인력을 고용하고 있으며 1993년 2억 8천만 달러 가량의 예산을 사용했다.[16] 이 변호사들은 공익을 대변하여 상당한 자율성을 가지고 정치적으로 중요한 재량적 정책사항들에 법적 조언을 하는데, 주헌법이나 법률에 특별한 제한이 없으면 주업무 전반에 그 권한이 미친다.[17] 그들의 업무는 주마다 약간씩 차이가 있지만 유형화하여 5개 분야로 나눌 수 있다. 행정공무원들에게 법적 조언을 하는 것, 소송에서 주의 이익을 대리하는 것, 주입법의 초안을 작성하고 입법절차를 진행하는 것, 주의 계약이나 보증 업무와 같은 분야에서 주의 재정지출을 관리하는 것, 주민들에게 정책법무상의 쟁점들을 고지하는 것 등의 업무를 수행한다.

4) 주 이하의 지방행정단위에서 법무조직으로 카운티에는 지방법무조직(County Counsel's Office)이 있다. 예를 들어, 미국 서부지역 캘리포니아의 27개 지방자치단체 중 하나로 93만 명의 인구가 살고 있는 콘트라 코스타 카운티에도 법무조직(County Counsel's Office)이 있다.[18] 이 법무조직에는 33명의 변호사와 14명의 보조인력이 업무를 처리하고 있는데, 1년 예산은 680만 달러 정도이다. 이 법무조직은 2001년 한 해만 해도 도시계획사건, 발전소건설사건, 소년소녀생활보호사건, 청소년회관건축사건 등을 다루었을 뿐만 아니라, 수많은 조세, 민사, 형사사건들을 처리했다. 또, 이웃주민보호, 화재예방, 건축계획, 청소년에의 담배판매금지, 신용비밀보호 등에 관한 자치법규의 초안을 작성했으며, 동물원이나 도로, 공공건물의 건설과 관련하여 법적 문제점들의 자문을 했다. 이 외에도 공무원들의 법적 자문에 수시로 응했으며 정부계약서식을 새로이 정비했다. 또, 공무원훈련

---

16) 필라델피아 시정부 법무담당관실의 경우 그 책임자인 법무담당관(City Solicitor)은 시정부의 최고 집행기관인 행정위원회(Administrative Board)의 구성 멤버 3인 중 1인으로서 그 지위가 매우 높으며, 법무담당관실에는 150명의 변호사가 근무하고 있고 10개 부서로 나뉘어 있다. 도두형, 위의 발표문(각주 13) 참조.

17) State of Florida v.Exxon Corporation, 526 F.2d.266 (1976), pp. 268~269.

18) 더 상세한 정보는 Contra Costa County의 홈페이지(www.co.contra-costa.ca.us) 참조.

도 담당했다. 새로 취업해 들어오는 변호사들을 지속적으로 훈련시키는 프로그램을 만들어 운영하고 있다.

4. 일본과 우리나라의 일반행정직 공무원의 임용제도

(1) 공무원 임용시험과목의 결정에 있어 직무관련성 기준

공직은 모든 국민에게 평등하게 개방되어야 하지만 많은 국민들의 이익과 직결된 공익을 보호할 수 있는 전문적 능력이 있는 자가 공무원이 되어야 한다. 능력주의에 의한 선발원칙을 구체화함에 있어서는 무엇이 공무원에게 필요한 전문지식과 능력인지 일반화할 수 있는 기준이 있어야 한다. 이에 대해서는 서로 다른 의견이 가능하겠지만 공무원이 처리해야 할 직무에 필요한 기초지식과 전문지식은 평가항목에서 중요한 역할을 담당해야 한다는 점은 부인하기 어려울 것이다.19)

공무원임용시험의 목적은 공무원의 직무수행에 필요한 기초지식과 능력을 평가하는 것이다. 따라서 공무원임용시험과목은 공무원의 직무수행에 필요한 기초지식으로서 오랜 시간 직무에 숙달되면 스스로 좀 더 응용하여 다른 지식을 쌓아갈 수 있도록 도와주는 구조적 지식이어야 한다. 기초지식과 구조적 지식은 공무원의 사회화에 있어서도 중요한 영향을 미친다.

(2) 일본 공무원임용시험과목과 그의 개편

1) 현재 우리나라 공무원시험제도는 해방 전 일본에 의해 이식된 임용제도에 연원을 두고 있다. 그런데, 이 제도를 이식시킨 일본은 이미 오래 전에 기존의 현장공무원의 임용시험제도를 개선하여 대학에서 배우는 행정업무와 관련된 과목들을 다수 포함시켜 시험과목을 편성하여 현장공무원들을 선발하고 있다.

1997년 7월 7일 실시되었던 일본의 일반행정직 집행공무원의 선발시험인 국가공무원 제2종 시험은 교양시험과 택일식 시험으로 구성되어 있었

---

19) Klaus Althoff, Eine Entscheidung mit Konsequenzen: Personalauswahl im öffentlichen Dienst, der städtetag 1991, SS. 820~821.

다. 이 외에 우리의 국가고시에 해당하는 국가공무원 제1종시험이 있고 또 전기, 토목 등의 8종의 전문기술직 시험인 국가공무원 제3종시험이 있다. 국가공무원 제2종 시험에서 교양시험은 2시간 30분 동안 치루어졌는데, 첫째, 일반지식을 평가하기 위하여 고등학교과정에서 학습했던 현대문, 고문, 한문, 수학, 화학, 생물, 지리, 일본사, 세계사 등에 관한 지식을 출제하고, 둘째, 추리력과 판단력 같은 일반지능을 평가했다. 택일식 시험은 60문제를 출제하여 40문제를 선택하도록 하고 2시간에 걸쳐 실시된다. 정치학과 행정학 중에서 7문제, 헌법, 행정법과 민법 중에서 15문제, 경제학과 재정학 중에서 13문제, 노동경영과 사회보장에서 3문제, 경영학에서 4문제, 국제관계에서 5문제, 사회학에서 3문제, 영어에서 10문제가 출제되었다.

2) 2012년 일본 인사원은 국가공무원채용시험을 변화시켰다. 능력과 실적에 기초한 인사관리로 전환하고, 새로운 인재공급원에 대응한 시험체계를 제시하여 다양한 인재확보에 기여하고자 하는 것이 개편의 목표이었다.

국가공무원시험의 종류를 대졸졸업정도시험, 고졸졸업정도시험과 경험자채용시험으로 3분하였다. 대졸졸업정도시험에 대해서는 종합직 시험과 일반직 시험 그리고 전문직 시험으로 나누었는데, 이 중에서 일반직 시험은 주로 사무처리 등의 정형적 업무에 종사하는 공무원을 채용하는 시험이다.

대졸졸업정도시험 중 일반직 시험(21세 이상 30세 미만)에는 행정직 시험 이외에 전기·전자·정보, 기계, 토목 등 9직렬시험이 있다. 대졸졸업정도시험 중 일반직 시험은 제1차 시험과 제2차 시험이 있는데, 제2차 시험은 인물시험(2/9비율)으로 면접시험이다. 제1차 시험은 기초능력시험(다지선택식. 2/9비율), 전문시험(다지선택식. 4/9비율), 일반논문시험(행정. 1/9비율), 전문시험(기술방식. 행정 이외의 직렬. 1/9비율)으로 되어 있다.

일반직 시험에서 2/9의 비율을 갖는 객관식 기초능력시험은 공무원의 기초적 능력인 문장이해, 판단추리, 수리적 추리, 자료해석 등을 평가한다. 4/9의 비율을 갖는 전문시험은 행정직렬에서는 정치학, 행정학, 헌법, 행정법, 민법(총칙과 물권), 민법(채권, 친족과 상속), 미시경제학, 거시경제학, 재정학·경제사정, 경영학, 국제관계, 사회학, 심리학, 교육학, 영어(기초), 영어(일반)의 16과목 중에서 8개 과목을 선택하여 시험을 친다.

(3) 지방행정에 있어 9급 공무원임용시험의 중요성과 현행 채용방식에 대한 평가

1) 우리나라 지방행정공무원들의 구성과 그의 임용배경을 살펴볼 때, 지방고시 등 행정고시나 7급 공무원시험을 통해 임용된 공무원들은 그 숫자가 매우 적다. 반면에 9급 공무원임용시험 합격자들은 압도적으로 많은 수를 차지하고 있다. 이들은 근무경력이 쌓이면서 지방행정의 중고위직으로 진출하여 대부분의 지방자치단체에서 현장, 중간 및 고위직까지 직접 담당하면서 행정조직 내에서 강력한 세력을 형성하고 있다. 이렇게 된 이유는 국가나 자치단체장들이 공무원의 연봉을 인센티브로 활용하는 것이 제한적인 상황에서 승진을 거의 유일한 사기진작방안으로 이용하면서 5급과 7급 공무원임용시험을 통한 인원채용을 원하지 않고 있기 때문이다.

때문에, 우리나라 지방행정의 영역에서 9급 공무원임용시험은 현실적으로 공무원시험 중 가장 중요한 시험이고, 이것은 상당히 오랜 전통이 되어 왔다. 7급 공무원시험 합격자수를 늘리는 데에도 이들의 반발이 강력하고, 지방직 행정고시에 합격한 사람들이라 할지라도 상당기간 주요 보직을 받지 못하거나 매우 부적절한 보직을 받아 행정의 전문성과 능률의 향상에 있어 기대한 바의 성과를 거두지 못하고 있다.

2) 우리 지방행정의 현실에서는 9급 행정직 공무원임용시험의 개선이 공무원의 지적 기초의 개선이나 행정의 전문성 향상을 위하여 가장 중요한 과제로 인식되어야 한다. 이것은 우리나라의 독특한 현실인데, 정부와 학자들은 상부구조에만 관심을 기울이고 토대인 하부구조의 지적 기초의 취약성이 가져오는 문제의 심각성을 너무 오랫동안 제대로 인식하지 못했었다. 지금도 우리는 다른 선진국의 예를 들어 중고위직만의 인사혁신방안을 통해 한국의 인사행정의 구조개혁에 접근하고 있는데, 이러한 접근방법은

적어도 지방행정에 관한 한 중요한 핵심을 제외한 관념적인 개혁방안이라 할 것이다. 선진국들의 지방행정영역에서 대다수의 중하위직 공무원들의 채용방식에 대한 철저한 조사연구가 필요하다. 특히, 국가의 크기나 해당 공무원이 수행하는 역할 등을 고려하여 우리나라의 상황에 적합한 비교대상들을 선정하여 비교하는 것이 필요하다 할 것이다.

3) 우리나라의 일반행정분야 공무원 9급 시험은 객관식 시험이다. 시험과목은 국어, 영어, 한국사의 필수 3과목과 행정법총론, 행정학개론, 사회, 과학, 수학 중 택2의 선택2과목으로 되어 있다. 2012년까지의 시험과목은 국어, 영어, 국사, 행정법총론, 행정학개론이었다.

이러한 개편은 고등학교 졸업자들에게 취업문호를 확대하기 위해서라고 한다. 하지만, 이미 우리나라 학생들의 대부분이 대학졸업학력을 가진 상황에서 중하위직 공무원들의 직무와 관련된 교과목들이 필수과목에 하나도 포함되어 있지 않은 것은 공무원임용에 있어 직무관련성을 거의 도외시한 것으로 문제라 할 것이다. 이제 지원자들은 직무관련지식을 거의 습득하지 않고도 공무원이 될 수 있게 되었다.

이러한 개편은 지방행정의 미래를 위하여 매우 우려할 만한 것이라고 하지 않을 수 없다. 지방공무원들은 민주적 법치행정의 이념에 따라 주민의 권리와 복리에 봉사해야 하고, 지역발전을 위한 정책법학적 아이디어들도 생산해야 하는 등 변화하는 복잡한 행정과제에 능동적으로 대응해야 한다. 이러한 과제에 비추어, 이 개편은 지방행정의 업무를 단순대체업무로 바라본 과거 50~60년대 중앙부처의 입장이 재현된 것으로 전문지식이 부족한 지방공무원들이 중앙부처의 지시에 맹종하던 과거 권위주의체제로의 회귀우려도 있다.

우리의 지방행정에서 공무원채용시험은 민간영역에서 이룩한 교육제도의 발전과 학력신장의 성과를 수용하여 지방자치의 발전에 기여할 수 있는 인재를 선발하도록 개편되어야 할 것이다.

Ⅲ. 지식기반행정의 강화를 위한 법지식의 중요성과 그의 핵심적 내용

1. 법지식의 개념과 그의 획득곤란성

(1) 법지식의 개념

산업사회로부터 지식사회로 변하면서 육체적 힘보다는 지식의 힘이 생산성향상의 원천으로 인정받고 있다. 정보기술의 발달로 소수만이 가지고 있던 법적 정보들의 교류가 빈번해지고 축적도 쉬워지고 있다. 이에 따라 행정조직에 있어 공무원들의 법지식의 증대를 위한 중요한 조건이 갖추어져 가고 있어 지식기반행정의 구축에 긍정적인 희망을 주고 있다. 하지만, 오늘날 공무원들에 요구되는 법지식은 단편적인 법정보가 아니다. 급변하는 환경과 다양한 시민들의 요구에 대응하기 위해서는 일시적이고 단편적인 법정보가 아니라 보다 심층적으로 체계화된 법지식이 요구된다.

법지식은 단순히 법령, 훈령, 자치법령과 판례 등에 관한 자료나 정보를 넘은 상위 개념으로 체계적으로 의미있게 구성되고 축적된 정보를 의미한다. 법령 등에 관한 정보 이외에, 학설과 판례, 선진국들의 관계법령과 그의 집행경험이나 논의내용 등도 중요한 의미를 갖는다.

지식기반행정이 이루어지려면 공무원지망생들의 사회화가 시작되는 곳에서부터 접근해야 효과적일 수 있다. 이를 위해 기초적이고 일반적인 개념, 법논리와 원칙의 학습과 적용훈련부터 시작하여 점차 복잡성을 높여가면서 예외규칙 등을 학습해가야 한다. 더 나아가 가변성, 복잡성과 불확정성이 가중되는 상황에서 일견 모순되어 보이고 복잡하게 얽힌 관계법령의 규정들을 해석적용하는 단계로 교육훈련단계가 높아져야 한다.

(2) 법지식의 획득곤란성

1) 해방 이후 경제사회의 발전과 민주화를 거치며 수많은 규제법령들이 등장했고 국민들의 권리도 크게 신장되어 왔다. 사회변화속도가 매우

빨랐기 때문에 이에 맞추어 법령들의 개폐도 빈번했다. 그런데, 이러한 입법상황은 집행공무원들에게는 그 양과 가변성 때문에 학습해야 할 대상들을 크게 증가시키는 결과를 가져왔다.

그럼에도 불구하고 공무원들은 학습의 도움을 받아야 할 곳을 찾기는 매우 어렵다. 전문법영역에 대한 해설서도 드물고, 있다고 해도 최신 법령을 반영하고 있지 않는 경우도 많다. 또, 단지 새로운 법조문들과 판례들만을 소개할 뿐 이론적으로 체계화되어 있지 않는 경우도 많다. 이로 인해 관계법령들 사이에서 일관된 정신과 원칙을 발견하기도 힘들다.

2) 이와 같이 문제상황이 심각함에도 불구하고 공무원들의 법지식의 개선이 우리 행정에서 중요한 정책의제가 된 적은 거의 없었다. 위에서 소개했듯이, 공무원들의 법지식 학습량에서 우리나라와 비교할 수 없는 독일에서 증가하는 행정과제에 상응하여 공무원들이 전문지식학습을 늘리고 학습의 효과를 높이기 위하여 교육을 강화시키고 있는 것과 비교해볼 때, 이러한 상황은 매우 우려할 만한 것이라고 할 것이다.[20]

현행법령을 정확하고 체계적으로 집행하는 것은 정부의 제1차적 책임이다. 때문에, 전문가들에 의한 비판과 수용을 거쳐 구체적 전문영역에 관한 피상적인 법정보들이 지식으로 체계화될 수 있게 하는 학문적 장이 건설되도록 정부는 인프라를 구축하고 지원방안을 마련하여야 할 것이다.

2. 법지식의 기능

(1) 독자적 합리성 발견도구

공무원은 현장을 조사하면서 갑자기 마주친 상황에서 누구에게 의존하지 못한 채 홀로 판단하고 대응해야 할 경우도 생기는데, 이 때 실체법과 절차법에 관한 풍부한 지식은 공무원이 구체적 상황에 맞게 신속한 대응을

20) Fachhochschule des Bundes für öffentliche Verwaltung (Hg.), Methoden und Arbeitstechniken in der öffentlichen Verwaltung als Lehrfach, 1984, S. 2; Pappermann u.a., Zur Bewährung der Ausbildung an Fachhochschulen für den öffentlichen Dienst, 1982, S. 102.

할 수 있게 도움을 준다. 공무원이 이러한 상황에서 법적으로 필요한 조치가 무엇인지 알지 못한다면, 필요한 증거를 확보하지 못해 불법적인 공익침해행위를 방지할 수 없게 될 수도 있다. 예를 들어, 악의적인 사업자들의 불법적인 환경침해현장을 발견하고도 현장을 보존하는 조치를 취하지 않고 기록으로 작성하지 않거나, 또 당사자의 확인을 받지 않아 증거확보에 실패할 수도 있다.

(2) 업무처리의 일관성 보장도구

법령과 그의 준수는 행정의 업무처리방식에 구조적 안정성, 일관성과 명확성을 보장해주며, 공무원 개인의 자의를 막고 불합리한 행정지체를 방지해준다. 행정업무가 여러 부서에 분산되어 있는 상황에서도 업무처리의 기준과 절차를 준수하여 일관된 업무처리가 가능하게 된다.

문제는 법령의 용어가 불확정개념으로 되어 있어 기준이 모호하거나 수많은 관계법령들이 서로 충돌하고 있는 것으로 보이는 상황이 현장행정에서는 드물지 않다는 것이다. 이러한 상황에서 단편적인 법정보만을 가지고 대처하는 것은 어렵고 때로는 불합리한 위험한 법집행의 원인이 되기도 한다. 동종유사의 사안들에서 업무처리의 일관성도 보장될 수 없게 될 것이다. 관계법령에 대해 체계적인 법지식이 필요한 이유이다.

(3) 설득도구

현대사회에서 공공부문의 업무처리성과는 그 업무의 내용이 아니라 그 업무를 처리하는 자의 설득력에 크게 의존되어 있다. 공무원의 업무처리가 적절한 목표와 명확한 근거에 기초해 있을 때에는 설득력은 높아지고 성과를 낼 수 있게 된다.

공무원들은 풍부한 법지식을 기초로 성실하게 주민들과 접촉해야 한다. 주민들의 신뢰는 얻기도 어렵지만 유지하기도 쉽지 않기 때문에, 어떤 일시적인 필요, 예를 들어 일부 주민들이나 사업자들과의 갈등극복을 위해 필요하다고 해서 상황을 모면하기 위해 법적 근거도 없이 기망적 성질의 행위를 해서는 안 된다.

(4) 공공부문내의 통일적 의사소통도구

행정업무의 처리에 있어서 의사소통은 단계적으로 체계화된 법령과 계층제에 의해 보장되도록 되어 있다. 끊임없이 상급기관들의 지침과 지시에 의존하여 업무를 처리해간다면 불필요한 업무와 엄청난 의사소통비용이 발생할 것이므로, 법령에 의한 일상업무의 표준화는 현대국가의 운영에 있어 의사소통비용의 감축을 위해 필수적이다.[21)]

법률, 법규명령 또는 수많은 행정규칙이나 조례 등에서 법적으로 해결이 필요한 문제를 추상적 형식의 법률요건으로 서술하고 그 해결책을 법적 효과로 제시해 놓고 있다. 국회나 중앙부처는 법률이나 법규명령 등을 개정함으로써 현장공무원들의 업무내용과 처리절차 등을 새로이 프로그램화할 수 있다.

현장의 집행공무원들은 프로그램설계자들의 추상적이고 일반적인 판단에 대해 개별적 상황에 맞게 구체화함으로써 입법자들이 원하는 결과를 만들어내기 위해 노력하게 된다. 현장공무원들이 상급기관이나 정책결정자들이 법령 등을 통해 설계해 놓은 프로그램을 무시하는 것은 법치행정의 원리에 위반되므로 집행결과에 대한 평가를 위하여 존재하는 감사와 같은 행정통제제도에 의해 시정되게 된다.

3. 법지식의 유형

수많은 개별 법령들은 물론 많은 개념들과 이론들로 구성된 법지식의 내용을 일반적으로 파악하는 데 있어 유형화는 상당히 유용하다.

(1) 명확하게 표준화된 기준에 관한 법정보로서의 법지식

중앙선침범차량이나 주정차위반차량 등 도로교통법규위반자에 대한 제재와 같이 자동차운전자 모두에 대해서 결과의 일관성과 예측가능성이

---

21) Karl Reinhard Hinkel, Zum Verhältnis von Theorie und Praxis bei der Ausbildung des gehobenen Dienstes, RiA 1981, S. 228.

필요한 곳에서는 명확하게 표준화된 기준과 프로그램으로서 법령이 필요하다. 이와 같은 영역에서 법령의 표준화된 기준은 관련된 사람들의 행동을 위한 안정적 기초가 되므로 기준의 빈번한 변화는 집행에 어려움을 야기하게 되어 바람직하지 않다.

표준화된 기준을 집행하는 공무원들은 집행대상, 집행시간과 집행장소 등에 따라 자의적인 차별을 두지 말고 명확한 기준을 그대로 집행할 것이 요구되는데, 일상적으로 반복되는 대량행정의 신속한 처리에 크게 기여할 수 있다. 이 기준들은 명확하고 위반여부의 확인도 비교적 쉬우므로, 개별적 상황을 고려한 공무원들의 개성적인 업무처리는 환영받지 못한다. 이와 같은 특성이 나타나는 법령상의 기준들은 주로 제재처분을 규정한 별표에 있는 규정들이다. 예를 들어 교통법규위반자에 대하여 경찰은 도로교통법 시행령 제88조 제4항 별표 6 '과태료의 부과기준'에 따라 기준위반자를 발견하였으면 규정에 있는 대로 과태료를 부과하여야 한다.

(2) 복잡한 이해조정을 요하는 관계법령들의 체계적 해석방법으로서 법지식

현대 행정에서는 건축과 시설의 안전성보호와 환경보호, 무역촉진의 필요와 유해 수입식품에 의한 건강침해의 방지 등의 경우처럼 이해가 충돌하는 사안들이 늘어나고 있다. 다수의 인·허가들이 의제된 의제규정의 해석의 경우처럼 관계행정기관들 사이에서 협력이 필요한 경우도 있다.

업무처리에 있어 확실성과 예측가능성을 높이기 위해서는 명확한 기준을 사용하는 것이 필요하지만, 명확한 기준만을 고집하게 되면 현실적 타당성을 결여한 경직적인 결과가 초래될 수도 있다. 그래서 입법자는 환경변화에 탄력적으로 대응하고 이해충돌을 상황에 맞게 조정하기 위해 법령에서 불확정적인 개념과 기준을 자주 사용하게 된다.

복잡한 이해조정이 필요하고 관계법령들의 수도 많고 불확정 개념들이 많이 사용되고 있을 때, 법의 해석과 적용은 매우 어렵다. 이 상황에서는 공무원에게 상대적으로 넓은 재량이 인정되고 법의 해석과 적용의 과정에서 형성적이고 창조적인 사고가 필요할 수도 있다. 재량행사와과 선택의 과정에서 복수의 관계법령들을 조화롭고 체계적으로 해석하는 능력은 행정의 결정이 불합리하게 되는 것을 막는 중요한 안전장치가 될 수 있다.

4. 법지식의 핵심적 기초로서 법률용어와 법해석방법

(1) 정확한 법률용어학습의 중요성

1) 공무원들의 업무처리에 있어 사용하는 기본용어들이 통일되어 있을 때 하나의 행정조직 내에서는 물론 상급기관들과의 관계에서도 정확한 의사소통이 가능해진다. 법령에 쓰인 핵심용어들은 의사소통의 기초가 된다. 공무원들이 기본적인 법률용어를 모르면 행정조직 내에서 그리고 민원인들과의 관계에서 정확한 의사소통은 어렵게 된다. 그 결과 업무처리의 심각한 지체가 발생하고 동종유사한 상황에서 공무원마다 다르게 처리하는 현상이 심각하게 발생하게 된다.

2) 우리 지방행정현장에 처음 임용되는 공무원들은 대부분 임용시험 당시 법학의 학습이 필수적인 것이 아니기 때문에 법률용어에 대해 무지한 상태에서 업무를 처리하기 시작한다. 때문에 우리의 지방행정현장에서 기본적인 법률용어를 잘 모르거나 유사한 용어의 법적 성격의 차이를 알지 못하는 공무원들이 매우 흔하게 발견된다. 신규공무원들일수록 더 심각하다. 예를 들어 행정행위, 취소, 철회와 무효, 그리고 신뢰보호원칙이 정확히 무엇을 의미하는지 모르거나 그것들을 구별하지 못한다. 규제개혁을 통해 허가제가 신고제로 바뀌어도 그 차이를 모른다. 정치적 공무원인 자치단체장도 그 의미를 이해하는 사람은 많지 않다.

현장공무원들의 보고서에서 사용하는 용어들의 정확성이 떨어지면서 보고서의 분량이 불필요하게 많아지고 정확한 의사소통도 되지 않을 뿐만 아니라 핵심쟁점의 파악을 위해 불필요한 중복조사가 발생하고 있다. 이로 인해 사업자들의 불만도 크게 증가하고 있다.

공무원들이 기관장에게 결재를 올리거나 상급기관에 보고를 하는 과정에서도 정확한 법률용어를 사용할 능력이 떨어져서 여러 차례의 수정지시를 받는 일도 많아지고 있다. 이로 인해 관련 법적 쟁점과 문제점들을 정확하게 표현하여 보고서를 작성하는 데 대부분의 시간을 빼앗기고 있다.

3) 기본적인 법률용어들은 많은 뜻을 압축적으로 내포하고 있기 때문에 그 개념을 이해하기 위해서는 많은 학습이 필요하다. 또, 문제상황에 맞는 용어를 떠올리기 위해서는 상당한 학습의 기초 위에 경험이 축적되어야 한다. 그 때에 비로소 오류를 줄일 수도 있게 된다.

(2) 학습대상으로서 법해석의 방법과 기술

1) 법해석의 방법

다양하고 개폐가 빈번한 법령들을 집행해야 하는 공무원들로서는 법지식의 획득을 위해 필수적인 기술과 방법을 익혀야 한다.[22] 법해석의 방법은 "법률은 사라져도 방법은 남는다"는 말처럼 적용대상인 생활관계가 다양하고 변화가 많더라도 적용해야 할 기준을 발견하게 해준다. 그러므로 업무집행을 위한 안정적이고 지속적인 기초가 된다.

공무원이 학습해야 할 법학방법론은 관계 법률을 조사하여 그 의미를 파악하는 법의 해석, 사실을 조사·확인하여 그 사실들에 법률을 적용하는 법의 적용, 그리고 법률의 문언이 없는 경우의 법의 보충 등 세 개의 분야로 나눌 수 있다.

2) 논리해석과 논리적 설명능력

공무원들이 해석해야 할 법조문들은 한 조문 내에 제1항, 제2항과 같이 항이 있고, 그 항 내에 세부적으로 제1호, 제2호와 같이 여러 개의 호가 규정되어 있을 뿐만 아니라, 제1항 내에도 본문과 단서가 나뉘어 문장으로 구성되어 있는 것이 보통이다. 논리해석이란 조문들 사이나 항들 사이에서, 그리고 본문과 단서 사이에서 서로의 관련성과 맥락을 이해할 것을 요

---

22) 법적 기술은 법적 과제를 이행하기 위해 최적의 수단을 찾아내는 기교를 말하고, 법해석의 방법은 적용해야 할 실정법령과 규제의 내용을 논리적이고 체계적으로 해석하는 능력을 의미한다.

구한다. 아무런 근거없이 서로 모순되게 해석해서는 안 된다.

법적인 문제들의 처리에 요구되는 논리적 사고방법은 이해관계인들 사이에서 자신의 입장에 대해 논리적으로 근거를 제시하고 그 근거를 뒷받침하는 증거를 제시할 것을 요구한다. 상호 관련성이 없거나 모순된 주장이나 증거를 제시해서는 안 된다.

제정시기나 제정기관도 다르고 그 법단계도 다른 많은 업무관련 규정들에 대해서 공무원들은 관련 규정들에서 논리적 일관성이 발견될 때까지 반복해서 읽고 생각해야 한다. 많은 규정들 중 일부 규정만 존중하고 다른 규정들은 알지도 못하거나 무시하는 것은 적절한 태도가 아니다. 민원인들로부터 처리해야 할 업무와 관련하여 자신이 참조하는 것과 다른 규정문언을 근거로 질의를 받은 때에도 일관되게 설명할 수 있어야 한다.

3) 규정의 요건과 효과의 구별

우리나라의 법령들은 헌법, 법률, 법규명령, 자치법규 그리고 행정규칙으로 구성되어 있어서 업무와 관련된 많은 관계법령들을 종합적으로 이해하는 것은 쉬운 일이 아니다. 어떤 규정의 요건과 효과를 구별하여 이해하는 것은 법령의 이해와 해석에 있어서 반드시 필요하다.

예를 들어, '도로의 중앙선을 침범하면 6만원의 범칙금을 부과하겠다'는 규정이 있다면, 이 중에서 '도로의 중앙선을 침범하면'이 요건규정이고 '6만원의 범칙금을 부과하겠다'는 부분이 효과규정이다. 요건규정은 생활사회에서 발생가능한 여러 사실들을 법적으로 평가하여 기술한 표현이다. 규제의 불확실성을 막기 위해서는 법문의 표현이 명확해야 하겠지만, 추상적일수록 다양한 사실관계에 대해서 공통적으로 적용될 수 있는 여지가 넓어지므로, 복잡한 사실관계에 적용되는 법령의 요건표현은 불확정적이거나 추상적인 경우도 많다.

여러 관계 규정들을 종합하여 적용하기 위해서는 우선 하나의 규정에서 요건규정을 분리하여 다른 규정의 요건규정들과 결합시켜 살펴보아야 한다. 요건규정들을 분리한 후에는 보다 기본적 성격을 갖는 개념에 의해서 여러 개념들을 구조적으로 체계화시켜야 한다. 특정 규정의 문언을 절대시하는 태도를 극복하기 위해서는 여러 규정들의 요건규정들을 종합해서 살펴보는 것이 반드시 필요하다.

규정의 요건을 분리하고 종합하는 방법은 결정의 내용 내지 조치의 선택과 관련된 효과규정들에 대해서도 적용할 수 있을 것이다.

4) 체계적 해석과 체계적 사고

“어떤 법률의 한 문장을 적용하는 사람은 전체의 법을 적용하는 것이다”라고 하듯이,[23] 공무원은 관계법상의 법률요건과 법률효과 그리고 법의 정신을 고립적으로 이해해서는 안 되고, 종합하여 체계화한 후 법사상의 동질적이고 조화로운 종합적 결합체의 일부로 파악해야 한다.[24] 법률에서 어떤 규정의 체계적 지위 자체나 법개념이 사용된 장소 자체도 해석을 위해 의미를 가질 수 있어서 동일한 개념도 다른 법에서는 다른 의미를 가질 수도 있다.

체계적 해석은 법문의 정확한 의미이해를 위해 필요할 뿐만 아니라 규제기준이 일견 흠결되어 있는 것처럼 보이는 상황에서 상위법의 정신이나 입법목적을 고려하여 적절한 답을 찾는 법의 보충을 위해서도 중요한 역할을 할 수 있다.

법령의 적용에 있어 체계적 사고는 공무원이 법집행을 하려 할 때, 문제상황에 적용될 수 있는 모든 법조문들을 종합적·전체적으로 고찰하여 행정개입을 위한 연결된 프로그램으로 체계화시킬 것을 요구한다. 또, 각각의 조문들이 전체의 프로그램 속의 구성부분으로 기능하도록 할 것을 요구한다. 이를 통해 법집행의 효율성과 일관성을 높일 수 있게 된다.

5) 법의 정신과 법단계에 대한 인식의 중요성

체계적으로 법학교육을 받지 못했더라도 공무원들이 상당한 시간 동안 관련 법령을 집행하다 보면 개별 전문법에 관한 정보는 어느 정도 축적

---

23) Rudolf Stammler, Theorie der Rechtswissenschaft, 1911, S. 24 f.

24) 우리 대법원도 이러한 이유 때문에 조례심사에 있어 일부 규정이 위법한 경우 조례안 전부를 무효로 선언하고 있다. 예를 들어 대판 97추43; 96추169; 96추138; 96추213 등.

할 수 있게 된다. 하지만, 이 상태에서도 습득하기가 어려운 것이 법의 정신과 법의 단계에 관한 지식이다.[25)]

공무원들에 대한 법지식교육에 오랜 시간을 투입하는 독일의 경우에도 중하위직 공무원들을 위한 교육기관들에서 너무 전문영역의 법들만을 가르치다 보니 법전체의 체계나 정신에 대한 지식이 부족하게 되어 학습하지 못한 많은 복잡한 문제들에 대한 대처능력을 잃게 된다는 비판이 제기되고 있다.[26)]

법의 정신, 법의 단계 및 체계에 관한 지식을 획득하기 위해서는 관련 행정영역에서 법질서 전체가 지향하는 이념을 구체적 사례를 통해서 학습하고 법 상호간의 관계를 파악해야 한다. 관계된 행정규칙과 법규명령 그리고 조례 등의 상호관계나, 일반법과 특별법의 관계 또는 구법과 신법의 관계 등은 물론 각 법령의 등장배경을 이해해야 한다.

우리나라의 경우에는 최근 각 분야에서 기본법을 제정하여 관계법령들 사이에 목적을 통일시키고 체계성을 높이려 노력해 왔지만, 아직도 관계법령들이 파편화되어서 상호맥락과 상호관계성을 파악하기가 어려운 경우도 많다. 이 때문에 공무원들이 관계법령들에 대해 폭넓은 시각을 갖추기는 매우 어렵다. 헌법과 관계법의 기본정신에 따라 법해석을 지도하는 기본원리를 도출하고, 법단계에 따라 상위법을 위반하지 않도록 해석하며, 법의 흠결시 상위법의 정신과 규제구조를 고려하여 보충하는 훈련이 절실히 필요하다.

Ⅳ. 행정업무처리에 있어 법지식의 한계—다른 전문지식과의 융합 필요

법은 복잡한 행정체계에서 핵심적인 기능을 수행하고 있지만 고립되

25) Robert G. Heiserman, op.cit.(각주 3), p. 377.

26) Erwin Leß, Mängel und Fehler in der Rechtsanwendung, DVP 1978, SS. 196~197.

고 독자적인 체계로 존재하는 것이 아니다. 공무원들이 자신의 업무와 관련된 법령을 집행함에 있어서는 법지식 이외에 자연과학적 지식이나 경제학적 지식 등 관련 법령의 배경이 된 다른 전문지식을 갖추고 있어야 한다.

예를 들어, 건축관계법이나 식품관계법에 관한 행정업무를 처리해야 하는 공무원은 건축학이나 식품학에 관한 자연과학적 전문지식을 가지고 있어야 관계법을 정확히 이해할 수 있고 해당 생활분야에 대한 법을 집행할 수 있게 된다. 여기서 건축학이나 식품학에 관한 지식은 관계법에서 규정된 전문적 기준들이 건물이나 인간의 신체에 어떠한 영향을 미치고 다른 기준들과 어떤 관련을 맺고 있는지 그 인과관계를 가르쳐줌으로써 효과적인 업무집행을 가능하게 한다.

법은 전문분야에 대해서 공무원이 학습해야 할 범위를 결정해준다. 공무원이 건축학이나 식품학에 대한 학자도 아니고 기술개발자도 아닌 이상 해당 분야에 대한 무한한 전문지식을 학습할 것을 요구하는 것은 불가능한 것이고 또 필요성도 없다.

법집행과정에서 법지식과 다른 전문지식이 상호보완적 기능을 발휘하도록 행정 내에서 종합적 학습과 연구를 위한 기회를 확대해가야 할 것이다.

제 4 장 법과 규제의 집행에 관한 이론과 과제

:: 실무사례 ::

1. 시청공무원 A는 대중교통과에 근무하고 있다. 주거지역 옆 대로변에 화물자동차들이 밤샘 주차되어 있는 경우가 많아 불편이 많다고 주민들로부터 신고가 들어왔다. A는 어떻게 업무를 계획하고 화물자동차운전자들에 대해 어떤 조치를 취해야 하는가?

2. 대도시 주택가에 사유토지가 오랫동안 방치되어 다량의 쓰레기가 쌓여 하절기 악취 및 벌레, 동절기 화재위험 등 생활에 불편을 초래하니 조속한 조치를 취해달라는 민원이 구청에 여러 차례 제기되었다. 이에 구청공무원인 A팀장과 B는 실태조사를 하였는데, 토지주 및 관리인에게 2차에 거쳐 청결명령을 하였으나 토지주의 병세 악화 및 사망으로 이행되지 않고 있었다.

   사망한 토지주의 유족이 위 토지를 매각하려고 매물로 내놓았으나 토지 규모(960평)가 크고, 매매가(25억~30억원 추정)가 높아 매매가 이루어지지 않고 있었으며, 이 토지를 담보로 은행대출을 받아 월세방에서 거주하고 있는 형편으로 쓰레기 처리비용이 1,000만원(수목 제거 비용 포함) 이상 소요되어 토지 매매가 이루어지기 전에는 청결명령을 이행할 수 없다고 했다.

   이에 A와 B는 여러 차례 논의 끝에 이 공터를 도시인들에게 인기있는 도시텃밭으로 활용하기로 하였다. 하지만, 예산제약에 의해 해당 토지를 구매하지 않는 방안을 모색하려 한다. 어떤 방안이 있을까? 또 다른 유용한 해결방안은?

Ⅰ. 법과 규제의 집행에 있어 집행능력의 한계와 효율원칙

1. 자원의 제약과 집행능력의 한계상황

1) 공무원의 법집행에 있어 불법단속은 행정의 기준이 되는 법령을 사업자나 주민들이 준수하고 있는지 여부를 감시하여 위반자에 대하여 제재조치를 취하는 활동으로 매우 빈번하게 수행된다.

또, 공무원들은 인·허가업무나 사회복지업무 등의 처리에 있어 사업자나 주민들이 요건을 갖추었는지 그리고 법령을 준수하여 사업을 할 것인지, 사회보장의 수급을 받을 자인지, 과도한 수급을 받고 있지 않는지 등 요건충족 여부나 불법 여부를 지속적으로 확인하여 공익을 보호해야 한다.

침해행정과 위험관리행정의 영역에서도 불법단속은 빈번하게 이루어지고 있다. 지방세를 납부해야 할 사업자가 탈세하지는 않는지, 쓰레기나 환경오염물질을 불법적으로 버리지 않는지 감시해야 한다. 도시사회에서 위험한 건물과 시설 그리고 다중이용시설의 운영자들이 소방시설의 설치와 관리, 가스취급요령의 숙지 등 안전관련기준을 준수하고 있는지 감시하는 것도 현장공무원들의 주요 업무 중 하나가 되었다.

주민들이 건강과 미용에 대한 관심이 증가하면서 스포츠마사지나 피부미용실 또는 찜질방 등의 이용이 늘어나고 있는데, 무자격자들의 영업활동이나 과학적으로 검증되지 않은 미용물질의 사용 등으로 인해 다치거나 피부에 문제를 일으키지 않는지, 찜질방의 안전성은 적절하게 확보되고 있는지 단속해야 한다. 음식점에 대한 위생점검, 쇠고기 수입업자들의 불법적인 유통기간연장행위 등도 확인해야 한다. 또, 수입 수산물에서 납과 같은 독성물질이 함유되어 있지 않은지도 조사해야 한다.

2) 법과 규제를 집행하는 민원현장에서 늘어나는 행정수요에 비하여 서비스를 제공할 공무원 등 자원의 부족은 고질적인 문제로서 행정수요는 현실적 집행능력의 한계를 넘고 있다.

법치행정의 임무가 법집행의 실현가능성의 요청과 현실적으로 충돌하여, 사회문제해결을 위해 등장한 수많은 법령들을 정확하고 엄격하게 적용한다면 행정활동은 지나치게 오랜 시간이 걸려 마비될 상황에 이르렀다.

행정자원이 제약된 상황에서 처리해야 할 민원의 양이 많으면 많을수록 서비스의 질을 유지하기가 어렵다는 질과 양의 반비례법칙이 작동한다. 이러한 상황에서 서비스질을 측정하고 평가하는 것은 보통 어렵기 때문에 질을 희생하고 양을 선택하는 쪽으로 기울어지는 경향이 있다. 우리나라에서 거의 모든 민원의 처리에는 매우 짧은 처리기한이 설정되어 있는데, 이것은 우리 행정이 질보다는 양을 중시하는 사고를 따라왔음을 보여주는 하나의 증거라고 할 수 있다.

3) 자본이 부족하고 현대식 설비와 기술인력이 부족한 수많은 중소기업들과 자영업자들은 공무원들이 불법 여부를 판단하는 법령의 기준이 너무 비현실적이어서 준수하기 힘들고 빈번하게 단속함으로 인해 영업활동이 매우 어렵다고 호소하고 있다. 저임금으로 무장한 중국과 동남아국가 기업들의 저가제품의 수입급증으로 인해 이 어려움은 가중되고 있다고 한다. 이러한 상황에서 현장공무원들은 법의 우위를 확보해야 할 필요, 집행자원의 제약 및 중소기업이나 자영업자의 생존권보호 사이에서 법과 규제의 집행을 어떤 방식으로 어느 정도 해야 하는가 고민에 빠지게 된다.

오늘날 공무원들은 사업가와 주민들로부터 지지를 받지 못하고 여론으로부터도 비판의 대상이 되는 경우는 많지만 신뢰와 존중을 받는 경우는 드물다. 정치인들도 더 좋은 서비스를 보다 신속하게 제공하도록 공무원들을 압박하고 있다. 우리의 현장행정은 어떤 원칙에 따라 법집행을 해가야 하는지 진지한 성찰이 필요한 상황이다.

2. 법집행에 있어 실현가능성과 효율원칙

행정은 법을 집행함에 있어 가지고 있는 수단과 자원을 이용하여 필요한 목적을 달성해야 한다. 이 때 실현가능성은 입법자가 행정에 법집행의 임무를 부여할 때 전제하고 있는 것이다. 행정에 의한 법집행은 시간과 공간 속에서 그 당시 가지고 있는 수단으로만 이루어질 수 있기 때문이다.

효율원칙은 모든 개별법을 집행하는 데 적용될 수 있는 법원칙으로서 주어진 자원들을 이용하여 목적을 달성하는 데 있어 최고의 성과가 나오도록 행동할 것을 요구한다.

Ⅱ. 법과 규제의 집행재량의 적정행사를 위한 철학과 이론

1. 행정서비스의 전달재량과 집행재량

1) 행정학에서는 행정이 행정서비스자원의 투입 및 이용과 관련하여 갖는 재량을 서비스전달(Service delivery)에 있어서의 재량, 또는 줄여서 서비스전달재량이라 부르고 있다.

행정법학에서 재량이라는 용어는 행정행위와 관련하여 사용하면서 그 행위를 할 것인가와 관련된 결정재량과 행위의 내용판단과 관련된 선택재량으로 구분하여 정의해왔다. 한편, 정부규제론에서는 규제의 집행재량(Enforcement Discretion)이라는 용어를 사용하고 있는데, 이것은 행정행위를 포함한 규제의 집행과 관련하여 규제를 집행할 것인가, 그리고 집행이 필요하다고 판단하는 경우에도 누구에게 어떻게 집행할 것인가를 의미한다고 이해하고 있다.

법과 규제의 집행도 행정서비스의 전달에 속하기 때문에 이 책에서는 서비스의 전달재량과 규제집행의 재량을 구별하지 않고 사용할 것이다.

2) 법치주의가 확립된 사회에서 집행재량은 법집행자에게 선별적인 법집행의 권한을 부여하는 것으로 불합리한 권력남용의 징표인 것으로 비판받기도 한다. 집행재량은 주민들과 기업들에 대해 편파적 집행을 가능하게 하여 뇌물증가의 원인이 된다는 비판도 가해진다.

하지만, 집행자원의 제약으로 법령의 완벽한 집행이 불가능하고, 도산

위기에 몰린 자영업자가 범한 경미한 위법에 대해서 제재가 아니라 구두경고를 하는 것이 적합해 보일 수도 있으며, 다수의 법규 위반자들 중에서 가장 심각하게 위반한 자만 적발하여 제재를 가하는 것이 더 적절할 수도 있는 것이다.

2. 규제집행재량의 행사에 관한 방지이론

(1) 방지이론의 개요와 그 이론적 근거

방지이론(Deterrence Theory)은 규제집행의 1차적 목적인 규제위반자를 적발하여 엄격하게 제재를 가하는 것을 지지하는 입장이다. 이 입장은 규제위반에 대해 법령상의 제재를 가하는 것에 충실한, 가장 전통적인 이론이다.[1)]

서구 선진국들에서와 마찬가지로 우리나라에서도 해방 이후 규제법령들이 크게 증가하면서 의무이행을 확보하기 위하여 전통적인 형사적 제재 이외에 규제위반자에 대한 행정제재처분들이 크게 증가해왔다. 현대의 행정국가는 과거와 달리 대규모시설이나 위험물질에 대한 규제, 환경보호, 불량식품의 규제 등 인간의 삶의 질을 보호하기 위하여 법률로부터 강력한 규제기준의 집행권과 위반자에 대한 강력한 제재권을 부여받게 되었다.

하지만, 현대에 들어와서 시민들 사이에 건강, 환경 및 안전에 대한 의식의 각성과 함께 정부개입에 대한 수요가 폭증하는 것에 비해서 규제집행능력은 시민들의 기대만큼 빨리 개선되지 않고 있다. 이에 따라 규제위반자에 대한 감시활동의 부족이 비판받고 시민들의 신고가 장려된다. 규제법령의 문언들이 엄격하게 그대로 집행되어야 한다는 목소리가 높아지며, 처분청이나 법원은 법령에서 허용되는 한 가장 강력한 제재수단을 선택하도록 압력을 받는다. 이와 같은 배경 속에서 형성된 규제에 대한 시민들의 기대수요의 증가가 명령·통제(command and control) 방식의 규제집행을 지

---

1) John T. Scholz, Managing regulatory enforcement in the United States, in: Rosenbloom/Schwartz (ed.), Handbook of Regulation and Administrative Law, 1994, pp. 423~463.

지하는 방지이론의 민주적 정당화 근거가 된다.

(2) 방지이론의 논리

1) 방지이론의 관점에서 규제대상인 기업과 주민은 이익동기에 따라 움직이므로 윤리적인 특성을 갖고 있지 않고 어떤 인센티브가 없다면 규제기준을 준수하지 않는다. 규제위반자에 대해서는 그의 이익동기를 억제할 만큼 강력하고 엄격한 제재가 필요하다고 본다. 또, 규제기준의 위반자들 모두를 철저히 적발하여 강력하게 제재함으로써 다른 일반인들이나 기업들이 규제기준을 준수하지 않으면 안 되겠다는 유인을 느끼도록 해야 한다고 본다.

방지이론에 따를 때, 사업자들과 주민들은 규제순응 여부를 극히 이기적인 동기에서 판단한다. 각자 자기효용의 극대화관점에서 경제적이거나 사회적 측면에서 해당 규제에의 순응이 유리한지 아니면 규제위반이 유리한지 여부에 따라 순응과 위반의 여부를 결정하게 된다.

위반의 적발율과 제재금이 크면 클수록 규제대상기업들이 규제를 준수할 유인은 더 커진다고 본다. 처벌에 대한 두려움 혹은 법적 제재에 따른 비용과 불순응의 편익에 대한 합리적 계산을 통해 순응이 더 유리하다는 인식을 제공할 수 있어야 한다. 때문에, 강제수단과 충분한 과징금이나 과태료 등은 필수적이다.

2) 방지이론의 입장에서는 필요한 규제를 얼마나 신속하고 강하게 제공할 수 있는지가 항상 문제되므로 규제위반자들에 대한 적발률을 높이기 위해 규제집행자원을 효율적으로 배분하는 구체적 기준과 방법이 무엇인지가 문제된다. 구체적 기준을 정함에 있어서는 위반자에 대해 어떤 제재수단을 어느 정도로 부과해야 규제를 위반하지 않을 것인지가 가장 중요한 고려사항이 된다. 구체적 집행방법의 결정에 있어서는 행정의 집행자원과 집행능력은 제한되어 있기 때문에 선별적인 집행은 불가피하다고 보지만, 동원가능한 자원으로 가할 수 있는 제재위협을 최대화하는 방법에 관심이 집중된다.

제재처분에 대해서는 비례원칙에 의해 실체적 제한이 가해질 뿐만 아니라 적정절차원칙에 따라 절차적 권리에 의한 제한이 가해지게 된다. 규제집행의 방지에 있어서 법치주의는 준수되어야 하지만 방지이론은 제약조건하에서 가능한 수단들 중 더 강력한 제재처분일수록 규제위반의 방지효과가 높다고 본다. 과징금이나 과태료와 같은 금전적 제재처분의 경우 최소한 규제위반을 통해 얻을 편익보다 약간이라도 더 많은 비용을 지출하게 하는 정도의 것이어야 한다. 금전적 제재금액이 편익의 2배가 되도록 정하면 규제위반에 대해 제재를 가할 가능성을 2배 높이는 것과 같은 효과를 발휘할 것으로 본다.

하지만, 경험적으로 제제금액의 크기보다는 제재처분의 횟수가 더 방지효과가 높은 것으로 나타나는 사회도 있다. 이러한 사회에서는 방지이론의 입장에 따르면 자주 규제위반조사를 수행하여 규제위반자들을 보다 많이 적발하고 동일한 위반자에 대한 적발횟수도 늘려야 한다고 주장한다. 이러한 성격의 사회에서는 방지이론의 입장에서도 제재처분을 결정할 때 중대한 제재처분보다는 그보다는 약한 제재처분을 선호하게 된다. 왜냐하면 제재처분의 횟수가 방지효과에 있어 중요할 뿐만 아니라, 중대한 제재처분에 대해서는 소송이 제기될 가능성이 높기 때문이다.[2)]

3. 규제집행재량의 행사에 관한 대안적 이론들

(1) 협력이론

1) 협력이론의 개요와 그 이론적 근거

규제집행재량의 행사와 관련하여 협력이론(Cooperative Theory)은 규제기준이 일반적이고 획일적이어서 개별 기업들의 특수성과 다양한 상황을 충분히 고려하기 힘들거나, 규제기준들이 너무 복잡해 기업들이 이해하지 못해 규제위반이 일어난다고 본다. 규제위반에 대한 대응과 관련하여서

2) 행정기관에 대해 소송이 제기되면 승소하기 위해서는 충분한 자원과 시간을 동원하여 해당 기업들을 조사하고 철저히 증거를 수집하여야 하나, 소수의 기업들에만 집행역량을 집중해서는 규제위반의 방지효과를 높일 수 없다.

도 주민들과 기업들을 규제집행과정에 적극 참여시켜 강제가 아니라 설득과 타협을 통해 규제를 집행하여야 한다고 본다.

규제집행에 있어 대상집단이 나타내는 규제순응의 정도는 규제집행의 시간, 비용 및 성패를 결정하는 중요한 변수이다. 협력이론은 방지이론에 비해 시장지향적 규제수단을 선호하고 신축적·동태적·결과지향적이며 상호협력적이고 하의상달적인 방식을 선호한다. 주민들과 기업들의 견해와 요구에 적극적으로 반응하여 자발적 규제순응을 유도하는 것을 중시하며, 기준지향적이라기보다는 절차지향적이다.

추상적·일반적 규칙을 다양하고 복잡한 행정상황에 적용하는 것의 어려움을 고려하여 행정과 이해관계인들 사이에서 달성가능한 실제적 목표를 정하여 질서를 자발적으로 형성하고 유지하려는 의지를 활용하여야 한다고 본다. 또, 규제집행의 대상과 환경의 구체적 특수성과 다양성을 주목하여 유연하고 선별적인 대응이 타당하다고 본다.

우리 사회는 복합민원, 집단민원과 고질민원 등의 처리에 있어 대상집단의 반발로 어려움을 겪고 있는데, 대상집단의 자발적 협력과 규제순응을 중요시하는 협력이론은 중요한 시사점을 제공한다 할 것이다.

2) 협력이론에서의 규제목표의 달성

협력이론은 규제대상집단의 구체적 사정을 고려하여 대화를 통해 규제목표를 달성하려 하지만, 그러한 방식은 고의적이고 반복적인 규제위반자에게는 적절한 방법인지 의문시된다. 이러한 문제점에 대응하여 협력이론은 다음의 집행방법을 추천한다.

첫째, 방지이론을 적용할 경우보다 더 소수의 심각한 규제위반기업들에 집행자원을 집중하여 강력하게 제재해야 한다고 본다. 즉, 행정기관은 협력대상기업과 제재할 기업을 선정하여 차별화 전략을 추구하면서 소수의 심각한 규제위반기업들에 집행자원을 집중하여 강력하게 제재함으로써 점차 규제집행에 협력하는 기업들의 숫자를 늘려가야 한다. 고의적으로 규제기준을 위반하는 악질적인 기업 등에 대해서는 강력한 제재를 가하는 것이 규제기준에 순응하는 다른 기업들의 순응동기에 긍정적인 효과를 준다고 본다. 행정기관으로서도 감시비용과 제재집행비용이 줄어들게 된다.

둘째, 장기적인 관점에서 협력을 통해 규제목표의 달성을 추구해야 한다고 본다. 협력이론의 관점에서 볼 때, 기업들은 불법단속자들을 제품원료의 공급자나 제품의 구매자 등과 마찬가지로 제품의 생산과 판매에 영향을 미치는 여러 행위자들 중의 하나로 파악하고 있다고 이해한다. 행정기관이 기업과 장기적으로 협력적인 관계를 맺고 있으면서 회사의 행태를 정확하게 파악하고 장기적인 관점에서 규제목표를 설정하고 관철시켜 나갈 때 규제집행은 더 성공적일 수 있다고 본다. 행정기관과 기업은 긴밀한 의사소통을 유지하면서 규제위반의 문제가 발생하더라도 조기에 경고하고 조언하여 문제의 확대를 막을 수도 있다는 것이다.

3) 협력이론의 적용한계

법치주의 관점에서 법과 규제의 집행은 일정한 기준을 문언대로 집행하는 것이 제1차적인 목표이기 때문에, 일정한 상황에서는 협력이론의 적용이 어려울 수도 있다.

첫째, 규제문언이 매우 기속적인 의무를 행정기관에 부과하고 있어서 행정기관의 재량의 여지가 거의 없고, 여론악화 등의 사정에 의해 규제집행단계에서 재량을 행사하기도 어려운 경우에는 법문언대로 집행할 수밖에 없을 것이다.

둘째, 규제집행기관이 수많은 기업들 중 규제기준을 비교적 잘 준수하는 기업들과 고질적으로 규제기준을 무시하는 기업들을 구별할 정보를 충분히 갖고 있지 못할 때에는 제재를 강화할 소수 기업의 선별이 어려워져 협력이론의 적용이 곤란하게 될 것이다. 규제집행기관의 규제집행에 대해 모든 기업들이 뭉쳐서 조직적으로 저항할 경우에도 협력대상기업과 제재할 기업의 선정에 따른 차별화 전략의 추구가 어려워져 협력이론의 적용이 어려워질 것이다.

(2) 교육이론

1) 교육이론의 개요와 이론적 근거

규제집행에 있어 교육이론은 최소한 일정 부분의 규제위반은 기업들이 규제의 정신과 구체적 기준 등을 이해하지 못한 결과이므로, 기업들에게 규제순응에 필요한 지식, 정보 및 기술을 제공하여 규제에 순응하도록 유도하는 것이 필요하다고 본다.

규제위반자에 대한 강제적인 제재처분에 반대하는 것이 아니라 그것의 효과를 높이기 위해 보완적으로 교육적 방법을 사용하려고 한다. 방지이론 및 협력이론과 다른 점은 규제불응은 합리적인 계산에서 나온 행동일 수도 있지만 무지나 과거의 업무관행에서 나온 결과일 수도 있다는 점을 강조한다는 것이다. 교육과 홍보를 통해 사람들에게 새로운 지식을 교육시키고 사람들에게 새로운 각성의 계기를 부여하여 규제순응의 필요성에 관해 지지하는 여론을 조성시키는 것이 필요하다고 본다.

자영업자들이나 소기업들의 경우 새로운 규제요구를 파악할 관리자원도 부족하고 작업공정을 개선할 자금도 부족하며 규제기준의 준수보다는 단기적인 생존에 급급한 기업들이 많다. 또, 그 숫자가 많아 감시도 어려우며 너무 큰 제재금액의 부과도 사실상 어렵고 사업과 영업의 폐쇄조치도 당사자들의 생존문제가 걸려 있어 저항이 심하다. 이 상황에서는 교육이론의 문제의식과 대안이 규제집행의 성공을 위해 적절한 이론일 수 있을 것이다.

2) 새로운 법령과 규제기준에 대한 교육훈련

교육이론의 입장에서 볼 때, 규제집행의 성패에 있어 관건이 되는 것은, 규제대상기업들의 일상적인 작업과정이 규제기준을 잘 준수하도록 설계되어 있고, 현장직원들의 규제준수 여부를 관리자들이 적절하게 감시할 수 있도록 설계되어 운용되고 있는가 하는 점이다. 우수의약품의 제조기준 규제로서 GMP나 식품의 안전성보호를 위한 HACCP 등이 이러한 관점에서 나타난 규제방식들이라고 할 수 있을 것이다.

새로운 규제기준이 등장하거나 새로운 산업기술이 등장하여 보다 저렴하게 규제기준을 준수할 수 있게 된 경우, 기업들은 새로운 기준과 기술을 습득하고 그것들이 반영될 수 있도록 작업과정을 수정해야 한다. 이러한 수정과 관련하여 행정은 일정한 공공자금을 보조하거나 표준화된 작업과정을 제시하여 기업들이 직원들을 교육시켜 보다 쉽고 저렴하게 규제기준을 준수할 수 있게 도와줄 수 있을 것이다. 새로운 법령이 불명확한 경우 행정기관은 기업들이 더 쉽게 따를 수 있도록 보다 구체적인 지침을 제시하고 그것을 기술한 책자를 발간하여 기업들에게 제공할 수도 있다. 대학 등의 전문가들이 세미나를 개최하도록 지원하고 기업의 직원들을 참석시켜 교육시킬 수도 있을 것이다.

4. 종합적 평가

집행자원의 제약과 서민들의 열악한 생존환경 등의 조건에서 효율원칙의 추구를 위하여 집행재량의 인정이 불가피하다고 하더라도 그것이 어떻게 행사되도록 할 것인가는 중요한 학문적 관심대상이 된다.

이와 관련하여 규제집행에 관한 이론들은 중요한 시사점을 제공해주고 있다. 전통적으로 규제집행은 방지이론에 기초를 두고 있고 현재도 규제집행현장에서 일상적으로 가장 중요한 기능을 수행하고 있다. 하지만, 협력이론과 교육이론은 방지이론을 보완하는 이론으로서 또는 어느 정도의 방지활동을 전제로 하여 방지의 효율성을 높이기 위해 규제문언의 엄격한 집행의 대안으로서 주장되고 있다.

인·허가처분의 신청부터 처분의 발급까지의 상황과 인·허가를 받은 사업자들이 규제기준을 준수하는지를 감시하는 상황은 수익적 처분을 할 것인지 여부를 심사하던 것에서 침익적 처분을 할 것인지의 여부를 심사하는 상황으로 변한다. 이와 같이 규제집행의 철학과 이론들은 상호 배타적인 것만은 아니고 규제의 단계마다 각각의 특성을 살려서 기여할 수 있는 여지도 있다고 본다.

공무원들은 법령과 규칙들에 대해서 문언주의적으로만 접근하지 말고 현실과 상황에 대한 충분한 사실파악을 기초로 철학적 성찰을 통해 접근해야 할 것이다.

Ⅲ. 대량행정의 영역에서 서비스전달재량 또는 집행재량의 구조화

1. 재량의 구조화와 표준적 합법성의 추구

(1) 서비스 전달재량 또는 집행재량의 구조화

민원행정에 있어 전달재량의 구조화는 제약된 자원으로 행정서비스자원에 대한 수요와 공급이 충돌하는 상황에서 벗어나기 위하여 업무처리절차와 매뉴얼을 만들고 그에 따라 반복적으로 업무를 처리해가는 것을 말한다. 구조화에 의해 행정수요를 행정자원이 감당할 수 있을 정도로 제한하는데, 자원제약의 문제를 안고 있는 현장행정에서 매우 널리 쓰이는 방법이다. 구조화는 행정비스투입의 효율성을 높이기 위해 피할 수 없는 것이라고 평하기도 한다.[3)]

행정현장에서 가장 많은 시간과 자원을 소모시키는 사실조사와 관련하여 행정은 주민이나 기업들의 개별적 특수사정을 무시하고 정형화된 사실조사절차를 확립한다.[4)] 사실조사절차의 정형화를 통해 행정은 집행비용과 노력을 경감시키고 시간을 대폭 감소시키게 된다. 이 때 조사대상자인 이해관계인은 그 자신의 특수한 기준에 따르는 것이 아니라 정형화된 몇 개의 기준에 따라 권리와 의무를 가질 수밖에 없게 된다.

조세행정의 영역에서, 예를 들어 1,000명에 대한 조세부과절차와 같은 대량절차를 가정해보자. 이 때, 행정은 50명의 납세의무자의 과세요건을 엄격히 조사하기 위하여 나머지 950명의 과세요건의 조사를 늦출 수는 없

---

3) M. Lipsky, Street-Level Bureaucracy, 1980, pp. 80~83.

4) 예를 들어 일정한 서식에 맞추어 필요한 기재사항을 기재하고 관련증거서류를 갖추어 법무사 등을 통하여 제출하게 하는 방법을 사용한다. 이 방식은 행정이 모든 조세의무자들의 납세요건을 직접 조사하는 것이 아니라 서식에 기재된 사항을 조세의무자들이 기재하여 신고하게 하는 것이다.

다. 조세요건의 조사가 늦어진다면 과세요건에 관한 많은 증거도 멸실될 것이어서 국가의 재정적 기초는 매우 취약해질 것이다. 이 때, 세무공무원들은 자진신고납부의 방법을 이용하거나, 과거의 통계를 적절히 활용하여 정보를 획득하는 방법 등으로, 극히 예외적인 경우에만 세무조사를 직접 실시하여 자원제약의 문제를 해결한다.

(2) 표준적 합법성의 추구

동종유사의 처분들을 위한 대량행정절차에서 행정은 집행능력의 한계상황을 벗어나기 위하여 그의 법률구속을 완화시켜 '개별적 징수의 합법성'에서 '표준적 경우의 합법성'을 목표로 한다.5)

행정의 법률구속완화의 근거가 무엇인가 하는 점이 문제되는데, 그 근거는 집행상황으로부터 시원적으로 도출되는 것으로 이해한다. 법집행을 위해 요구되는 사항이 행정의 실제능력을 초과할 때 정형화된 법집행을 위한 공간이 열리게 된다. 그것은 각 행정부서는 스스로 필요한 집행자원을 확보하기 위한 예산을 결정할 수 없고 예산담당부처와 국회가 허용한 범위 내에서만 필요한 인적 자원과 물적 자원을 이용할 수밖에 없기 때문이다.6)

때문에 행정이 집행해야 할 법적 임무가 행정의 능력을 초과하는 한, 적어도 단기적으로 볼 때 엄격한 합법성의 보호는 불가능하고 행정에게도 입법자의 재량에 비견할 만한 재량이 부여되게 된다. 행정이 개별적인 상황을 고려하여 집행하는 방식으로는 주어진 업무량을 필요한 시간 내에 처리할 수 없는 상황에서, 합법성원칙은 포기되는 것이 아니라 '표준적인 경우의 적정성'의 보호를 목적으로 하게 되고, 불가피하게 사소한 하자는 감수하게 된다.7) 이 때 개별적 특수성으로 인하여 발생할 수 있는 행정의 위

---

5) Josef Isensee, Die typisierende Verwaltung—Gesetzesvollzug im Massenverfahren am Beispiel der typisierenden Betrachtungsweise des Steuerrechts—, StuW 1973, S. 158.

6) Berg는 행정의 사실조사에는 너무 많은 비용이 들어가서는 안 되므로 예산의 범위 내에서 실시하여야 한다고 하면서, 경제성원칙(Das Postulat der Wirtschaftlichkeit)은 "합법성원리의 통합적 구성요소"라고 한다. Wilfried Berg, Die verwaltungsrechtliche Entscheidung bei ungewissem Sachverhalt, 1980, SS. 267~268.

7) Isensee, a.a.O.(각주 5), SS. 171~172.

법은 '불가피한 위법'으로 불린다.[8)]

2. 서비스전달재량의 구조화

(1) 구조화에 있어 효율원칙과 평등원칙의 조화적 실현

자원의 제약으로 효율성을 추구하는 행정은 행정서비스의 전달과정을 구조화하고 표준적 합법성을 목표로 추구할 수밖에 없다 하더라도, 주민의 서비스근접성을 불합리하게 떨어뜨리거나 특정 집단이나 특정인에게 편파적으로 이익이 발생하도록 공익을 왜곡시켜서는 안 된다. 업무의 난이도나 질이 다르지 않는 한 평등원칙에 따라 민원인들에게 신속하면서도 평등하게 서비스에의 접근권이 보장되어야 한다. 문제사례들을 보기로 한다.

첫째, 행정서비스에 대한 민원인의 접근성을 과도하게 제한하는 것은 비례원칙의 정신에 반하게 될 것이다. 예를 들어 최근 사회복지행정의 분야에서 문제되는 것처럼 민원의 양에 비해 업무를 처리하는 공무원의 수를 현저하게 적게 배치하는 것은 업무에 비례해서 인원을 배치해야 한다는 비례원칙의 정신에 반하는 것이다. 이 상황에서 공무원은 과로에 시달리고 민원인은 관청을 방문하여 오랫동안 줄서서 기다려야 하기 때문에 많은 비용이 발생하게 된다.

담당공무원의 현장방문횟수를 조절하여 사무실근무시간을 줄이거나, 하루 면담할 민원인의 수를 제한하거나, 면담시간대를 제한하거나, 일정한 서류들을 작성하여 제출한 경우에만 면담하도록 프로그램을 설계하기도 한다. 이러한 면담제한수단들은 민원에 신속하게 대응하지 않고 있는 공무원들의 책임을 면제해주고 그들의 입장을 옹호해주는 수단이 되기도 한다. 행정자원의 투입을 과도하게 제한하거나 공무원들의 편의만을 고려한 업무처리관행은 행정이 부담해야 할 업무처리의 비용을 민원인에게 전가하는 것이 되어 비례원칙의 정신에 반하게 된다.

교통여건이 개선되고 정보기술이 발전되면서 대도시에서 떨어진 지역에 사는 민원인들의 불편이 상당 부분 줄어들었으나, 아직도 필요에 맞게

---

8) Isensee, a.a.O.(각주 5), S. 178 ff.

사무실을 배치하지 않아 불편이 발생하는 곳도 있다. 예를 들어 적은 비용으로 신속하게 행정에 대한 불만사항을 처리해주는 행정심판위원회가 기초자치단체의 상급기관인 도청소재지에 있도록 한 결과, 강릉과 같은 곳에서는 때로는 행정심판을 수행하기 위해 직접 춘천까지 가야 하는 불편이 아직도 존재한다.

둘째, 행정서비스의 전달과정을 구조화하는 가운데 편향성이 존재하는 경우도 있다. 인·허가절차에서 공정하게 상대해야 할 사업자와 주민들 사이에서 정보의 제공이나 의사결정과정에서 일방이 부당하게 배제되거나 일방에게 너무 늦게 정보가 전달될 수도 있다. 또, 사회복지서비스의 제공과정을 구조화하면서 긴급성이 더 높은 사람들이 정치적 이유나 납득하기 어려운 사적 이유로 서비스의 수혜가 어렵게 되어 불공평이 초래되는 경우도 있다.

(2) 서비스전달재량의 구조에 대한 평가와 개선

서비스전달과정이 잘못되어 있으면 기관장 등이 행정서비스헌장 등을 통해 공무원의 정신교육을 강화해도 서비스 개선의 효과를 거두지 못할 것이다.

기업과 달리 행정이 제공하는 서비스는 그 성질상 가치를 평가하기 힘들고 시장에서 계량화되지도 않는다. 민원행정의 영역에서도 행정이 추구해야 할 구체적 공익과 행정목표들이 매우 불확실한 경우가 많다. 이 때문에 관리자들도 현장공무원들의 서비스내용의 적절성과 자원이용의 효율성을 측정할 적절한 평가지표를 개발하여 적용하는 데 어려움을 겪고 있다.

전달구조의 접근곤란성이나 편향성에 의해 공익의 왜곡이 발생하는 것을 막기 위해 어느 정도 불확실하다 하더라도 서비스 전달과 그 구조에 대하여 평가하고 개선하려는 노력을 기울여야 한다. 다만, 서비스의 평가에 있어 지나치게 양에 치우치지 말고 민원사무의 난이도나 파급효과 그리고 긴급성 등에 따라 유형화하여 다른 기준을 적용할 필요도 있다. 민원의 양, 민원의 질, 민원인의 면책사유의 존부 등을 고려하여 재량구조화 프로그램이 설계되어야 할 것이다.[9]

3. 법원에 의한 개별적 합법성의 심사와 위법의 통제

행정이 법집행에 있어 정형화된 방법을 이용하는 것이 불가피하더라도, 행정은 전달재량 또는 집행재량의 행사에 있어 의무에 합당하게 주어진 자원을 효율적으로 이용함으로써 법적으로 부과된 과제를 법적 요구수준에 가장 근접하게 달성해야 한다.

공무원의 법집행행위가 단순한 규제기준의 위반을 넘어 개인의 권리까지 침해하게 되면 개인은 그의 권리침해를 이유로 행정쟁송이나 민사소송 등을 제기할 수 있다. 행정소송을 제기하면 법원은 행정행위의 위법 여부와 권리침해 여부를 심사해야 한다. 정형화된 법집행에 의하여 행정이 사소한 불법을 범하고 있는 경우, 법원이 이러한 사소한 불법을 모두 시정할 수는 없다. 행정의 객관적 불법이 개인의 사익까지 침해할 정도에 이른 때에만 법원은 그 행위를 시정시킬 수 있다.

Ⅳ. 주민들의 규제준수율의 제고와 자치입법능력의 신장

1. 법과 규제의 준수율의 제고

(1) 주민들에의 홍보 강화

민주주의 사회에서 행정은 주민의 수요의 충족과 복지의 증진을 위해 존재한다. 때문에 행정서비스의 제공기준인 법령이나 자치입법들에 대해서 제정하여 공포하는 것으로 끝날 것이 아니라, 그 기준과 내용은 물론 취지에 대해서도 주민들에게 다양한 방법으로 홍보하고 주민들의 의견이 수렴될 수 있도록 하여야 한다. 법령과 규제의 내용이 정당하고 가치가 있더라도 준수할 사람들이 잘 모르고 가치를 인정하지 않으면 규제집행은 어려워진다. 또, 행정의 홍보노력은 부족한 가운데 소수의 이기적인 행동주의자들이 해당 규제를 폄하하는 선전활동을 강화하는 경우 해당 규제의 집행은

---

9) M. Lipsky, op.cit.(각주 3), 1980, pp. 95~99.

어려워진다.

어떤 규제는 다수가 준수하면 바람직한 효과를 낳을 수 있지만 다수가 잘 준수하지 않으면 매우 나쁜 규제가 될 수도 있다. 즉, 규제의 효과가 규제의 준수율에 달려 있는 규제들도 많다. 예를 들어 어떤 환경규제기준에 대하여 다수의 중소기업들과 자영업자들이 어느 정도의 비용을 들여서라도 준수한다면 지역사회는 쾌적하고 많은 사람들이 해당 지역에 살고 싶어하여 근로인력의 채용도 쉬워질 수도 있다. 하지만, 반대로 다수의 중소기업주들이 해당 규제기준을 자기 혼자 준수하는 것은 비용만 증가시켜 사업활동만 어렵게 할 것이라고 판단한다면 이 규제의 집행은 매우 어려워지게 될 것이다.

주민과 기업의 규제준수율이 높을수록 집행비용은 낮아지고 행정서비스에 대한 만족도는 높아질 것이다. 때문에, 규제준수율을 높이기 위하여 지역방송과 통신매체들을 통해서 그 개요가 전달되도록 노력하여 주민의 인지도를 개선시킬 필요가 있다. 지역시민단체의 협력을 얻기 위한 노력도 필요하다. 자치입법의 내용구성에 있어 주민들의 의견을 수용하여 반영할 수도 있을 것이다.

(2) 주민들과의 법적 대화와 행정의 조언의무의 성실한 이행

우리 헌법상 국민은 기본권이 보장되어 있고, 평등원칙에 의해 무지나 미숙함으로 권리보장의 차별을 당해서는 안 되며, 행정은 법치행정의 원리로부터 적법한 행정의 요건을 충족시켜야 할 의무를 지고 있다. 때문에, 법과 규제의 집행에 있어 행정은 해당 사안에 관련된 법적·사실적 쟁점들에 대하여 주민과 충분한 대화를 할 의무를 지고 있다고 보아야 한다.[10] 주권자로서 국민에 봉사하는 행정은 주민들에 대해 알지 못하거나 납득할 수 없는 사유로 기습적 타격을 가해서는 안 된다.

우리 행정절차법 제5조는 '투명성'이라는 제목하에 "행정청이 행하는

10) 독일 기본법 제103조 제1항은 "모든 사람은 법원앞에서 법적 대화를 청구할 권리를 가진다"고 규정하고 있다. 이 규정의 취지는 어떤 법적 사안이 생겼을 때 최종적으로 법원 앞에서 재판을 받을 때에는 적어도 법적·사실적 쟁점들에 대하여 법집행자나 그의 준수자 사이에서 충분한 대화가 이루어져야 한다는 것을 의미한다.

행정작용은 그 내용이 구체적이고 명확하여야 하며, 행정작용의 근거가 되는 법령 등의 내용이 명확하지 않은 경우 상대방은 당해 행정청에 대하여 그 해석을 요청할 수 있다. 이 경우 당해 행정청은 특별한 사유가 없는 한 이에 응하여야 한다"고 규정함으로써 행정절차에 있어서 행정에게 조언의무를 부과하고 있다.[11][12]

행정은 주민들과 기업가들에 대하여 구체적 사안이 생겼을 때에는 물론 특별한 현안사항이 없는 경우에도, 가능한 한 성실하게 관계법령들에 대한 정보를 제공하고 그의 준수에 필요한 사항들을 조언하여야 할 것이다. 이것이 가능하기 위해서 대민접촉이 빈번한 창구부서나 현장조사담당 공무원들을 배치할 때, 상당한 업무경험이 축적되어 관계법령을 충분히 알고 있는 공무원들이 포함되도록 하여야 하고, 현장과 창구에 배치될 때 사전에 충분한 교육훈련을 시켜야 할 것이다.

2. 지방자치단체의 자치법규 등의 설계능력의 강화

지방자치가 실시된 현재에도 지방자치단체의 법집행에 대한 국가의 지휘감독권의 개입영역은 매우 광범위하다. 중요한 업무들을 포괄하고 있는 기관위임사무의 경우에는 국가의 유권해석과 지침에 절대적으로 의존하고 있고, 자치사무의 경우에도 국가나 상급기관의 해당 부서에 문의하여

---

11) 독일 행정절차법 제25조는 "행정청은 명백한 실수나 무지로 제출되지 않고 있거나 잘못 제출된 의견제출이나 신청은 이를 보정하도록 조언하여야 한다. 행정청은 필요한 범위 내에서 행정절차에서의 당사자 등의 권리와 의무에 대하여 정보를 제공한다"고 하여 행정청의 조언의무를 규정하고 있다. 독일 행정법상 이 규정은 사회적 법치국가원칙에 의해 당사자들에 대한 행정의 배려의무를 표현한 것으로서 행정절차에서 무기대등원칙이 적용된 결과라고 한다. F. O. Kopp, Verwaltungsverfahrensgesetz, 5.Aufl., 1991, §25, S. 427, Rn. 1.

12) 이 원칙규정은 행정절차법 제23조(처분의 이유제시)에서 처분을 위하여 보다 구체화되었는데, 이 규정에서는 법적 근거와 사실적 근거를 특별히 구별하지 않고 이유라고만 표현하고 있다. 또, 우리 행정절차법 제20조 제3항은 "당사자 등은 공표된 처분기준이 불명확한 경우 당해 행정청에 대하여 그 해석 또는 설명을 요청할 수 있다. 이 경우 당해 행정청은 특별한 사정이 없는 한 이에 응하여야 한다"고 규정하여 동일한 정신을 천명하고 있다.

업무를 처리하고 있다.

지방자치단체들은 중앙의 지침에 의존하는 '지침행정'을 벗어나 행정임무와 주민들의 수요를 종합적으로 파악하고 지역의 특성을 살려 창의적으로 문제를 처리할 수 있어야 한다. 지방공무원들은 지역실정과 특성을 고려하여 자치법규를 설계할 수 있는 능력을 배양하여야 하는데, 국가도 이를 위한 여건의 조성에 노력하여야 한다. 공무원들의 학습활동을 장려하기 위해 교육훈련은 물론 연구모임을 활성화하여 정보와 지식의 교류가 활성화되도록 하여야 한다.

제 2 부

전자정부와 행정정보의 공개

제 5 장 전자정부와 행정서식

:: 주요 문제의식 ::

1. 공무원의 업무처리과정에서 서식에 의한 의사소통의 간소화와 표준화는 왜 필요한가? 서식은 어떤 기능을 수행하는가?
2. 서식의 제정·이용과 관련하여 현행법은 어떻게 규율하고 있고 그 이용과 관련된 법적 문제들은 무엇이 있는가?
3. 전자정부에서 서식이 연도중심에서 업무중심으로 전환되어야 한다고 할 때 현재 우리 서식들의 주요 문제점은 어디에 있는가? 서식은 기록관리, 정보공동이용, 전자적 민원처리, 정보공개와 개인정보보호 등 다양한 행정목적의 달성을 위해 어떻게 효율적으로 제정되고 이용될 수 있을까?

Ⅰ. 전자정부에서 의사소통의 간소화와 표준화

1. 공문서와 행정서식의 관리의 현대화 과제

1) 우리 행정실무는 오랫동안 문서행정과 서식행정으로 불릴 정도로 광범위하게 공문서와 서식을 토대로 운용되어 왔다.

경제성장기 권위주의 행정시대 우리나라 자치단체에서의 업무처리실태에 대한 보고서에 따르면 다음과 같았다. 즉, "시·군·구의 단위부서들은 어떤 형태이든 하루 평균 2건 이상의 보고서를 상급기관에 제출해야 되는 형편이다. 이와 같은 보고는 실적보고, 통계보고, 계획수립보고 등 다양한 형태의 것이 있는데 이들을 작성하는 데 소요되는 시간도 3~4시간에서 4~5일 걸리는 것들도 상당수 있다. 결국 이러한 상급기관에 대한 보고로 인해 기초자치단체에 근무하는 공직자의 귀중한 시간이 부가가치가 낮은 일에 허비되고 있는 것이다," "이와 같은 비현실적인 보고가 아직도 구태의연하게 요구되는 것은 상급기관, 특히 중앙에서 지방자치단체의 지역 실정을 너무 모르고 있고, 아직도 상급기관에서 시키면 모든 것이 다 되는 것으로 알고 있는 중앙의 권위주의적 의식성향의 영향이 크다고 할 수 있다. 이러한 상황하에서 나타나는 것이 사실과 거리가 먼 형식적 보고의 남발이다. 지방 공직자들이 어쩔 수 없이 사실과 다른 보고를 할 수밖에 없는 상황이 많다. 실제로 연구진이 상급기관에 올린 보고를 분석한 결과 보고의 일부는 사실과 너무 다른 부분이 있는 것을 쉽게 발견할 수 있었다."[1]

이 보고서 내용을 보더라도 문서를 통한 행정내부의 의사소통이 매우 빈번했지만 그 내용에 중복되거나 유사한 것이 많아 번잡할 뿐 효율적인 의사소통이 이루어지지는 못했었다는 것을 알 수 있다.

2) 오늘날 행정에 있어 공문서는 과거와 달리 생성, 이용, 보관, 폐기와 공개 등 다양한 측면에서 그것을 규율하는 법률이 제정되어 일정한 법적 의무를 행정에게 지우고 있어서 문서관리의 제도적 환경이 과거와 크게 달라졌다. 유통되는 정보의 양과 그 빈도가 과거와는 비교할 수 없을 정도로 늘어나 효율적 정보유통의 실현이 매우 중요하게 되었다.

정보의 흐름이라는 측면에서 보았을 때, 행정정보는 주민과 기업 등의 신고나 행정의 직권에 의한 수집활동에 의해 민간으로부터 행정으로 들어오기도 하지만, 반대로 정책정보나 법령정보와 같이 행정의 자발적 정보공시나 국민의 정보공개청구 등에 의해 행정으로부터 민간으로 정보가 흘러가기도 한다. 또, 행정내부에서 행정기관간 정보유통도 빈번히 이루어지고

1) 이수철·박세정·장지원, 한국행정에 적합한 사무혁신방안에 관한 연구—기초자치단체를 중심으로—, 1994, 한국행정연구원, 28, 30면.

있다.

행정의 문서관리업무는 '행정업무의 간소화·표준화·과학화 및 정보화를 도모하여 행정의 효율'(행정업무의 효율적 운영에 관한 규정 제1조)에 기여하지 않으면 안 되므로 행정서식은 효율적인 의사소통을 위한 도구가 되어야 한다. 의사소통에 있어 불투명성, 불합리성과 지나친 복잡성을 감축시키기 위하여 서식 그 자체뿐만 아니라 그의 관리체계도 전자정부의 이념에 맞게 현대화되지 않으면 안 된다. 행정의 문서관리에 있어 과거 관행의 고착과 개혁의 지체는 행정의 경직화를 불러와 행정자원을 낭비하게 하고 민원인들에게는 불합리한 규제로 인식되게 될 것이다.

2. 법령변화에의 신속한 대응과 낡고 중복된 서식의 개선 과제

1) 공무원들이 수시로 발생하는 법적 문제 해결을 위해 필요한 참고문헌이나 정보를 얻을 수 없을 때, 기존의 업무담당자가 유사사례에서 처리했던 경험은 좋은 참고가 된다. 하지만, 스스로 관련법령을 찾아보고 그의 합리적 해석을 위한 노력없이 과거의 관례나 기존의 서식에 의존하여 업무를 처리하는 것은 매우 위험할 수 있고 행정혁신과 고객서비스에 방해가 될 수도 있다. 산업화되고 도시화된 현대사회에서 주민등록신고처럼 간단한 신고도 많지만 기업관련신청이나 건축허가신청의 경우처럼 관련법령들이 경기상황의 변동에 따라 수시로 바뀌는 경우도 많아 기존의 관례나 서식에 따르면 위법하게 될 수도 있다.

관계법령들의 개정에도 불구하고 서식이 여전히 과거의 법에 기초하여 이용되고 있는 경우에는 법치행정이 아니라 서식행정이 이루어지게 된다. 서식행정이 고착된 상태에서 서식에 기재된 문언은 현장공무원들에게 사실상 강한 구속력을 갖기 때문에 새 법령이나 새로운 정책이 집행실무에서 반영되지 않게 되고,[2] 법집행이 방해받게 된다.

---

2) 현실적으로 행정현장에서는 서식 그 자체에 기재된 요구를 법으로 생각하는 경향이 강하다. 때문에 서식의 내용을 개선하는 것은 사실상 입법개혁과 유사한 효과를 가져올 수 있고, 국민의 법감정과 생활에 미치는 효과도 직접적이다.

2) 그 동안 우리 행정실무에서 행정서식은 주민들과 기업들로부터 서식의 불통일, 참조법조문의 결여, 표현의 불명확성 그리고 불필요한 문서의 중복요구 등을 발생시키는 것으로 비판받아 왔다. 이로 인해 문서량이 과다 발생하는 것은 물론 행정결정이 지체되거나 자의적인 결정의 원인이 되기도 했다. 행정 내에는 그때그때의 필요에 따라 새로운 서식의 창출에 대한 자극이 다양하게 존재해 자체적으로 비공식적인 서식을 제정하는 경우도 있어,[3] 중복유사서식이 상당히 존재해 왔다. 또, 서식들의 표준화가 부족하고 서식상호간 연계성이 부족해 정보의 공동이용에도 장애가 되어 왔다.

전자정부에서 전자서식[4]은 행정정보공동이용, 전자적 민원처리 및 문서업무감축을 위하여 공통적인 필수적 의사소통의 수단이 될 뿐만 아니라, 공공기록물의 보존과 관리, 행정정보의 공개에 있어서도 필요한 소통도구이다. 전자서식은 이용자들에게 서식획득의 편의성을 크게 높여주고 비용을 절감시켜 줄 것이지만, 단순한 서식으로부터 복합민원분야에 이르기까지 전국적으로 통일적인 전자서식이 마련되기까지는 어느 정도 시일이 걸리게 될 것이다.

전자서식이 여러 법률에서 행정에 부과한 의무를 이행하기 위해서는 법률들에서 요구한 사항을 담을 수 있어야 할 뿐만 아니라, 새롭게 추가되거나 보완되는 내용을 서식에 기재할 수 있는 여지를 가지고 있어야 한다.

각 부처와 지방자치단체의 각 부서들이 산만하게 관리해오던 문서들과 서식들을 전자정부의 운영에 맞게 표준화시키기 위해서는 기존에 존재하던 서식들을 단순 비교하여 정비하는 것만으로는 충분하지 않을 것이다. 실제의 행정업무처리과정, 행정서식을 이용하고 있는 업무의 특성 그리고

---

3) Werner Thieme, Verwaltungslehre, 4 Aufl., 1984, S. 456, Rn. 692; 예를 들어 그러한 자극은 새로운 내용의 행정결정이 필요함에도 불구하고 현존하는 서식 중에 적절한 것이 없다는 것에 기인할 수도 있다. 또 사무자동화를 위한 업무처리단위의 표준화와 정형화의 필요에 기인할 수도 있고, 빈번한 실정법 변화 상황에 대응하기 위한 것일 수도 있다.

4) 전자정부법 제25조 제2항은 "행정기관 등이 해당 기관에서 접수하거나 발송하는 문서의 서식은 전자문서에 적합하도록 하여야 한다"고 규정하고 있다. 이 책에서는 전자문서에서 사용하는 서식을 전자서식이라 하였다.

관계법령이 해당업무에 대해서 규정하고 있는 내용들을 잘 반영하도록 기존의 서식을 개선시키려는 노력도 필요하다.

Ⅱ. 공문서와 기록의 이용 및 관리에 대한 법적 규율

1. 공문서의 개념, 종류와 효력발생

1) 우리 정부가 표방하는 전자정부에서 행정의 문서관리는 행정업무의 간소화·표준화·과학화 및 정보화를 도모하여 행정의 생산성, 투명성 및 민주성을 높여 국민의 삶의 질을 향상시키는 데 기여하여야 한다.

'공문서'란 행정기관에서 공무상 작성하거나 시행하는 문서(도면·사진·디스크·테이프·필름·슬라이드·전자문서 등의 특수매체기록을 포함)와 행정기관이 접수한 모든 문서를 말하는데, 공문서에는 다음과 같은 것들이 있다(행정업무의 효율적 운영에 관한 규정 제4조) .

① **법규문서**: 헌법·법률·대통령령·총리령·부령·조례·규칙 등에 관한 문서

② **지시문서**: 훈령·지시·예규·일일명령 등 행정기관이 그 하급기관이나 소속 공무원에 대하여 일정한 사항을 지시하는 문서

③ **공고문서**: 고시·공고 등 행정기관이 일정한 사항을 일반에게 알리는 문서

④ **비치문서**: 행정기관이 일정한 사항을 기록하여 행정기관 내부에 비치하면서 업무에 활용하는 대장, 카드 등의 문서

⑤ **민원문서**: 민원인이 행정기관에 허가, 인가, 그 밖의 처분 등 특정한 행위를 요구하는 문서와 그에 대한 처리문서

⑥ **일반문서**: 위의 문서에 속하지 아니하는 모든 문서

2) 공문서의 관리에 있어서는 전자적 처리가 원칙이다. 즉, 행정기관의 장은 문서의 기안·검토·협조·결재·등록·시행·분류·편철·보관·보

존·이관·접수·배부·공람·검색·활용 등 처리절차를 전자문서시스템 또는 업무관리시스템상에서 전자적으로 처리하도록 하여야 한다. 이 업무관리시스템은 행정효율을 위하여 행정정보시스템과 연계하여 운용되어야 한다.

문서는 결재권자가 해당 문서에 서명(전자이미지서명, 전자문자서명 및 행정전자서명을 포함)의 방식으로 결재함으로써 성립하고, 문서는 수신자에게 도달(전자문서의 경우는 수신자가 관리하거나 지정한 전자적 시스템 등에 입력되는 것을 말함)됨으로써 효력을 발생한다. 다만, 공고문서는 그 문서에서 효력발생 시기를 구체적으로 밝히고 있지 않으면 그 고시 또는 공고 등이 있은 날부터 5일이 경과한 때에 효력이 발생한다.

2. 전자정부에서 전자문서의 사용과 정보공동이용의 촉진

전자정부에서는 민원처리의 신청, 구비서류의 확인과 통지 등에 있어서 전자문서의 사용과 온라인 원격영상회의 방식 등을 활용하도록 노력하고 있다.

행정정보의 효율적 관리 및 이용을 위하여 어느 한 행정기관이 수집·보유하고 있는 행정정보는 그것을 필요로 하는 다른 행정기관등과 공동으로 이용하여야 하며, 다른 행정기관은 같은 내용의 정보를 따로 수집하여서는 아니 된다. 행정정보의 원활한 공동이용을 위하여 안전행정부장관 소속으로 행정정보 공동이용센터를 두고 있는데, 안전행정부장관은 행정기관등의 행정정보 목록을 조사·작성하여 각 행정기관 등에 배포하여 한다.

공동이용센터를 통해 이용가능한 공동이용 행정정보에는 1. 민원사항 등의 처리를 위하여 필요한 행정정보, 2. 통계정보, 문헌정보, 정책정보 등 행정업무의 수행에 참고가 되는 행정정보, 3. 행정기관 등이 법령 등에서 정하는 소관 업무의 수행을 위하여 불가피하게 필요하다고 인정하는 행정정보 등이 있다.

공동이용 행정정보는 최신성과 정확성을 유지하도록 관리하여야 하고, 특정한 이용목적에 따라 필요한 범위를 넘지 말아야 하며, 국가의 안전보장과 관련된 행정정보, 법령에 따라 비밀로 지정된 행정정보 등은 공동이용 대상에서 제외될 수 있다.

전자정부는 문서관리에 있어 행정정보의 공개요구에 응할 수 있도록 운용하되 개인정보를 침해하지 말아야 한다. 기술적으로는 정보시스템의 안전성·신뢰성을 확보하고, 중복투자의 방지 및 상호운용성의 증진으로 투자의 효율을 높여야 한다.

3. 공문서와 공공기록물의 관리

공문서에 기록된 사항은 공공기관의 투명하고 책임있는 행정 구현을 위해 중요한 의미를 가지므로 그의 안전한 관리가 필요해진다. 공공기록물 관리에 관한 법률의 적용대상이 되는 공공기록물은 '국가적으로 보존할 가치가 있다고 인정되는 기록정보 자료'에 한정된다는 점에서 상당히 많은 공문서들은 여기에서 제외된다.

공공기록물에 대해서는 모든 공무원에게 기록물의 관리·보호의무가 지워져 있다. 공공기록물도 전자적으로 생산·관리되는 것이 원칙이고, 기록물이 효율적이고 통일적으로 관리·활용될 수 있도록 기록물 관리의 표준화가 이루어져야 한다. 전자기록물에 대한 관리의 효율성을 높이기 위해 관리시스템의 기능·규격·관리항목·보존포맷 및 매체 등 관리의 표준화에 관한 사항들이 정비되어 있어야 한다.

공공기관의 업무수행에 있어 효율성과 책임성의 확보를 위해 업무처리과정의 기록이 필요하므로 공공기록물의 관리에 관한 법률은 "업무의 입안단계부터 종결단계까지 업무수행의 모든 과정 및 결과가 기록물로 생산·관리"되어야 한다고 규정하고 있다(동법 제16조 제1항). 이 기록물에는 업무와 관련된 조사·연구서 또는 검토서, 주요 회의의 회의록, 속기록 또는 녹음기록, 업무수행과 관련된 시청각 기록물이 포함된다.

Ⅲ. 행정서식의 의의와 기능

1. 행정서식의 의의

행정서식은 공문서를 작성하는 일정한 형식을 말한다. 우리 행정절차법은 요식원칙을 명시하고 있어(동법 제17조 제1항) 행정행위에 있어 문서의 사용은 의무적이므로 행정서식은 중요한 의미를 지니고 있다. 공문서는 전자문서로 하는 것이 원칙인데 그의 작성에 있어 행정서식의 사용이 필수적인 것은 아니다. 하지만 행정기관에서 장기간에 걸쳐 반복적으로 사용하는 문서로서 정형화할 수 있는 문서는 특별한 사유가 없으면 서식으로 정하여 사용한다(행정업무의 효율적 운영에 관한 규정 제26조).

2. 행정서식의 기능

(1) 행정과 민원인 사이의 의사소통기능

행정이 결정을 하기 위해서는 결정의 요건사실이 존재해야 하므로 관계법들을 확인해야 할 뿐만 아니라 많은 사실을 조사해야 한다. 이 정보는 다른 국가기관으로부터 얻어오기도 하지만 많은 경우 기업이나 주민과 같은 민원인들로부터 직접 획득한다.

행정서식은 행정과 민원인 사이의 의사소통과정에서 의사소통을 구조화하고 그의 통일적인 질을 보장하여 복잡성을 감축시켜주는 기능을 수행한다. 행정과 민원인 사이에서 생활세계의 복잡하고 다양한 정보들 중 기록되고 보고되어야 할 정보들을 검색해주는 검색목록으로서 기능한다.

민원업무에 관한 공무원의 판단의 오류를 줄이고 업무처리의 명료성과 신속성을 확보할 수 있게 해준다. 또 문서작성자의 서명 란을 서식에 제정해 둠으로써 담당공무원의 책임을 명확하게 할 수도 있다.

(2) 행정 내부에서의 의사소통과 조직화의 기능

행정조직은 계층제로 이루어져 있으며, 수많은 국과 과로 세분되어 있는데, 각 과들 사이에 우연성을 배제하고 오해를 축소시켜 정보를 정확하게 전달하게 하지 않으면 행정은 적절히 기능하지 못한다. 이와 관련하여 행정서식은 행정 내부의 의사소통을 조직화하는 기능을 수행한다.

첫째, 행정서식은 기관장의 정형화된 업무지시수단으로 기재하여야 할 내용의 목록을 미리 작성해 놓음으로써 소속공무원들이나 소속기관 등에게 업무처리과정을 안내해 주는 기능을 한다.[5)] 이 점은 보고서식 등에서 두드러지는데, 관계법들로부터 부과된 행정과제를 고려하여 보고해야 할 사항을 서식에 표시해둠으로써 하급기관들의 보고내용을 전체의 관점에서 구조화한다.

행정의 재량이나 판단여지를 구조화하고 표준화하여 사회의 복잡성을 행정이 감당할 수 있도록 감축시키고 공무원들 사이의 업무능력의 차이에 따른 폐해를 어느 정도 완화시켜 준다.

둘째, 행정서식은 전달하려는 정보를 간략하게 확정하여 다수의 관련 공무원들의 의사소통과정에서의 정확성을 높여주는 역할을 수행한다. 서식을 통하여 한번 문서로 고정된 정보는 행정이 나중에 관련 정보를 필요로 할 때 처음 기재할 때와 동일한 내용을 전달해준다.

감사는 현장에서 업무가 처리되고 나서 일정 시간이 지난 후에 이루어지는데, 행정서식에 기재한 내용은 상급 행정기관의 감사가 있을 때, 현장 공무원의 업무처리내용을 정확하고 간략하게 전달하여 감사의 효율성과 정확성을 높여준다.

셋째, 서식에 의해 정형화된 정보의 전달만이 공간적·시간적 거리를 극복하여 대량의 과제에 신속하게 대응할 수 있게 해줄 수 있으므로, 전자정부는 전자서식 없이는 기능하기 어렵다.

---

5) Wolfgang Schäfer, Die kommunikative Ausgestaltung von Formularen am Beispiel des Rentenantrags, Automation in Gerichts- und Verwaltungsverfahren, 1980, S. 66.

3. 민원의 유형과 행정서식의 제정한계

(1) 민원의 유형에 따른 행정서식이용의 적합성

민원행정은 관련기관의 수, 이해관계인의 수, 관련법령의 수, 민원발생의 원인 등을 고려하여 유형화할 수 있는데, 단순민원과 복합민원, 그리고 정형민원과 비정형민원의 구별은 서식의 제정과 관련하여 중요한 의미를 갖는다.

단순민원이란 하나의 행정기관으로부터 한 가지의 처분만을 받으면 목적이 달성되는 민원으로서 각종 신고, 확인, 증명 등을 예로 들 수 있다. 복합민원은 민원인이 하나의 민원을 처리하고자 할 때 다수의 법령에 의하여 다수의 기관으로 부터 복수의 인가·허가·특허·면허·등록·승인·신청·협의·확인·동의 등을 함께 받아야만 처리되는 민원을 말한다. 이해관계인이 매우 많고 투자되는 자보규모가 수십억 원 이상이 될 정도로 크고 관련 행정기관들도 매우 많은 수십 개의 인·허가들이 필요한 사업계획이 복합민원에 해당된다.

또, 정형민원과 비정형민원으로 나누어볼 수 있는데, 정형민원이란 제출되는 민원들의 내용이 유사하고 반복적인 것으로서 허가·인가·면허·추천·등록·증명·신고 등의 상당부분이 여기에 포함된다. 비정형민원이란 반복적으로 발생되지 않은 이의신청·진정·건의·질의 등이 이에 속한다.

행정서식은 단순민원과 정형민원에서 행정의 효율을 높이는 데 크게 기여할 수 있다.

(2) 행정서식의 제정한계

행정서식은 남용되면 관료제의 병리인 레드테이프의 원인이 되기도 한다. 정보가 서식에 요구된 일정한 방향으로만 고착되어 주민들과 기업들의 사정과 견해, 개별적이거나 특수한 사정 등은 잘 반영되지 않아 정보의 왜곡이 발생할 수 있다.[6)]

그러므로, 행정서식의 제정에는 일정한 한계가 존재한다는 점을 인식

6) Wolfgang Schäfer, a.a.o.(각주 5), SS. 68~69.

하여야 한다. 수많은 이해관계인들과 많은 자본이 투자되는 등 복잡한 고려가 필요한 행정결정은 정형화하기가 어려울 것이기 때문에 서식에 의해 처리하는 것은 적절하지 않을 수 있다. 또, 전문가들의 전문적 판단이 필요한 결정들에서 서식화는 상당히 어려울 수밖에 없다. 사회변화속도가 매우 빨라 현장공무원들의 신속하고 기민한 대응을 필요로 하는 분야에서도 서식화가 상대적으로 부적합할 수 있다.

Ⅳ. 행정서식의 법적 성질과 의무적 사용강제의 한계

1. 법규로서의 행정서식

행정서식이 행정 내부에서의 의사소통을 담당하는 데 그치지 않고, 행정과 민원인의 외부관계를 직접 규율하고 구조화하는 경우에는 법규로서의 성격을 갖는다.[7] 법규서식은 많은 경우 법률을 구체화하고 행정재량을 구조화한 집행명령으로서의 의미를 갖는다.[8] 집행명령으로서의 행정서식은 관계법의 취지를 충실히 반영하고 있어야 하므로 필요한 요건사실의 조사를 누락시키거나 필요하지 않은 사실을 조사시켜서는 안 된다.

행정업무의 효율적 운영에 관한 규정 제27조 제1항은 법령의 형식으로 서식을 제정해야 할 사항에 관하여, 1. 국민의 권리·의무와 직접 관련되는 사항을 기재사항으로 정하는 서식, 2. 인가, 허가, 승인 등 민원에 관계되는 서식, 3. 행정기관에서 공통적으로 사용하는 서식 중 중요한 서식 등을 열거하고 있다.

법규로서의 서식을 행정기관이 제정하기 위해서는 법규제정에 필요한

---

7) Klaus Grimmer, Das Formular als Norm– und Informationsmittel, Automation in Gerichts– und Verwaltungsverfahren, 1980, SS. 22~23.

8) 위임명령으로서의 행정서식이라면 새로이 제정하는 법규사항에 대해서 위임하는 근거규정이 있어야 하고, 또 그 규정도 지나치게 포괄적으로 위임하는 내용이어서는 안 된다. Hans Brinckmann/Klaus Grimmer/Anne Höhmann/Stefan Kuhlmann/Wolfgang Schäfer, Formular im Verwaltungsverfahren, 1986, S. 229. 이하에서는 Formular im Verwaltungsverfahren으로 인용.

특별한 법적 수권을 필요로 하고 수권받은 기관만이 그 위임받은 범위 내에서 제정하여야 한다.[9] 또, 관보에 게재하는 등의 방법으로 공포하여야 한다.

이상의 경우 외에는 법령에서 고시 등으로 정하도록 한 경우와 그 밖의 특별한 사유가 있는 경우, 법규서식을 고시·훈령·예규 등으로 정할 수 있되, 중앙행정기관장의 경우는 안전행정부장관의 승인을 얻고, 중앙행정기관의 소속기관은 소속 중앙행정기관의 장의 승인을 받아야 법규서식을 제정하고 변경할 수 있다.

이와 같이 집행기관에게 예외적으로 법규서식의 제정권을 부여하면서 상급기관에 승인권을 인정한 입법의 태도는 타당한 것일까? 서식을 이용하는 집행기관만이 당해 업무에 특유한 서식을 제정할 실질적인 능력을 갖출 수 있다는 점과 법규서식의 남용을 막을 필요가 있다는 점 등을 고려할 때 타당하다고 본다.

2. 행정규칙으로서의 행정서식

행정서식은 중앙행정청이나 지방행정청 등이 기관장으로서 갖는 행정조직권에 근거해서 위임이 없더라도 제정되고 시행될 수 있다.[10] 행정업무의 효율적 운영에 관한 규정 제29조 제5항도 "지방자치단체의 장이나 지방교육행정기관의 장은 소관 업무의 수행을 위하여 필요한 서식"을 정할 수 있다고 규정하고 있다. 다만 상위법과 상급행정기관의 행정규칙을 위반해서는 안 된다. 이 때는 행정규칙으로서의 성질을 갖는데 행정 내부의 의사소통수단으로서 조직화기능을 담당하는 것이 보통이다.[11]

행정조직 내의 업무처리과정을 규율하거나 행정부서 상호간의 관계를 규율하는 조직규칙으로서의 서식이 있고, 통계의 작성 등 정보의 수집을 위하여 필요한 사실조사의 절차나 조사방식을 기재한 사실조사규칙으로서

---

9) Klaus Grimmer, a.a.o.(각주 7), S. 24.
10) Formular im Verwaltungsverfahren, SS. 230~231.
11) Klaus Grimmer, a.a.o.(각주 7), S. 23.

의 서식도 있다.[12)]

행정규칙으로서의 서식이 남용되게 되면 중복유사서식의 범람으로 행정의 의사소통비용을 증가시킬 수 있고 민원인들에게 간접적으로 많은 의무를 부과시킬 수 있으므로 그의 합리성 확보를 위한 노력이 필요하다.

3. 서식의 사용강제와 하자있는 서식의 구속력

(1) 서식의 의무적 사용강제의 한계

1) 법규서식의 경우 언제나 해당 서식의 이용이 강제되는가? 법령상 서식규정의 성격이 강행적이고 의무적인 것일 때 당해 서식을 이용하지 않는 것은 허용되지 않는다.[13)] 예를 들어 조세행정과 같은 대량행정의 영역에서 조세행정청은 신청서식의 기재를 통해 과세요건에 관하여 신속하고 확실하게 결정할 수 있어야 하기 때문에 서식의 이용은 강제적이다.

하지만, 법규서식의 경우에도 서식의 근거규정이 단지 '질서규정'일 때에는 그 서식을 이용하지 않더라도 위법한 것은 아니다.[14)] 예를 들어 법의 목적이 대부분 노령이고 가난하며 행정업무에 친숙하지 않은 사람들을 배려해야 하는 때에는 형식의 엄격성을 강조하는 것은 적합하지 않다. 신청자가 구두로든 서면으로든 해당 기관에 청구내용을 오해 없이 표현하여, 서식에 기재하면 된다고 볼 수 있기 때문이다.

---

12) 사실조사규칙으로서의 서식은 관계법의 법률요건사실들을 서식에 재구성하여 집행공무원들의 사실조사를 지도하면서 특정한 법률요건사실은 상세하게 조사하게 하고 다른 요건사실은 상대적으로 간략하게 조사하게 하여 사실조사에 관한 행정자원의 투입재량을 지도하여 행정활동을 조정하기도 한다. 특히 사실조사의 신속성을 보장하기 위하여 사소한 사항을 제외하거나 아주 개괄적 조사방법만을 규정한 간소화지침을 내용으로 하기도 한다. Formular im Verwaltungsverfahren, S. 227~228.

13) 연방조세법원은 법률에 근거를 둔 행정서식에 관하여 서식이용이 의무적인 것으로 판시하고 있다. BFH BStBl. Ⅱ 1972, 725, 726; BFH BStBl. Ⅱ 1974, 590, 591. 이 판결에서는 서식에 어느 범위까지 기재하는 것이 의무적인지도 문제되었는데, 연방조세법원은 신청서식의 경우 신청의 본질적인 내용들이 신청서에 기재되어 있으면 유효한 신청을 한 것으로 보았다.

14) 독일 연방행정법원도 피해보상법(Lastenausgleichgesetz) 제325조 제4항의 서식규정을 질서규정으로 보았다. BVerwGE 9, 219, 221.

행정규칙으로서 서식은 그 서식의 이용이 의무적으로 강제된다고 볼 수는 없다. 따라서, 관계법의 해석상 당해 서식에 불완전한 하자가 존재하는 경우, 행정과 사인은 서식 이외에 구체적으로 타당한 조사방법을 선택할 수 있을 것이다.15)

2) 법적으로 서식의 이용이 의무지워진 경우에도 개인정보가 서식에 의해 과도하게 조사되는 경우, 개인정보의 보호이익과 인격권을 침해하는 행위일 수도 있다. 2013년에 들어와서야 개인정보보호법이 제정 시행되고 있는데, 기존의 서식들 중에 이러한 문제점을 안고 있는 서식들을 조사하여 정비하여야 할 것이다.

서식의 이용이 법령에 의해 의무지워 있지 않는 한 서식이용은 강제될 수 없고 이용하지 않는 것만으로 불이익이 초래되어서는 안 된다.

(2) 하자있는 서식의 구속력 여부

서식이 구법을 반영하고 있는 등의 이유로 현행법상 하자가 존재하는 서식의 경우, 당해 서식을 이용하지 않거나 서식 중의 일부만을 이용하거나 아니면 다른 보완조사를 하는 것이 허용되는가?

행정은 업무를 처리함에 있어 관계법령을 수집하여 그것들을 체계적으로 해석할 권한을 갖지만, 법변화를 수용하지 않거나 현행법상 하자가 있는 서식을 강제하는 것은 행정의 법해석권의 한계를 위반한 것이다.16) 낡거나 하자가 있는 서식 때문에 법적으로 의무지워지거나 재량행사를 위하여 필요한 사실을 조사하지 않는 것은 위법하다.17) 따라서, 서식이 불완전할 때 민원인들은 이 서식에 구속당하지 않는다고 보아야 할 것이고, 부적절한 서식에 의하여 사인의 권익이 침해되어서는 안 될 것이다. 또, 업무담당자들도 그 낡은 서식에 구속당하여 업무를 처리해서는 안 된다.

---

15) Klaus Grimmer, a.a.o.(각주 7), SS. 25~26.
16) Formular im Verwaltungsverfahren, S. 126.
17) Klaus Grimmer, a.a.o.(각주 7), S. 25.

V. 전자정부에서 행정서식과 그의 개선

1. 행정서식의 전자화와 그의 이용촉진

전자정부법이 시행되면서 우리 행정기관에서는 전자문서를 기본으로 하여 작성, 보존과 발송 등이 이루어지도록 하고 있다(전자정부법 제25조 제1항). 하지만, 그 동안 행정업무수행이 종이문서 기반으로 수행되어 왔기 때문에 현실적으로는 종이문서와 전자문서가 병용되는 경우가 많다. 전자문서의 이용이 촉진될 수 있도록 업무처리과정의 정형화·표준화를 위해 노력하여야 한다.

전자서식의 제정 및 관리와 관련하여 다음을 제안한다.

첫째, 전자서식의 이용자친화성이 확보되어야 한다. 이해하기 쉽고 명확하며 편리하여야 한다는 것이다. 민원서식인 경우에는 주민의 이해를 돕도록 가능한 한 쉬운 용어로 필요한 법조문이나 해당 문서를 제출할 행정기관이나 응답을 받을 수 있는 기한 등 친절한 안내를 덧붙인 전자서식의 개발이 필요하다.

둘째, 정부대표전자민원실이나 행정공동정보이용센터 등은 이용되는 서식들 전체에 대한 전자목록을 제시하고 있어야 한다. 이와 함께 중앙부처뿐만 아니라 지방자치단체들도 행정서식들을 전자화하고 그들의 체계적이고 집중적인 관리를 위해 노력하여야 한다.

셋째, 이용자가 필요로 하는 다른 공공기관들의 전자서식도 편리하게 이용할 수 있도록 그것들을 함께 수록하거나 아니면 링크를 해 놓아야 한다.

넷째, 업무나 민원의 성격상 복합민원처럼 행정기관간 협력을 필요로 하는 업무들 사이에서는 전자서식이 상호 쉽게 연계될 수 있도록 제정하여야 한다.

다섯째, 전자서식은 사이버공간에서의 문서교환의 특수성을 반영하여야 한다. 전자서식은 기존의 행정서식을 디지털화하는 작업만으로 단순하게 완성되지 않는다. 대면적 확인과정 없이 사이버공간을 통하여 전자문서교환이 이루어져야 하므로 민원인이나 문서작성 담당공무원의 인증과 전자관인의 사용을 위한 공간을 마련해야 한다. 또, 전자서식의 작성방법과 작성 후의 처리절차 등에 대하여 정보를 제공하여야 한다. 이 외에도 질문사항들에 대처하기 위하여 Q&A코너를 만들고 지속적으로 관리해가야 한다.

2. 지방행정에 있어 서식의 전자화의 촉진 및 서식관리의 개선

1) 오랫동안 우리 지방행정에서 행정문서는 각 부서마다 그리고 담당자 개인별로 분산 관리하여 왔는데, 이로 인해 담당자부재시에는 여러 가지 문제가 나타났다. 담당자가 없으면 관련문서를 찾을 수 없어 사실상 업무공백상태가 되었다.

이러한 분산관리 관행 때문에 동종유사한 업무이거나 관련성이 큰 업무임에도 이용하는 행정서식들이 다르거나 연계성이 떨어지게 되었다.[18] 또, 분산된 문서들이 행정지체의 주요 원인이 되기도 했다. 최근에는 복지업무 등이 증가하면서 관련 서식들이 부족하여 새로 서식을 제정할 필요도 증가하고 있다.

2) 지방자치단체에서도 행정서식들의 이용을 총괄해서 관리하는 기관이 있어야 한다. 또, 모든 서식을 체계적인 서식목록집에 등록하여 중복되거나 연계성이 떨어지는 서식의 출현을 막고, 현장의 수요에 따라 비공식적 서식이 남발되지 않도록 하여야 한다.

새로운 서식의 필요에 대응하여야 하지만, 서식의 통일성과 연계성도 보장하여야 한다. 지방현장에서의 수요의 긴급성, 전국적 통일성 또는 다른 행정기관과의 연계성 확보의 필요를 잘 조화시켜가야 한다.

문서의 보관과 보존중심의 관리에서 문서이용의 효율성 증대에 관심

18) "기초자치단체에서의 문서관리는 기관전체차원에서 표준화된 룰에 의해서 결정되기보다는 각부서의 업무담당자에 의해 많이 좌우되기 때문에 통일성이 낮고 투명성이 떨어진다고 할 수 있다." 이수철·박세정·장지원, 위의 보고서(각주 1), 45~46면.

을 기울여야 한다. 이를 위해 연도중심의 관리체계에서 업무중심의 관리체계로 전환하고, 주민들이 행정서식을 쉽고 신속하게 획득할 수 있도록 서식의 전자화를 위해서 노력하여야 한다.

3) 복합민원에서는 하나의 행정서식이 매우 복잡할 뿐만 아니라 여러 개의 행정서식을 이용해야 한다. 따라서, 복수의 서식들의 연계적 조화가 매우 중요하다.

복잡한 서식의 경우, 그 기재방법에 대하여 친절한 안내가 기재되어 있어서 가능한 한 민원인 스스로 작성할 수 있어야 한다. 민원인들이 서식작성을 위하여 법무사, 세무사 및 변호사 등에게 의존할 수밖에 없게 하는 것은 민원인들의 경제적 능력이나 지적 능력의 차이로 인하여 법적 청구권에의 접근과 그의 실현에 불평등을 초래하는 것일 수도 있다. 때문에 민원인들이 이해하기 쉽도록 서식을 제정해야 하고, 업무담당자들은 서식의 작성과정에서 민원인들에게 조언하거나 정보를 제공해주어야 한다.

제 6 장 행정의 사실조사의 법적 구조와 현장조사능력의 개선

:: 실무사례 ::

1. 식품위생과는 여름철 식중독예방을 위해 살모넬라균 등이 포함된 음식을 판매하는 사업자들을 단속하라는 지시를 구청장으로부터 받았다. 어떻게 업무를 조직화하고 어떤 조치를 취해야 하는가?

2. 영유아보육법 제36조에 따라 국가와 지방자치단체는 보육시설의 설립을 촉진하고 보육료의 상승을 막기 위해 보육시설의 설치, 보육교사의 인건비, 초과보육에 드는 비용 등의 지원을 하고 있다. 하지만, 어린이집의 운영과 관련하여 보육하지 않은 어린이를 보육한 것처럼 하거나 보육기간을 부풀리는 등 허위 문서를 작성하거나, 보육교사 자격증을 대여하여 실제로는 무자격자가 보육활동을 하면서 부당하게 보조금을 신청하고 수령하는 행위들이 자주 적발되었다.

   이에 따라, 구청장은 복지정책과에 영유아와 아동에 대한 보조금 등의 지급과 사용실태를 조사하라고 지시하였다. 복지정책과는 이 업무를 어떻게 효율적으로 처리하고 보조금과 지원금 등의 부당 수급과 사용을 방지할 수 있을까?

Ⅰ. 행정의 사실조사의 의의와 종류

1. 행정의 사실조사의 의의와 그 어려움

1) 행정의 사실조사는 행정실체법의 집행을 위한 사전절차로서 실체법의 법률요건사실의 발생 여부 또는 존재 여부를 조사해가는 절차를 말한다. 행정조사기본법은 행정조사에 관하여 "행정기관이 정책을 결정하거나 직무를 수행하는 데 필요한 정보나 자료를 수집하기 위하여 현장조사·문서열람·시료채취 등을 하거나 조사대상자에게 보고요구·자료제출요구 및 출석·진술요구를 행하는 활동을 말한다"고 규정하여 매우 넓은 의미로 쓰고 있다(행정조사기본법 제2조 제1호). 하지만, 이 책에서는 주로 처분을 하기 위해 필요한 사실을 수집하는 활동에 한정하여 사실조사개념을 사용한다.

행정의 사실조사는 일상행정업무의 처리에 있어 출발점으로서 수많은 행정판단에 필수적인 행정정보의 획득을 위한 수단이 된다. 뿐만 아니라 기업 및 주민들과의 관계에서 중요한 규제수단으로서 민원인들과 직접 접촉을 하여 부패가 시작되는 출발점이기도 하므로 부패방지의 관점에서도 중요한 의미를 갖는다.

2) 행정은 결정을 내리기 전에 필요한 사실을 정확히 파악하여야 하지만, 행정의 정확한 사실파악을 곤란하게 하는 요인들은 매우 다양하게 존재한다. 조사대상이 과거의 사실이어서 증거자료가 멸실되어버린 경우도 있다. 외부 강대국들의 정치경제상황에 따라 영향을 받는 사실은 가변적이어서 정확한 파악이 힘들 수도 있다. 또, 공공안전에 대한 급박한 위험이 발생하는 경우처럼 충실한 사실조사를 할 시간적 여유가 없을 수도 있다.

기술발전에 따라 전문지식이나 고가의 장비 없이는 사실파악이 어려운 경우도 있다. 기업들의 기술적 전문성이 높아지면서 그 기술보호를 이유로 행정이 사실조사를 하고자 하여도 접근을 거부하는 경우도 있다. 기업들이 대규모화하면서 다양하고 은밀한 위법활동들을 조직적으로 은폐하여 적발하기가 쉽지 않은 경우도 있다. 중요한 사실정보를 장악하고 있는 제3자가 정보제공을 끝까지 거부하지만 행정이 그의 정보제공을 강요할 권한이 없는 경우도 있다.[1)]

이상과 같이 정확한 사실조사의 어려움을 고려할 때, 행정이 행정결정에 있어 지나치게 신속성만을 추구해서도 안 되지만, 어떤 비용을 지불하고라도 정확성의 이익만을 추구하는 것은 현실적이지도 않고 합법적인 것도 아니다.[2)]

2. 행정의 사실조사의 종류

행정조사는 조사장소에 따라 관공서에서의 조사와 현장조사로 나눌 수 있다. 관공서에서의 조사는 당사자 등이 관공서에 와서 제출하는 신고서나 다른 증거자료에 의해 사실을 조사하고 평가하는 방법이다. 관공서에서의 조사는 대부분 서식에 의하는데 서식에 기재하는 내용 이외에 행정결정에 필요한 정보를 획득하기 위해 조사대상자에게 출석과 진술을 요구하거나 영업장부나 관련증빙서류 또는 보고서 등을 요구한다.

현장조사란 공무원이 가택·사무실 또는 사업장 등에 출입하여 사실조사하는 것을 말한다. 신체, 생명에 대한 조사를 하거나 기업의 영업상 비밀 등을 조사하는 경우 조사대상자의 권리보호문제가 제기된다. 그러나 출입국자의 소지품검사와 여권조사와 같이 두 가지 조사방법을 구별하기 어려

---

1) Klaus-Dieter Schromek, Die Mitwirkungspflichten der am Verwaltungsverfahren Beteiligten – eine Grenze des Untersuchungsgrundsatzes?, 1989, SS. 101~102.

2) 결정이론의 관점에서 볼 때 모든 행정작용의 목적은 행정결정에 도달하는 것이다. 행정결정에 관한 문제는 세 가지로 나누어 볼 수 있다. 행정결정의 지체, 행정결정의 부정확성 그리고 자의적인 행정결정. 이 중에서 가장 문제되고 있는 것은 행정결정의 지체문제이다. 1977년 미행정부보고서에 따르면 허가절차에 평균 19개월, 요금결정에 21개월이 걸린다고 한다. 행정결정의 부당한 지체를 연방규제공무원응답자들의 75% 이상이 연방규제의 주요문제로 지적했고, 행정법판사의 3분의 2도 부당한 지체의 문제를 규제기관의 핵심적 3대문제의 하나로 지적했다. Les Garner, Management Control in Regulatory Agencies: A modest Proposal for Reform, Administrative Law Review Vol.34(1982), pp. 465~481.

운 경우도 있고, 공무원임용예정자에 대한 신체검사의 경우처럼 현장조사를 민간의 전문가에 위탁하는 경우도 있다.

Ⅱ. 행정의 사실조사의 법적 구조

1. 개 관

행정절차의 관점에서 행정의 사실조사의 법적 구조, 즉 사실조사를 둘러싼 관계인들의 권리의무는 두 방향에서 분석될 수 있다.[3)]

첫째, 관계법령에서 행정에 법집행의 권한을 부여한 경우 그 집행에 필요한 한도 내에서 행정은 사실조사의 권한을 갖는다. 다만, 이 때에도 행정은 법령상의 목적과 다른 목적을 위해 조사를 해서는 안 된다. 행정의 사실조사권에 대응하여 사인에게는 사실조사과정에의 참여권과 방어권이 보장된다.

둘째, 행정은 법령상 부과된 과제의 집행을 위해 사실조사의무를 지고 있다. 행정인력과 예산의 부족 등으로 사실조사활동에 태만하여 틀린 정보로 인해 사인들에게 피해가 발생할 수도 있는데,[4)] 그러한 태만은 위법으로

---

3) 지금까지 일본과 한국의 행정조사에 관한 논의는 ① 행정조사를 행정법상 의무이행확보수단으로 고찰하는 견해, ② 행정조사를 행정의 활동형식으로서 사실행위의 하나로 설명하는 견해, ③ 행정조사를 행정절차 및 정보공개제도와 밀접한 관련을 갖는 것으로 보아 함께 다루는 견해, ④ 행정조사를 행정처분결정의 사전절차로서 행정절차의 한 단계로 위치짓는 견해, ⑤ 행정조사는 모든 행정영역에서 문제가 되는 행정과정의 한 단계이므로 개별 행정영역을 넘어 일반적으로 논하여야 할 행정제도라고 보는 견해, ⑥ 행정조사는 행위형식과는 다른 차원의 것이라고 지적하면서 새로운 이론적 틀로서 행정수단개념을 설정하고 행정수단의 하나로 보는 견해 등이 있다고 한다. 이상의 견해들은 크게 보아 행위형식이라고 하는 측면에서 논하는 입장과 행정과정론 내지 행정절차와 관련시켜 논하는 입장으로 나누어 볼 수 있다. 서원우, 현대행정법학에서의 행정과정론, 전환기의 행정법이론, 52면, 주25) 참조; 김영조, 행정조사와 세무조사, 최근 공법의 현황(한국공법학회 제75회 학술발표회), 1998. 4, 129~130면.

4) 일본에서 행정과정론을 강력하게 주장하는 학자 중의 한명으로 평가받고 있는 山村恒年은 행정과정 중에서 행정조사의 위치를 중시하면서 "종래의 행정법학에서는 이

평가받게 될 것이다. 행정의 사실조사의무에 대응하여 사인들에게는 자신의 권익에 불리한 행정결정을 막기 위해 자기가 파악한 정보를 행정에 제공할 협력의무가 부과된다.

이 측면에서는 조사자원의 효율적인 분배와 사인의 협력의무 불이행의 효과 등이 문제된다.

2. 행정의 사실조사권과 사인의 권리

(1) 행정의 사실조사권

행정은 법률을 집행할 과제를 지고 있는데, 이를 위해 관계법을 적용하기 위한 요건사실의 존재를 확인해야 하므로 사실조사를 할 권한을 갖는다. 행정조사기본법 제5조는 "행정기관은 법령 등에서 행정조사를 규정하고 있는 경우에 한하여 행정조사를 실시할 수 있다. 다만, 조사대상자의 자발적인 협조를 얻어 실시하는 행정조사의 경우에는 그러하지 아니하다"고 규정하고 있고, 행정절차법 제33조 제1항은 "청문주재자는 신청 또는 직권에 의하여 필요한 조사를 할 수 있으며"라고 규정하여, 행정이 사실조사권을 갖는다는 점, 자발적 협조에 의한 조사도 가능하다는 점, 그리고 사실조사의 개시가 신청 또는 직권에 의해 개시될 수 있다는 점을 명백히 밝히고 있다.

하지만, 행정이 사실조사할 권한을 갖는다고 해서 단독으로 그 권한을 행사할 필요는 없으므로 제3자에게 그 임무를 위임할 수 있다. 법도 사실조사의 비용을 줄이고 효율성을 높이기 위해 자율신고제도와 자율관리체

러한 의사결정과정으로서의 조사·사실인정의 합리성이라는 메커니즘에 대해서는 거의 건드리고 있지 아니하였다. 행정법학에서 강학상의 모델로서 행정조사를 다루게 된 것은 최근의 일이다. 그러나 그것은 그 발생원이 즉시강제라는 점에서도 명백한 것처럼, '적정한 행정결정을 담보하기 위한 자료수집의 이익과 다른 한편으로 사인의 자유로운 생활영역의 확보의 조사'를 그 시각으로 삼고 있는 것이다. 이에 대하여 조사를 재량결정과정의 합리화통제라는 시각에서 분석하는 연구는 존재하지 아니하였다," "이러한 시각에서의 어프로치는 사법재판소의 기술적 재량통제저하의 보완적 수법으로서 현재 가장 요청되는 바라 할 것이다"고 주장하고 있다. 山村恒年, 現代行政過程論の諸問題(7), 自治研究 제60권 7호, 1984, 94~95면.

제를 권장하고 그에 대한 세제감면 등도 가능하도록 규정하고 있다(행정조사기본법 제5장). 행정현장에서도 사인을 참여시킨 다양한 조사방법들이 시도되어 왔다.

(2) 사인의 권리의 보호

행정의 사실조사는 사인의 법적 보호영역에 대한 개입을 하는 경우가 많아 사인과 충돌이 발생할 수 있다. 행정조사기본법은 조사대상자의 자발적인 협조를 얻는 경우 이외에는 법령 등에서 행정조사를 규정하고 있는 경우에 한하여 행정조사를 실시할 수 있도록 하였다. 또, 조사를 하는 경우에도 조사목적을 달성하는 데 필요최소한의 범위 안에서 실시하여야 하며, 유사하거나 동일한 사안에 대하여는 다른 행정기관과 공동조사 등을 실시함으로써 동일 조사대상자에 대한 중복조사를 아니하도록 규정했다.

또, 행정조사기본법은 조사원이 가택·사무실 또는 사업장 등에 출입하여 현장조사를 실시하고자 하는 경우에는 권한을 나타내는 증표를 조사대상자에게 보이도록 규정했다. 현장출입조사서에 조사목적, 조사기간과 장소, 조사원의 성명과 직위, 조사범위와 내용, 제출자료, 조사거부에 대한 제재 등을 기재하도록 했다. 법률·회계 등에 대하여 전문지식이 있는 관계전문가를 조사과정에 입회하게 하거나 의견을 진술하게 할 수도 있게 했다.

3. 행정의 사실조사의무와 당사자 등의 협력의무

(1) 행정의 사실조사의무의 근거

행정은 법령에서 부과된 과제의 처리를 위해 특정 행위를 하고자 할 경우, 법치행정의 원리에 의해 그 요건사실의 존재 여부와 조사한 사실의 진실 여부를 확인해야 할 의무를 진다.[5]

---

5) 일본학계에서는 사실조사의무의 근거로 국가배상소송에서의 조사의무론을 항고소송에도 적용시키려는 견해, 행정계획에서의 형량명령의 원칙에서 구하는 견해, 행정결정의 합리성 요청에서 구하는 견해와 당해 관계법률의 목적·중점·구조, 조사권규정의 유무, 문제되는 직무의 성격, 조사를 필요로 하는 특별한 사정의 존재 등을 고려하고, 여기에서 조사의무의 근거를 찾으려는 견해 등이 제시되어 있다. 김영조, 행정

우리 행정절차법 제5조는 "행정청이 행하는 행정작용은 그 내용이 구체적이고 명확하여야 하며"라고 규정하고 있는데, 이것은 충분한 사실조사와 관계법령의 철저한 조사분석이 뒷받침되어야만 가능한 것이므로, 이 규정도 행정의 사실조사의무의 근거로 볼 수 있을 것이다.

(2) 당사자등의 협력의무와 그 근거

법령에서 행정에게 과제를 부과하고 이를 위해 사실조사가 필요한 경우, 행정은 조사를 통하여 요건사실의 존재를 확인할 의무를 진다. 하지만, 현실적으로 과거와 달리 환경분야나 기업관련분야처럼 행정이 법집행에 필요한 정보에 있어 기업과 주민에 뒤지는 경우도 많이 나타나고 있는 것이 현대 산업사회의 특징이다. 이러한 상황에서, 행정이 단독으로 당사자등의 협력 없이 사실조사를 하는 것은 많은 인적·물적 자원과 비용을 들게 할 뿐만 아니라 사실조사 자체가 불가능한 경우도 있다.

행정이 상당한 노력을 하여도 요건사실의 존재여부를 확인할 수 없을 때에도 결정을 회피할 수는 없으므로, 행정은 결국 입증책임분배원칙에 따라 결정을 내리지 않을 수 없다.[6] 이 때 이 결정으로 인하여 자신에게 불리한 결과가 초래될 위험을 지고 있는 이해관계인에게는 자신에게 유리한 사실을 제출할 협력의무가 발생한다.

행정조사기본법은 조사대상자는 출석·진술의 요구에 응하여야 하며, 조사사항에 관하여 보고서나 자료를 제출하여야 한다고 규정하여 협력의무를 규정하고 있다(행정조사기본법 제9조, 제10조).[7] 사인은 행정기관의 적

조사에 관한 연구, 1998, 경희대, 92~95면 참조.

6) 행정절차에서도 행정소송에서의 입증책임분배원칙이 거의 그대로 적용될 수 있다. 왜냐하면 행정소송에서의 입증책임에 관한 통설인 법률요건분배설은 소송법의 요건이 아니라 근거가 된 실체법의 요건에 따라 입증책임을 분배하고 있기 때문이다. 그러나 소송법에 근거하고 있는 학설은 행정소송에만 적용될 수 있을 것이다. Wilfried Berg, Die verwaltungsrechtliche Entscheidung bei ungewissem Sachverhalt, 1980, SS. 478~480; Klaus-Dieter Schromek, a.a.o.(각주 1), SS. 38~41.

7) 우리 행정절차법 제17조 제5항은 처분의 신청을 한 자가 행정청의 보완에 관한 조언을 받고도 보완에 필요한 상당한 기간 내에 보완을 하지 아니한 때에는 그 이유를 명시하여 접수된 신청을 되돌려보냄으로써 행정절차를 종결시킬 수 있도록 하고 있는데, 이 규정은 당사자 등이 신청을 하면서 필요한 협력을 하지 않은 경우까지 사실

법한 현장조사에 대한 수인의무를 진다. 다만, 조사대상자의 자발적인 협조를 얻어 조사를 실시하고자 하는 경우 조사대상자는 조사를 거부할 수 있다.

(3) 행정의 사실조사의무와 당사자 등의 협력의무의 관계

1) 당사자 등의 협력의무는 행정의 사실조사의무와의 관계에서 행정절차의 특성과 상황에 따라 그 범위가 다를 수 있는데, 행정절차에 참가한 당사자 등이 신청한 내용과 적절한 비례관계 내에서 그리고 기대가능한 범위 내에서 협력의무는 부과될 수 있다.

당사자 등의 생활영역에 관한 사실처럼 당사자 등이 당해 사실에 더 가까이 있어서 행정에 비해 저렴한 비용과 노력으로 진술가능하거나 제출가능한 때에는 당사자 등에게 협력의무가 인정된다. 또 당사자 등이 어떤 연유로든 알고 있고 그것의 보고가 기대가능하지만 행정에게는 그 정보의 획득이 어려운 경우에도 협력의무가 인정된다.[8] 하지만, 처분의 신청자보다 행정청이 더 쉽게 관련 증거를 획득할 수 있을 때에는 행정이 사실조사의무 자체를 당사자 등에게 전가해서는 안 되므로 당사자 등에게 협력의무가 인정되지 않는다.[9]

2) 행정의 사실조사의무와 당사자 등의 협력의무는 상호의존관계에 있어서 비례원칙에 따라 당사자 등이 협력에 소극적인 만큼 행정의 사실조사의무도 축소될 수 있다.[10]

행정의 조사의무가 축소될 수 있다고 보는 것은 현실적으로는 수익적 처분의 경우에 의미를 가질 수 있는데, 당사자 등이 협력을 거부함에도 불구하고 행정이 처리해야 할 다른 과제를 해태하면서까지 당해 업무에 관한

조사할 의무를 지지는 않는 것으로 보았다는 점에서 당사자 등의 협력의무를 인정한 근거규정으로 볼 수 있을 것이다.

8) 독일 행정절차법 제26조는 제2항은 "당사자 등은 사실조사에 협력해야 한다. 그들은 그들이 알고 있는 사실과 증거자료를 제출하여야 한다"고 규정하고 있다.

9) Klaus-Dieter Schromek, a.a.o.(각주 1), SS. 103~104.

10) 당사자등의 협력의무가 개시하는 곳에서 행정의 사실확인의무는 끝난다는 입장도 같은 취지이다. Meyer/Borg, Verwaltungsverfahrensgesetz, §26, Rn. 5, 7.

모든 조사비용을 감당할 수는 없기 때문이다.[11)]

행정이 조세처분 등 침익적 처분을 위해 사실조사를 할 때, 당사자 등이나 제3자가 협력을 거부한다면 어떤 범위까지 권력적 조치를 발해서 사실조사를 할 수 있는지가 문제된다. 행정의 권력적 조치가 사인에게 비례원칙을 위반하여 지나친 손해를 야기할 때 당해 조치는 허용되지 않는다 할 것이다.

Ⅲ. 현장조사의 부족과 그의 개선 필요

1. 현장조사의 중요성과 그의 문제상황

1) 우리 실무상 현장조사는 세무조사, 실태조사, 오염현장조사, 지진피해 현장조사, 요양급여 현지조사, 행정조사 등의 이름으로 많이 사용되고 있다. 규제집행의 실태를 조사한 미국 및 일본의 학자들에 따를 때, 현장조사, 행정지도 및 행정처분의 실무상 이용빈도는 대략 100 : 10 : 1의 비율이라고 한다.[12)] 법과 규제의 이론이 행정실무에 상응한 것이 되려면 각 행정작용수단들이 행정실무에서 갖는 비중에 맞아야 할 것이므로 현장조사는 좀 더 주목될 필요가 있다.

2) 행정은 법령에서 부과된 과제나 사회적인 쟁점사항들에 대하여 사실조사의 곤란과 정보부족을 이유로 응답을 거부할 수는 없다. 예를 들어 주거지역에 인접한 구 산업공단내에 공장을 운영하고자 건축허가, 환경시설관련허가 및 자가발전허가 등을 신청한 자가 있는 경우, 행정은 해당 공장에서 생산하고자 하는 물질의 위험성에 대한 검사를 수행할 전문가가 없다거나 검사장비가 없다는 이유로 관계요건을 전부 갖추었음에도 불구하고 허가를 거부할 수는 없다. 이 상황에서 행정이 허가를 해태하거나 거부

11) Klaus-Dieter Schromek, a.a.o.(각주 1), SS. 186~189.
12) 北村喜宣, 行政執行過程と自治体, 1997, 34면.

한다면 그것은 위법하게 될 것이다. 때문에 행정의 현장조사능력의 개선은 매우 중요한 과제가 된다.

3) 현장조사는 과소조사의 측면과 과잉편파적 조사의 측면에서 문제가 제기될 수 있다.

예를 들어 부실공사에 대한 감독의 해태, 환경오염 사업자에 대한 위법감시의 해태, 중소기업육성과 관련된 보조금오용에 대한 감독의 해태 등의 경우 과소조사가 비판받는다.[13] 반대로, 정치적 탄압의 목적으로 표적조사를 하거나 특정 정치인의 은행계좌를 불법추적하는 등 과잉편파적 조사도 문제되고 있다.

위법한 과소조사와 과잉편파적 조사의 문제는 현장조사론에서 모두 중요한 해결과제로 인식되어야 한다.

2. 행정의 현장조사부족의 주요 유형들

현장조사부족으로 행정의 대응이 잘못되어 사회적으로 비판받는 경우들을 유형하기 위하여, 아래에서는 2000년대 들어와서 우리 사회의 언론에 자주 오르내렸던 사건사고들에 나타난 현장조사의 부족과 실패 사례들을 분류하였다.

(1) 다중이용시설의 관리를 위한 현장조사의 부족

1) 도시사회에서 위험한 건물과 시설 등이 주민들의 생활에 필수적인 것이 되면서 편리해진 것만큼 위험도 증가하였다.

예를 들어, ① 화성 씨랜드 수련원 화재 사고는 건축주의 무자격 시공

13) "성격상 환경보호과, 지역경제과, 사회복지과 등의 대민 부서는 현장에서 근무하는 시간이 사무실 내에서 근무하는 시간보다는 훨씬 많아야 하는데, 현재는 이와는 정반대의 실정으로 되어 있고 극단적인 경우에는 약 10% 정도만 외근하는 부서도 적지 않은 것 같다. 이와 같이 내근비율이 높은 이유는 상급기관에 대한 보고와 공문처리, 상급자에 대한 보고, 관청 내부적으로 처리해야 할 행정업무, 복잡한 관료적인 절차 때문이라고 할 수 있다." 이수철·박세정·장지원, 한국행정에 적합한 사무혁신방안에 관한 연구—기초자치단체를 중심으로—, 1994, 한국행정연구원, 19면.

과 허위 감리, 불법구조 변경, 지나치게 좁은 진입도로로 인한 소방차출입의 곤란 등의 원인이 복합적으로 작용했다. ② 60평 규모의 호프집에 무려 120여 명이 밀집해 있다 대부분이 화재로 죽은 인천호프집 대참사사건에서도 화재가 났을 당시 무허가영업을 하면서 비상구도 없었고 창문도 폐쇄되어 있었으며 옥상탈출구도 폐쇄되어 있었다.

③ 또, 상당수 인명이 희생되었던 인천 부평구의 다세대주택 가스폭발사고의 경우도 가스취급상황에 대한 행정의 정보부족으로 예방적 대응을 하지 못한 것에도 그 원인이 있었다. 가스취급 소매업소의 경우 상당수가 영세업소인데다 안전관리 자격증이 없거나 안전 교육조차 받지 않은 비전문가를 고용하고 있는 경우가 빈번했지만 감독기관은 정보부족으로 예방적 대응을 못했다.

한편, 주민들이 건강과 미용에 대한 관심이 증가하면서 스포츠마사지나 피부미용실 또는 찜질방 등을 이용하는 인구가 급증하였다. 예를 들어, ④ 찜질방의 경우 대개 지하에 대형으로 건축되고 있는데, 출입구만 있을 뿐 창문이 하나도 없고, 화기시설을 다루면서도 소화기와 경보시설을 갖추지도 않고 소방안전점검도 거의 이루어지지 않았다.

2) 다중이용시설의 안전관리부실로 인한 대형사건들은 감독기관들과 현장공무원들의 위험시설관리능력에 심각한 의문을 불러일으켰다. 행정의 현장조사부족과 실패로 인한 적절한 예방적 대책의 부족은 심한 비판을 받았다. 실정법체계에 있어서도 법령의 기준이 없거나 불명확하여 시설관리와 인력관리의 기준부재, 안전관리의 매뉴얼부재 등의 문제가 드러났다.

(2) 유해식품과 오염물질의 관리를 위한 현장조사의 부족과 실패

1) 국내의 식품업체들에 대한 공무원들의 위생점검은 부패변질이나 오염 등으로 인한 유해식품의 유통을 막기 위해 필요하다. 이를 위해 1년에 1회 정도 대형 유통업체들에 대한 정기조사를 하고 문제가 발생하면 수시조사를 하는 방식을 취했다. 하지만, 외국으로부터 식품의 수입이 늘어나면서 기존의 현장점검체제는 도전받고 비판받고 있다.

① 개방사회가 진전되면서 우리의 자급능력이 떨어지는 육류식품들, 즉, 돼지고기나 소고기의 수입과 유통에 대한 감독소홀이 비판받고 있다. 구제역에 감염된 돼지고기나 광우병을 앓는 쇠고기의 수입이 제한없이 이루어지고 유통되었을 뿐만 아니라, 햄 등 가공식품의 유통기한을 조작한 행위가 대량으로 발생하기도 했다.

② 수입한 꽃게나 생선에서 인체에 치명적 피해를 주는 납이나 중금속등이 발견되고 과도한 농약을 사용한 채소의 유통이 드러나면서 수입업자들의 불법적인 이기주의를 방치한 행정기관의 감독능력부족이 비판받았다.

2) 독성물질이나 환경오염물질의 불법적인 사용투기가 방치되면서 행정의 불법단속능력에 대한 비판도 고조되어 왔다.

① 사후적 현장조사에서 드러난 것이지만, 상당수 피부관리실에서는 눈썹 문신과 점빼기, 털뽑기, 박피시술 등 유사의료행위를 불법으로 하고 있었는데, 치료받은 피부에 치명적인 문제가 발생하여 새로운 질병의 원인이 되는 경우도 있었다. 중금속이 함유된 것으로 드러난 석고팩을 사용하는 업소도 있었다.

② 사업자들에 의한 수질오염, 토양오염과 소음공해 등에 의해 피해를 입은 주민들도 늘어났다. 사람들의 건강과 생활환경을 위협하는 오염물질의 배출원을 파악하여 환경오염을 방지할 수 있는 대책을 수립하기 위해서는 행정에 의한 적시의 정보수집이 반드시 이루어져야 한다.

(3) 요양기관에 대한 현지조사의 부족

국민의 수명이 증가하고 보건복지제도가 확충되면서 병원, 약국, 제약회사 등에 대한 국민보험급여가 크게 증가하고 있다.

이 과정에서 요양기관들이 급여금을 부풀리기 위하여 약값이나 진료비를 과다청구하거나 진료하지 않았음에도 허위청구하는 경우가 급증하고 있다. 또, 제약회사들이 병원과 약국에 의약품을 납품하는 과정에서 리베이트를 지급하여 약값상승과 보험금의 상승을 유발하는 경우도 늘어나고 있다. 이러한 불법행위들을 적발하기 위해 현지조사를 강화할 필요성이 매년 커지고 있다.

3. 현장조사부족의 주요 원인들

현장조사의 부족과 실패를 야기하는 원인들은 몇 가지로 나누어 볼 수 있을 것이다. 법과 규제를 집행하는 행정기관마다 상황이 다를 수 있으므로, 아래의 원인들이 어떻게 어떤 비중을 가지고 문제되고 있는지 무엇이 가장 핵심적인 원인이고 개선가능성이 높은지 충실한 실태조사를 하여 부족한 주요 원인을 해결해야 한다.

첫째, 조사대상의 성격에 기인하는 것으로 조사대상의 복잡성, 시간적 급박성, 과거의 사실이나 미래의 사실인 경우 조사의 어려움 등이 그 원인일 수도 있다.

둘째, 공정거래법위반이나 세무조사목적의 현장조사에 비협조적으로 나오는 경우처럼 조사대상자들이 막연한 불이익의 위험성을 느껴 조사에 비협조하는 때 현장조사는 어려움을 겪는다.

셋째, 현장조사의 목적을 실현시키고자 하는 행정의지가 강하지 않는 경우도 있다. 예를 들어 중요한 행정결정대상이지만 중앙부처나 광역자치단체가 결정권을 가지고 있는 등 행정결정의 계층단계가 매우 복잡하여 현지의 기초자치단체는 적극적으로 현장조사해야 할 의무와 유인을 느끼지 못하는 경우도 있다. 이 때, 규제집행체계자체가 현장조사실패와 부족을 유발할 원인을 제공하고 있다고 볼 수도 있다.

넷째, 현장조사의 부족을 불가피한 것으로 인정하는 분위기가 형성되어 있는 경우도 있다. 행정자원이 크게 부족한 경우가 대표적인데, 행정조직, 공무원 및 예산이 부족한 경우에는 현장조사를 하려고 해도 필요최소한의 인력이 없을 수도 있다. 이것은 여전히 과거와 마찬가지로 총무과나 인사과 등 계선라인에 인력이 집중되는 등 행정자원이 합리적으로 배분되지 않고 있는 것에 원인이 있을 수도 있다.

다섯째, 행정정보화수준이 낮은 점도 한 요인일 수 있다. 조사대상자에 관한 과거의 경험적 자료나 과학적으로 분석한 데이터 또는 문제되었던 사례들에 관한 재판기록 같은 것이 있을 때 현장조사의 효율성을 높여줄 수 있다. 하지만, 행정내부기록이 분실되거나 체계적으로 정리되어 있지 않고 디지털자료로 입력되어 있지 않으면 그것을 활용하는 데 어려움이 발생하게 된다.

Ⅳ. 행정의 사실조사재량과 현장조사능력의 개선

1. 행정의 사실조사재량

(1) 사실조사재량의 개념

규제의 집행에 있어 집행재량(Enforcement Discretion)은 규제의 집행이 필요해 보이는 다수의 상황에서 규제의 집행자에게 인정된 결정재량과 선택재량, 즉 규제를 집행할 것인가에 관한 결정재량과 집행이 필요하다고 판단하는 경우에도 누구에게 집행할 것인가의 선택재량을 말한다. 선택재량 속에는 언제, 누구에게 어떻게 집행할 것인가에 관한 선택이 포함되어 있다.

행정의 사실조사재량은 집행재량의 일종으로서 사실조사의 개시결정, 방법과 대상 등의 선택에 관한 재량을 말한다.

(2) 사실조사 여부의 결정

1) 법원은 소송이 제기될 때마다 수동적으로 개별 사건을 처리해야 하므로 개별 민원인들에 대한 정보를 축적할 수 없다. 하지만, 행정은 매년 동일인에게 세금 등을 부과하고 자신의 계획에 따라 직권으로 정보수집도 가능하므로, 주민들과 기업들에 관한 정보를 매년 지속적으로 수집하고 축적해 오고 있다.

행정의 정보축적능력은 정보기술의 분석능력과 결합하여 행정의 생산성을 좌우하게 되어 세계 각국은 전자정부의 발전을 위해 노력하고 있다.

우리 정부도 축적된 행정정보의 이용편의성을 더 높여 공동이용이 가능하도록 노력하고, 행정이 사인 등에 대한 직접 현장조사하는 것은 필요최소한에 그쳐야 한다.

2) 행정조사를 하고자 하는 행정기관은 조사의 목적·종류·대상·방법 및 기간을 확정한 개별조사계획을 세우고 조사의 사전통지를 하여야 한다. 사실의 존재 여부나 진위 여부에 대한 확신을 형성한 경우 사실조사절차를 직권으로 종료시킬 수 있다. 신청에 의해 절차가 개시된 경우 신청이 변경되거나 철회되면 행정청은 그에 따라야 한다.

행정은 사실조사에서 중립과 객관성을 유지하여야 하므로 이해관계인에게 유리한 상황도 조사하여야 한다. 행정은 급부의무를 확대하는 조사에 대해서 소극적인 경향을 갖는 경우도 있는데, 이는 사실조사에 있어 행정의 중립성의무를 위반하는 것이 될 것이다.

(3) 사실조사방법과 조사대상자의 선택

1) 행정은 사실조사에 있어 그 방법과 조사대상자를 선택할 때 관련 공익과 사익을 형량하여야 한다. 조사의 목적뿐만 아니라, 조사대상자의 법령준수실적과 자율적인 준수노력이 고려되어야 하고, 그들의 규모와 업종 등도 고려해야 한다.

조사대상자의 선정기준은 객관적이어야 하는데, 조사대상자는 그 선정기준에 대해 열람을 신청할 수 있다. 또, 행정기관의 장은 개별법에 근거가 있거나 제3자가 동의하는 경우에는 조사대상자 이외의 제3자에 대하여 보충조사를 할 수 있다.

행정기관은 조사비용의 절약을 위해 당사자 등이 자율신고제도를 운영하거나 자율관리체제를 구축하려는 기업 등에 대해서는 지원할 수 있다.

2) 행정은 조사목적에 따라 현장조사의 필요 여부를 판단하여 조사대상자에게 7일 전에 현장출입조사서를 발송하여야 한다. 영업활동 등을 최소로 침해할 수 있는 시간을 선정해야 하는데, 업무시간 중이거나 증거인

멸의 우려가 있는 경우 등을 제외하고는 해가 뜨기 전이나 해가 진 뒤에는 조사할 수 없다.

현장조사 중에 조사대상자 등이 보는 가운데 자료나 물건 등을 영치하거나 사진으로 촬영하거나 사본을 작성할 수 있다. 이 때에는 영치조서 2부를 작성하여 입회인과 함께 서명날인하고 그 중 1부를 입회인에게 교부하여야 한다. 행정기관은 조사대상자와 협의하여 조사과정을 녹음하거나 녹화할 수도 있다.

2. 행정의 사실조사재량의 적정행사와 현장조사능력의 개선

(1) 정기조사방식과 수시조사방식의 개선필요

1) 정기조사와 수시조사의 개념

우리나라의 현장조사유형은 기본적으로 법령 등 또는 행정조사운영계획으로 정하는 바에 따라 정기적으로 실시하는 정기조사와 수시조사 두 종류이다(행정조사기본법 제7조). 정기조사는 연 2회, 상반기와 하반기에 실시하는 것이 보통이다.[14]

수시조사는 법률에서 수시조사를 규정하고 있는 경우, 법령 등의 위반에 대하여 혐의가 있는 경우, 다른 행정기관으로부터 법령 등의 위반에 관한 혐의를 통보 또는 이첩받은 경우, 법령 등의 위반에 대한 신고를 받거나 민원이 접수된 경우, 조사대상자의 법령위반행위의 예방 또는 확인을 위하여 긴급하게 실시하는 것으로서 일정한 주기 또는 시기를 정하여 정기적으로 실시하여서는 그 목적을 달성하기 어려운 경우에 실시한다. 예를 들어 불법행위가능성이 높은 조사대상자가 증거인멸 또는 폐업 등의 우려가 있거나, 사회적 문제가 되어 긴급조사가 필요할 때 수시조사를 실시한다.

2) 정기조사의 효율성 개선을 위한 연구의 필요

① 행정기관이 매년 정기조사를 한다고 하더라도 모든 조사대상자들을 조사할 수는 없다. 조사에 투입할 수 있는 인적·물적 자원의 양을 고려

---

14) 장기요양기관 현지조사지침, 보건복지부, 2011. 5, 5면.

하여 보호법익에 대한 침해위험이 큰 사업체에 대해 선별적으로 비례원칙에 적합하게 조사해야 한다. 어떤 사업자가 조사대상이 된다 하더라도 조사의 범위와 강도의 판단에 있어 법익침해의 위험성과 투입가능한 자원을 고려하여 비례원칙에 맞게 결정해야 한다.

개별 사업자들로서는 자신에 대한 조사가 몇 년마다 돌아오는지가 중요하게 된다. 위법사실의 발견 여부와 그 침해의 중대성과 강도 등을 고려해서 위법사실이 발견된 사업자에 대해서는 더 짧은 주기로 조사를 하고, 조사결과 아무런 하자가 발견되지 않은 경우에는 조사주기를 훨씬 길게 잡는 방법도 조사주기의 결정방법으로 고려할 수 있을 것이다. 이를 위해 개별 사업자들에 대한 사실조사자료가 저장되고 분석되어 활용되어야 한다.

② 새로운 규제가 효력을 발생하였거나 새로운 사업자들이 다수 등장하여 조사대상자들에 대한 관련 정보가 거의 없을 때 정기조사를 하는 방법이 문제된다. 이 때는 위험기준에 따라 개별 사업자들을 선별하기도 어렵고, 자원의 제약 때문에 모든 사업자들을 조사하는 것도 어려울 것이다.

이 경우 법령에서 조사대상자들에게 미리 보고의무와 자료제출의무를 부과하는 것이 한 방법일 수 있다. 또, 조사대상자들 중 일정 수를 무작위로 선발하여 조사하는 무작위표본조사(Random Inspection)를 이용할 수도 있다. 무작위표본을 선출함에 있어 위법감독의 효과를 높이면서도 편파성이나 조사자들의 부패를 막을 수 있는 방법이 연구되어야 한다.

3) 수시조사의 효율성 개선을 위한 연구의 필요

① 수시조사는 신고, 제3자의 제보나 언론기관의 보도 등을 통해 위법에 대한 특별한 단서가 발견될 때 이루어질 수 있다. 직권으로도 조사는 개시될 수 있는데, 예를 들어 특정 시설의 운영자가 과거 여러 번 법령을 위반한 전력이 있거나, 조사를 방해하고 조사에 불만을 많이 제기해 온 사람이 위법의 의심이 있는 행위를 할 때에는 직권으로 조사할 수 있다.

수시조사는 특정 사업자에 대해서 강도 높은 조사를 할 필요가 있을 때 사용될 수 있다. 예를 들어 특정한 종류의 대규모 시설에서 대중의 생명과 재산을 중대하게 침해할 성질의 위험이 발견될 때에는, 당해 시설은 물론 동종의 다른 시설에 대해서도 수시조사할 수 있을 것이다.

수시조사의 효율성을 높이기 위해 사전에 조사대상자에 관한 정보를 수집하는 것은 물론이고 조사자인 공무원의 전문성 부족을 보완하기 위해 필요하다면 전문가를 초빙하고 장비를 갖추어 현장조사를 수행해야 할 것이다.

② 구제역이나 광우병이 확산되는 긴급한 상황일 발생한 때에는, 현장조사와 함께 가축의 이동제한이나 교통제한 등을 강제적으로 실시할 권한이 필요할 수도 있다. 수입유해식품의 현장조사와 관련해서는 단순한 현장조사권 이외에 악의적인 사업자의 적발을 위해 수사권의 행사가 필요할 수도 있다. 실정법상 특별사법권이 부여된 경우도 있지만, 현실적으로 수사경험이 없는 행정공무원들을 보완하기 위하여 경찰과의 협조가 필요할 수도 있을 것이다.

수입물품을 생산하는 현장인 외국에서의 현장조사를 위해 외국 행정기관에 조사를 의뢰하거나 합동으로 현장조사할 필요성도 증가하고 있다. 이를 위해 외국과 협약 등을 체결하여 그 법적 근거를 마련하고 우리 자신의 해외조사능력을 개선시켜나가야 한다.

(2) 행정자원의 적정한 투입과 민간과의 협력강화

1) 적정한 양의 행정자원의 투입과 유지필요

법집행을 위한 현장조사의 양과 강도는 투입된 자원량에 달려 있다.[15] 현실적으로 행정의 인적·물적 자원이 부족하다면 사실조사의 질이 떨어질 수밖에 없다. 행정의 과제는 증가하고 있음에도 불구하고 동일하거나 더 적은 자원으로 사실조사를 해야 한다면 그 위험성은 더 커질 것이다.

어떤 법적 가치의 침해에 대하여 어느 정도까지 그 침해를 용인할 것

15) George J. Stigler, The Optimum Enforcement of Laws, Journal of Political Economy 78(1970), pp. 526~536. 더 나아가 Stigler는 법집행의 목적은 사회가 보호하려는 정도까지 법기준의 준수를 보장하는 것이라고 하면서, 법집행은 비용이 들기 때문에 법의 완벽한 집행은 포기될 수밖에 없다고 한다.

인가는 해당 사회와 정부가 그 침해의 방지에 자원을 얼마나 배분할 의사가 있는가와 밀접히 관련된 문제이다. 법의 가치의 보호를 위한 합의가 낮을수록 그 가치의 경미한 침해는 용인하고 중대한 침해의 방지를 위해서만 자원을 배분하게 될 것이다.

우리 사회가 지키고자 하는 법적 가치와 질서는 그것을 지킬 인력과 비용의 투입과 유지 없이는 지켜지지 않는다. 위법의 방지를 위한 현장조사가 충실하게 이루어지기 위해서는 현장조사를 위한 인적·물적 자원이 적정 수준을 유지하도록 하여야 한다. 또, 행정의 계선라인에 너무 많은 인원이 집중되지 않도록 하고, 제한된 조사자원을 효율적으로 배치하여야 한다.

2) 민간의 자율적인 위법감시

규제집행의 재량이론 중 상대방과의 소통을 중시하는 협력이론이나 상대방에 대한 정보제공과 교육을 중시하는 교육이론의 입장에서는 사실조사절차에 있어 민간에게 위법감시의 업무를 상당부분 위탁하거나 사실조사과정에서 민간에게 정보와 기술을 제공하여 민간의 협력을 유발시키는 방법을 중요하게 평가한다.

우리의 실정법령상으로도 이러한 입장에서 도입된 규정들이 상당수 존재하는데, 위법의 발생을 억제하기 위하여 사업자 스스로 위험과 위법에 대한 감시활동을 하는 자율관리체제의 도입을 권장하기도 한다.

약사법 제37조에서는 사업자가 의약품의 제조과정에서 위해물질이나 오염물질이 투입되지 않도록 제조소에 제조관리자를 두어 스스로 관리감독하게 하는 우수의약품제조절차(GMP)라고 불리는 규정들을 두고 있다.

식품위생법 제48조는 식품의 위해요소중점관리기준(HACCP)을 규정하고 있는데, 이것은 식품의 제조·가공·유통 등의 모든 과정에서 위해한 물질이 식품에 섞이거나 식품의 오염을 방지하기 위하여 각 과정의 위해요소를 확인·평가하여 중점적으로 관리하는 기준을 말한다. 이를 통해 식품사업자가 스스로 식품법규를 위반하지 않도록 감시하도록 하고 있다.

의약품의 제조관리과정이나 식품의 제조가공 등의 과정은 모두 전문성이 높은 분야이고 대중들을 위하여 대량생산이 이루어지고 있다. 이 기준들은 품의 제조와 관리의 과정에서 관리방법, 절차, 기준 등을 표준화하고 과학화할 수 있도록 함으로써 효율적으로 제품의 안전을 관리할 수 있게 하고 있다.

행정조사기본법 제5장에서도 조사대상자가 자율적으로 법령준수사항을 통제하고 행정조사사항을 관리하여 신고하도록 하는 민간의 자율관리 체제의 구축을 지원하도록 하고 있다. 이 체제를 구축한 자에 대해서는 행정조사의 감면 또는 행정·세제상의 지원을 할 수 있다고 하고 있다.

3) 현장조사에의 시민들의 참여 및 협력적 조사의 강화

① 다중이용시설이나 유해식품 또는 오염물질에 대한 정보는 생활현장에서 시민들이 가장 먼저 발견할 수 있다. 때문에 생활사회에서 발생하는 위법사실들의 조사와 관련하여 시민들에 일정한 역할을 부여하는 것은 조사의 효율을 높일 수도 있다.

조사부족에 대한 비판뿐만 아니라 행정의 조사결과에 대한 불신도 높은 경우도 있는데, 사실조사과정에의 민간참여는 시민들의 신뢰회복은 물론 공무원부패의 예방에도 기여할 수 있을 것이다. 이미, 건축행정의 분야에서는 오래전부터 건축사에게 감리업무를 맡겨 민간전문가가 현장조사를 수행해 오고 있다.

② 2000년대 이래 우리나라의 지방행정현장에서도 민관협력적 현장조사의 사례들은 쌓여가고 있다. 구청이 발주한 건물과 시설의 공사과정에 대한 감독을 주민에게 맡기는 대구시 동구의 '주민감독관'제, 유흥·단란주점, 일반·휴게음식점, 비디오감상실, 노래방, 전용·멀티게임장, 콜라텍, 무도장, 무도학원 등 청소년 다중이용업소의 감시를 위한 서울시의 '시민감시방'제, 그리고 환경오염 사례를 시민들이 고발하게 하는 울산시의 '환경신문고' 등은 현장조사 또는 신고를 시민에게 맡김으로써 행정의 현장조사부족을 보완하는 사례들이었다.

충청남도의 '하천감시반'이나, 용인, 서초 등 6개 시군의 '탄천살리기네

트워크'는 민관합동현장조사의 예이기도 하다. 교통법규위반자에 대한 정보부족이나 기초질서위반자에 대한 정보부족의 문제점을 해결하기 위해 행정이 과태료보상금제도를 도입하여 시민들의 신고에 대해 보상금을 지급하는 제도를 도입하기도 한다.

③ 하지만, 이와 같이 주민들이나 민간전문가들이 현장조사에서 일정한 역할을 하는 것이 긍정적인 의미를 갖는다 하더라도, 그들이 적절하게 현장조사를 수행하는지 여부에 대한 감독권과 사실의 진실성에 대한 확인의 책임은 여전히 행정이 지고 있다고 보아야 할 것이다.

제 7 장 전자적 민원처리와 전자정부의 발전

:: 실무사례 ::

1. 구청 공무원인 A는 식품위생과에 배치되어 일반음식점의 관리감독업무를 맡게 되었다. 영업자가 청소년 3인에게 주류를 판매한 사실이 경찰에 적발되어 공무원 A에게 통보되었다. A는 어떻게 대응하여야 하는가?
   영업자가 "청소년들이 연령을 숨긴 채 성인인 것처럼 행동하였다"고 반발할 때 그에 대한 대처방법은? 또, 구청홈페이지는 물론 시와 협력하여 시청홈페이지에도 식품위생법위반업소로 업소명 등을 공개하고자 한다. 이 방침은 합법적이고 위법방지에 효과적일 것인가?
2. 지방국토관리청에 근무하는 직원 A는 '4대강 정비사업' 중 하나로 B강 살리기사업 공사 입찰공고에 명시된 업종별 추정금액의 구체적인 산출근거와 기준에 관한 정보에 대해 시민단체 회원인 C로부터 홈페이지에 공개하라는 요구를 받았다. 하지만, 직원 A는 이 정보를 홈페이지에 공개하지 않으려 한다. 그것은 합법적일까?

Ⅰ. 전자정부의 발전과 정보권력의 통제

1. 현장행정의 개혁과 정보권력의 통제

정보와 의사소통은 행정에서 문제발견과 해결을 위한 수단으로 오랫동안 주목과 기대를 받아왔다. 조선의 유명한 행정개혁이론가인 정약용은 삼정의 문란으로 인한 사회혼란의 가장 중요한 원인으로 목민관의 무지와 서리의 횡포를 지목하면서, 서리의 행태와 지방주민들의 재산 및 신분상황에 관한 정보획득이 행정개혁의 관건이 된다고 강조했다.[1)]

정약용은 정보권력의 통제를 위해 스스로 삼정 중의 하나인 환곡의 운영실태에 관한 정보지도인 '경위표'를 작성하여 제시하면서, 출납의 숫자와 분류의 실제를 수령이 잘 파악하고 있으면 아전의 횡포가 심하지 않을 것이라고 하였다. 그러나 곡물 등을 관리하는 장부가 만갈래로 어지럽고 복잡해서 파악하기가 쉽지 않으므로 간편한 방법이 있어야 다스릴 수 있을 것이라고 하면서, 곡부(곡부: 환곡의 운영전반에 관한 내용을 수록한 장부) 각 항목의 구별을 분명히 하고 조목을 상세히 나열해 놓으면 그 실제를 파악할 수 있을 것이라 하였다.

행정통제자가 행정의 정보흐름을 명확하게 인식하는 것은 행정부패의 방지와 행정의 생산성향상을 위하여 필수불가결한 것이다. 때문에 우리 사회와 정부가 정보기술의 혁명을 행정혁신에 적극 수용하여 전자정부의 건설에 나선 것은 적절하다고 보아야 할 것이다.

2. 우리나라 전자정부와 전자적 민원처리의 연혁과 발전

1) 21세기 들어와서 비약적으로 발전한 정보기술은 현대 행정을 전통

---

1) 다산연구회 역주, 역주 목민심서 Ⅲ, 호전6조 곡부상, 32~33면 참조. 이어서 기술한 호전6조 곡부하(역주 목민심서 Ⅲ, 39~76면 참조)에서 정약용은 경위표의 중요성과 구체적 작성방법과 활용방법을 상세하게 서술하고 있다.

적인 것으로부터 결정적으로 구별해주는 특징으로서 공무원들의 일상적인 업무처리에 심대한 영향을 미치고 있다.

세계 각국정부가 행정개혁의 과제로서 표방하고 있는 전자정부는 정보기술을 활용하여 행정기관의 업무를 전자화하여 행정기관 상호간 행정업무나 국민에 대한 행정업무를 효율적으로 수행하여 행정의 생산성, 투명성과 민주성을 향상시키려는 정부를 말한다. 우리나라의 전자정부는 유엔행정네트워크(the United Nations Public Administration Network(UNPAN))가 2003년 이후 격년으로 조사해서 발표하는 2012년 전자정부보고서(E-Government Survey 2012. 2012. 2. 28)에서 190개의 조사대상국가들 중 1위로 평가되었다.[2)]

2) 우리나라에서 전자적 민원처리의 발전은 지방자치단체와 중앙정부의 협력적 노력의 산물이다. 전자정부발전사에서 지방자치단체 수준에서 가장 유명한 것은 서울특별시의 '민원처리온라인공개시스템'이다. 복마전으로 불리며 부패의 온상으로 지목되어 온 서울특별시는 1998년 부패문제의 극복을 최우선 개혁과제로 선정하고 '민원처리온라인공개시스템'(Online Procedures Enhancement for Civil Applications)을 개발하였다. 이 시스템은 1999년 4월 15일부터 서비스에 들어갔는데, 민원처리과정을 공개하여 행정의 투명성을 높이고 시민의 알 권리를 충족시키면서 행정과정에 시민을 보다 적극적으로 끌어들이기 위한 시도였다.[3)]

3) 국가적 차원에서도 국민에게 보다 편리하고 신속한 민원서비스를

2) www.koreanet.com. Mar 08, 2012.

3) 2000년 8월 1일 서울특별시의 홈페이지(http://www.metro.seoul.kr)에서 위생, 건축, 보상 및 도시계획 등 모두 54개 업무처리과정을 공개하였는데, 총방문자수가 이미 841,900여 명에 달하고 있었고, 1999년 10월 국제반부패회의에서 우수사례로 발표되었으며, 1999년 공공부문 경영혁신 우수사례로 선정되었다. 하지만, 2013년 4월 9일 현재 서울시가 민원처리온라인공개시스템을 통해 운영하던 많은 민원업무들이 행정업무의 이관 등의 영향으로 구청의 온라인공개시스템(새올행정시스템)으로 이동하였고, 다른 전문업무들은 서울시의 종합민원관리시스템 등으로 이전되어, 이 시스템은 이제 역사적 의미만을 가지게 되었다.

제공하기 위해 인터넷을 통한 전자민원서비스(G4C: Government for Citizen)를 도입하였다. 정부의 인터넷 민원서비스(G4C)는 2000년 11월부터 2001년 5월까지 업무 프로세스 재설계 및 정보화전략계획을 수립하여 주민, 부동산, 자동차, 기업, 세금 등 5대 분야 835종의 민원 중 이용 빈도가 높고 전자적 처리가 가능한 419종을 선택하여 도입하였다. 그 결과를 토대로 2001년 10월부터 2002년 11월까지 시스템 구축을 추진하여 2002년 11월에 인터넷 민원서비스(G4C)시스템을 본격 개시하였다. 인터넷을 통해 4,400여 종의 민원사무를 안내하고 393종의 민원사무를 신청할 수 있게 하였으며, 특히 행정기관이 보유하고 있는 주민, 세금, 기업, 자동차 등 주요 행정정보 20종을 공동으로 이용할 수 있도록 함으로써 민원인들의 구비서류 제출을 최소화시켰다.

신청 민원의 결과물을 인터넷으로도 발급 및 활용할 수 있도록 2003년 6월부터 12월까지 인터넷 발급시스템을 구축했고, 2005년에 인터넷 민원신청 대상을 기존 393여 종에서 526종, 인터넷 발급대상을 8종에서 20종으로 확대하게 되었다.4)

4) 이제 우리나라에서는 중앙행정기관뿐만 아니라 광역자치단체와 기초자치단체 등도 전자적 민원처리시스템을 운용하고 있다. 전 지방자치단체와 중앙행정기관의 민원시스템이 연계되어야 온라인상에서 기관간 협조처리와 이송 등이 가능해져 전자적 민원처리가 효율성을 가지게 될 것인데, 연계강화를 위한 노력도 시작되었다. 이미 국민권익위원회는 국민신문고(www.epeople.go.kr)를 운영하면서 민원처리의 통합연계기능을 강화해 가고 있다.

3. 전자정부에서 정보권력의 이동과 그의 통제

1) 전자정부에서 인터넷을 이용하여 대량의 정보를 수집하는 것이 가

4) 국가기록원 나라기록(http://contents.archives.go.kr), 주제어 '민원서비스혁신시스템(G4C) 구축' 참조.

능하게 되면서 정보사회의 특유한 현상인 정보이동에 의한 권력이동이 나타나고 있다.

행정과정을 시스템으로 설계한 상태에서 인터넷에서 유통되는 모든 정보는 인터넷 관리자가 장악할 수 있기 때문에 그에게 권력이 집중되고 있다. 정보공유의 기회가 많아짐에 따라 하위공무원들도 정책결정과정에 참여하는 범위가 넓어져 상대적으로 중간적 교량역할을 담당하는 중간관리층의 수요가 줄어들고 있다. 수평적인 정보교류가 활발해져 수직적인 계선조직이 다양한 형태의 수평적인 조직으로 변화하면서,[5] 권력을 장악하고 있던 기존의 복잡한 중간 계선라인들로부터 직접적으로 인터넷에 접속하고 관리하는 현장공무원들에게로 권력의 이동이 발생하고 있다.[6]

결국, 인터넷은 행정기관장에게 새로운 형태로 권력집중을 강화시키는 한편, 현장공무원들에게 권력분산을 강화시키고 중간관료들의 권력을 약화시키고 있다.[7]

2) 입법자와 전자정부시스템의 설계자는 정보기술이 가져오는 권력이동의 방향을 살펴서 법과 시스템의 재설계를 하는 것이 필요하다. 전자적 민원처리의 과정과 그 결과가 시민의 감시에 더 쉽게 노출되고 시민의 자유와 재산을 더 효율적으로 보호하며 시민의 편의를 증진시키도록 설계해야 한다. 전자정부에서 이용되는 정보기술이 행정부패를 방지하고 시민에 의한 행정통제를 활성화시키도록 설계운영할 것이 요청된다.

---

5) 한국전산원, 제2부 :한국의 전자문서유통활성화방안—일본사례의 시사점 및 향후 발전방안—, 일본의 행정정보화 추진기본계획과 시사점, 1999. 3, 126면.

6) Reiner Pitschas, Verwaltungsverantwortung und Verwaltungsverfahren, 1990, SS. 377~381.

7) 전자사회에서 권력분산에 관한 최신 논의는, 최승원, 사이버스페이스에서의 개인과 국가, 공법연구 제28집 제4호, 2000. 6, 322면 이하 참조.

Ⅱ. 전자정부의 발전에 따른 주민지위의 변화

1. 행정의 민원처리과정의 재구조화와 행정·사회의 경계 완화

(1) 행정과 사인의 직접접촉의 감소와 행정내부과정의 공개

행정절차에 관해 규율하고 있는 행정절차법은 침익적 처분에 있어서 사전의견제출과 처분에 대한 사후적 이유제시제도를 행정절차의 핵심적 구조로 하였을 뿐 청문은 예외적으로 인정하고 있을 뿐이다. 행정의 내부적인 업무처리과정에 대해서는 행정의 자율권과 형성의 여지를 부여하였을 뿐 그의 구체화나 구조화에 대해서는 법적으로 규율하지 않았다.[8)]

하지만, 전자정부에서 디지털 기술과 인터넷을 적극 수용하면서 행정의 업무처리과정과 법집행행태에 상당한 변화를 가져왔다. 많은 민원문서들을 관청 이외에서 발급받게 함으로써 행정과 시민이 직접 접촉하지 않는 경우가 크게 증가하였다. 서울특별시의 '민원처리온라인공개시스템'과 같이 행정내부단계에서의 의사결정단계들을 공개함으로써 처분의 중간실무담당자들의 책임이 강화되었다.

(2) 인터넷의 이용확대에 따른 행정과 사회의 경계 완화

전자정부에서 인터넷이 이용되면서 행정과정에서 전통적으로 엄격했던 행정과 사회의 분리와 견고했던 경계가 점점 완화되고 절차경직성도 감소되고 있다. 행정의 내부적 의사결정단계가 공개되고 그 단계마다 의견교환이 이루지는 상황으로 변해가면서 공·사부문의 경계가 완화되고 있다.

또, 행정기관이 홈페이지에 특정한 정보를 게재하면 시민이 의견을 기재하고, 또 행정기관이 이 게시판에 응답하는 것이 혼합되면서, 행정정보의 작성, 전달과 이에 대한 접근사이의 엄격한 분리도 상당 부분 모호해지고 있다. 인터넷으로 인해 국민의 정보공개신청과 행정기관의 정보공개도

---

8) 행정절차법상의 개방적 공간은 절차형성을 위한 여지를 행정에 준 것이므로 행정은 구체적 절차법을 보충적으로 결정할 수 있다. Reiner Pitschas, a.a.o.(각주 6), S. 299.

매우 편리해지고 있다.

2. 주민의 지위유형과 전자정부의 발전

1) 전자정부에서의 정보흐름과 관련하여 주민들의 지위를 두 가지로 나누어 살펴보는 것은 전자정부의 현 단계를 점검하고 발전방향을 파악하는 데 유용하다.[9)]

주민들은 우선 고객이자 행정서비스의 소비자(consumer)로서 지위를 갖는다. 거주사실의 증명, 부동산관련 서류의 발급, 자동차등록, 기업관련 고지서의 수령, 세금의 신고와 납부 등 민원사항의 처리에서 전자적 방법으로 언제 어디서나 수령하고 납부할 수 있게 되면서 비용과 편의성의 측면에서 크게 개선되었다.

그 다음 주민들은 지방자치단체와 행정기관의 업무처리에 있어 참여자(participants)로서의 지위를 갖는다. 지방자치단체들은 인터넷을 통해 표출된 주민의 의사와 필요를 업무처리과정에 신속히 반영하여 주민과의 갈등을 줄이고 공동체의 건설을 위해 활발한 의사소통을 통해 함께 노력할 수 있게 되었다. 또, 지방자치단체들은 자신의 홈페이지를 통해 정책내용과 정책자료, 관계법령과 자치법규, 민원처리지침은 물론, 민원처리의 각 단계와 결과를 공개하여 주민참여를 위해 필요한 정보를 제공하고 있다. 이 정보를 기초로 주민들은 정책이나 법령안 등에 대해 보다 쉽게 의견을 제출하고 아이디어를 제안할 수 있게 되어가고 있다.

2) 우리 행정현장에서 전자정부의 운용방식을 살펴볼 때 주민들과 기업들을 고객으로 바라보고 전자적 처리를 활성화시켜 각종 민원사항들을 신속하고 편리하게 처리해주는 것에서 큰 성과를 내는 지방자치단체들도 있다. 하지만, 다른 지방자치단체들은 정책정보의 공유를 통해 정책의 골격을 형성하고 대규모사업의 추진에 있어 주민참여를 활성화시키는 데 성

---

9) Jennifer Shkabatur, DIGITAL TECHNOLOGY AND LOCAL DEMOCRACY IN AMERICA, Brooklyn Law Review 76, 2011, p. 1413 ff.

공하고, 집단갈등을 막고 마을공동체를 활성화시키는 데 성과를 보여주는 지방자치단체들도 있다.

반면에 전자정부의 운영에 있어 고객으로서의 주민이나 참여자로서의 주민의 지위를 강화시켜주는 데 상대적으로 관심이 적은 지방자치단체들도 있다.

3. 고객 또는 소비자로서의 주민과 전자정부

1) 전자적 민원처리가 활성화되면서 업무처리의 신속성과 편의성이 개선되어 행정의 생산성은 향상되고 민원인들의 만족도는 높아지게 되었다. 자기 집에서 주민등록등본을 발급받거나 부동산 등기를 열람하고 발급받을 수 있게 되고, 전자적 방법으로 세금을 신고하거나 납부하고 있다. 또, 민원처리온라인공개시스템을 이용해 민원처리과정을 확인할 수 있게 되어 민원인들은 긴 대기시간, 불친절과 잦은 방문, 복잡한 절차와 많은 서류의 제출요구 등을 겪지 않게 되어 시간과 노력을 절약할 수 있게 되었다.

인터넷을 통하여 공무원의 업무처리과정이 신속하게 공개되면서 공무원들의 이유 없는 처리지연을 막기 위하여 지불하던 급행료가 사라져가고 있다. 또, 민원인들이 인·허가의 구체적인 기준과 처리기간 등을 알 수 있게 되면서 행정의 투명성이 향상되고 행정불신이 완화되었다. 최종적인 행정결정뿐만 아니라 행정내부단계에서의 업무처리내용에 대한 이유까지 알 수 있게 되면서, 행정절차법상의 이유제시제도 등이 갖던 행정의 투명성을 보완할 수 있게 되었다.

2) 인터넷을 통해 공무원과 시민이 직접 만나지 않고 동종유사의 업무를 대량으로 처리할 수 있게 되면서 대량민원사항에 대한 행정의 처리능력은 크게 향상되었다.

온라인공개시스템 등을 통한 민원처리과정의 온라인 공개는 공무원들에게 자기발전노력의 계기가 될 수도 있다. 동종유사의 업무를 처리하는 다른 공무원들의 업무방식과 그 내용에서 정보를 얻을 수 있으며 신속하게 현장문제에 대응하다 보면 현장감각도 향상될 것이다. 또 업무처리단계상 서로 협조하고 연락해야 하는 공무원들은 온라인으로 다른 공무원의 업무처리상황을 신속하게 알 수 있게 되어 협력이 더 잘 이루어지게 될 것이다. 또, 행정기관은 수집해야 할 정보에 대하여 제출의무가 있는 사람들에게 인터넷을 통하여 전자문서로 제출하게 함으로써 비용과 노력을 절감하고 방문자들과의 대화 등에 소요되는 시간이 줄어들어 업무집중도를 높일 수 있게 되었다.

다만, 권한자만이 각 단계의 결정에 관련된 의사표시를 할 수 있도록 보안을 철저히 하고 공무원의 보안의식을 높여야 할 것이다.

3) 인터넷을 통해 행정기관 사이에서 의사소통이 수평적으로 이루어지면서 중앙과 지방 사이에 권력관계의 불균형이 완화되고 권력도 보다 분산될 수 있는 여건이 마련되었다. 지방자치단체들은 중앙부처의 정책지침이나 훈령을 중앙부처의 웹사이트에서 쉽게 발견할 수 있고, 정책이나 규정들에 대한 의문에 대해 중앙부처의 담당자에게 보다 쉽게 문의할 수 있게 되었다.[10]

4) 전자정부는 공무원들의 근무성적평가나 감독기관들의 행정통제의 효율성을 높이는 데에도 기여할 것이다.

과거에는 종이문서가 행정 내부에 산만하게 보관되어 있어 그의 발견과 정리에는 많은 시간이 필요했고 필요한 자료도 없는 경우도 많았다. 하지만, 행정기관들 사이의 전자문서교환은 그 교환과 함께 곧 저장될 수 있기 때문에 증거수집의 편의성이 개선되고 증거자료도 오랫동안 저장할 수 있게 되었다.

10) 미국에서 최근 간행된 백악관보고서에 따를 때, 인터넷이 활발하게 이용되기 전에는 현재의 업무담당자가 자신의 업무와 관련된 정책이나, 규칙 또는 과거의 경험들을 알지 못해 모순된 결정을 내리는 경우가 많았다고 한다. 이에 관한 내용소개는 Stephen M. Johnson, The Internet changes Everything: Revolutionizing public Participation and Access to Government Information through the Internet, ALR 1998, p. 300 참조.

담당공무원이 홈페이지에 올린 업무처리내용에 대해서는 쉽게 자료를 발견할 수 있으므로 근무성적평가의 편의성과 객관성을 높일 수 있다. 또, 어떤 공무원의 업무관련비리제보가 있는 경우, 감사기관은 컴퓨터에 저장되어 있는 업무처리내용에 대하여 언제든지 조사할 수 있으므로 위법감시의 편의성과 효율성이 높아지게 된다.

행정과 시민 사이에서 사용되는 전자문서의 양식과 행정기관 사이에 유통되는 전자문서의 양식을 통일하고 그 표준화된 전자문서들을 사법기관도 사용한다면, 사법기관이 소송자료와 증거를 수집하는 것도 매우 효율적으로 이루어질 것이며, 수많은 사본문서들을 만드는 데 드는 비용과 시간도 줄일 수 있을 것이다.

4. 참여자로서의 주민과 전자정부

1) 전자정부의 목표가 행정의 생산성과 투명성을 높이고 고객 또는 소비자로서의 주민의 만족도를 높이는 것에 한정되는 것은 전자정부의 또 다른 목표인 민주성(전자정부법 제1조)의 확보 관점에서는 문제가 있게 된다.

행정에 대한 주민참여의 기회를 평등하게 보장하고 공통의 관심사항인 정책들을 주민과 합의적으로 결정하며 마을만들기의 활성화 등을 통해 주민의 행복도를 높이는 것 등 주민들의 경제적 필요로 환원되지 않는 민주적 가치와 공익을 증진시키는 데에도 전자정부는 기여해야 한다.

인간은 개인적 자유는 물론 사회적 동물로서 공동체 내에서의 참여도 활성화되어야 행복을 느끼게 된다. 또, 자치행정은 풀뿌리 민주주의와 직접민주주의의 교육과 실천을 위한 최적의 장소로서 평가되고 있는데, 자치단체 수준에서 전자정부의 활성화는 주민참여의 활성화를 위한 도구로서의 역할도 수행해야 한다.

2) 전자정부는 참여자로서의 시민과 관련하여 우선 법령 및 자치입법이나 정책의 내용과 지침의 형성과정에서 필수적인 행정정보를 주민들이 공유할 수 있게 함으로써 행정과 사회의 새로운 협력강화의 가능성을 제시

하고 있다.

지금까지 법령과 일부 행정규칙에 관해서는 관보에 게재하고 있었으나, 관보에 친숙하지 않은 시민들이 자신들의 민원사항에 관련된 현행 법령과 행정규칙들을 알기 위해서는 상당한 노력을 기울여야 했으므로, 법은 사실상 많은 시민들이 접근할 수 없는 '그림자 법'(Shadow Law)이었다고 할 수 있었다. 이로 인해 입법과정과 내용에 대한 시민참가와 비판은 활성화되지 못했고, 법령들에 대한 시민의 수용정도도 매우 낮았으나, 인터넷은 행정의 폐쇄된 문을 개방시켜 이러한 현실을 크게 변화시켜가고 있다.[11]

인터넷으로 공개되는 행정정보의 내용 속에는 도시계획 및 재정지출계획 등과 같이 다수의 시민에게 영향을 미치는 것도 포함되고 있기 때문에, 시민들은 도시계획의 구체적 내용과 재정지출이 어디에 얼마만큼 이루어지는지 알게 될 것이다.

3) 인터넷은 지역사회에서 안전성과 쾌적성을 악화시키는 사업자들의 불법적인 공익침해활동에 대한 주민감시를 활성화시키는 데에도 기여할 수 있다.

행정은 어떤 기업이 오염을 유발시키는 행위를 하고 있는지 적발하기가 매우 어려운데, 인터넷은 오염감시에 있어 매우 유용한 도구가 될 수 있다. 예를 들어 환경오염물질을 생산하는 특정 기업들에 대하여 매년 유독화학물질의 양을 지방자치단체나 정부에 보고하도록 요구하고, 행정은 이 정보를 전자방식으로 시민들에게 공개하여 시민감시를 활성화시킬 수 있다.[12]

또, 식품위생기준을 위반하는 업소나 환경법규 등을 위반하는 업소 등

11) Stephen M. Johnson, op.cit., p. 278, 290.

12) 미국의 경우 환경오염물질을 생산하는 특정 기업들에 대하여 매년 유독화학물질의 양을 주정부에 보고하도록 요구하고, 주정부는 이 정보를 전자방식으로 시민들에게 공개하도록 요구하는 법(Emergency Planning and Right to Know Act(EPCRA))을 1986년 제정하였다. 이 법은 환경오염물질의 배출 여부의 감시에 있어 시민의 적극적 역할이 가능하도록 인터넷을 이용하는 새로운 협력적 공익보호모델을 제시한 것으로 평가받고 있다. Stephen M. Johnson, op.cit., p. 293.

을 자치단체의 홈페이지에 게재하여 시민들이 알게 함으로써 시민의 압력으로 사업자들의 법령준수의지를 자극할 수도 있다.

4) 지금까지 행정은 권력의 독점과 정보우위의 위치를 이용하여 사업자 등 특정한 이해관계인과 결탁하여 인맥위주의 편파적인 행정을 한다는 비판을 받아왔고, 이로 인해 집단갈등이 행정현장에서 심각한 문제로 대두되고 있다.

전자정부에서는 인터넷의 쌍방향성으로 인하여 행정과 주민 사이에 동시에 대량의 쌍방향 의사소통이 가능하게 되어, 행정이 의지만 갖는다면 광범위하게 주민의 의견수렴이 필요한 대규모 사업과 관련하여 과거의 전통적인 장애를 극복할 수 있게 되었다. 시민들도 자신의 생업활동에 지장을 초래하지 않고 인터넷을 통해 행정기관에게 자신의 견해를 제시할 수 있게 되었다.

5) 전자정부에서 인터넷은 그의 개방성과 저장능력으로 인해 시민에 의한 행정통제의 효율성을 향상시켜주고 있다. 수많은 시민들이 행정기관의 사이트를 방문하여 공무원의 업무처리상황을 감시할 수 있어 감시자의 대폭적인 확대를 가져왔다. 시민들이 어떤 민원에 대하여 행정쟁송을 제기할 때 행정의 정보독점이나 정보우위로 인하여 매우 불리한 위치에 놓여 있었으나, 온라인으로 공개되고 저장되어 있는 정보로 인하여 이러한 정보불균형이 어느 정도 시정되고 있다. 또, 처분의 내용결정의 각 단계들이 공개되면서 이해관계인들은 과거보다 쉽게 필요한 증거들을 수집할 수 있게 되었다.

그러나 처분결정과정과 재판과정에서 진술자의 신뢰성이 매우 중요하기 때문에 인터넷이 행정과 시민 그리고 법원의 직접적인 접촉의 필요를 완전히 없애지는 못할 것이다.

Ⅲ. 전자정부에서 주민을 위한 행정정보권력의 통제

1. 고객 또는 소비자로서의 주민을 위한 행정개혁

(1) 행정의 책임성보장의 강화를 위한 업무담당자의 책임확대

1) 행정법학은 그 동안 정보의 생산, 이용과 유통 중에서 최종적인 결정내용과 그 법적 의미라는 매우 협소한 관점에만 관심을 집중해왔다. 행정청의 종국적 결정만을 처분으로 보고 그의 위법과 부당 여부를 심사하여 행정책임을 물었다. 그것은 행정결정에 불만인 사람들과 통제의 권한을 갖는 기관에게 불복과 심사의 대상을 줄여 경제적이고, 행정기관의 내부조치들에 대한 사법기관의 간섭을 줄여 행정의 자율성을 보호하기 위한 것이었다.[13]

또, 공공정보에 대한 주민의 접근권과 개인정보의 보호라는 측면에만 집중하였다. 하지만, 행정기관 내부나 행정기관 사이에서의 정보교류도 중요하고, 개인의 정보공개청구에 행정이 개별적으로 응답하는 방식이 아니라, 행정과 주민 사이에서 시스템을 통하여 이루어지는 대량의 정보교류도 주목하여야 한다.[14]

2) 행정법학에서는 지방자치단체나 중앙부처와 민원인의 관계에서 자치단체장 등 기관장을 의사표시의 주체인 행정청으로 보고 그의 행위의 위법 여부를 통제해왔다. 하지만, 행정청 개념을 통해 행정업무처리과정을 통제하는 것은 행정실제에서 결정권한을 사실상 행사하는 실무담당자들의 행태를 직접적으로 통제하고 부패를 방지하는 데는 한계가 있었다. 공무원의 위법한 직무행위에 대해서는 국가배상책임이나 형사책임을 물을 수 있지만, 그것은 업무처리 후 통제방법으로서 일상적으로 반복되는 업무처

13) Henry H. Perritt, Jr., The Electronic Agency and the Traditional Paradigms of Administrative Law, ALR 1992, p. 101.

14) Phillip J. Cooper, Acquisition, Use and Dissemination of Information: A Consideration and Critique of the Public Law Perspective, ALR 1981, pp. 106~107.

리과정을 통제하는 수단으로서는 한계가 있었고 예외적인 수단이었다.

전자정부에서 민원처리과정의 전자적 공개를 통해 업무처리의 중간단계에 있는 공무원들의 행태가 시민들에게 드러나게 되었다. 그 결과 공무원들의 위법과 부패의 발견이 쉽게 되면서 내부 실무자의 책임성을 강화하여 행정부패의 방지에 보다 효과적일 것으로 기대되고 있다.

이러한 책임구조의 변화는 현재까지는 상당히 낯선 것이지만, 행정결정의 중간단계들에 대한 심사와 업무담당공무원 개인의 의사표시와 행위에 대한 책임추궁이 쉬워진 현실을 반영하여 책임자의 범위와 책임의 내용을 새롭게 설계함으로써 정보기술이 가져온 행정혁신의 계기를 놓치지 말아야 할 것이다.[15)]

3) 전자적 민원처리와 행정과정의 공개만으로는 업무처리의 합법성과 타당성이 보장되지는 않고 행정결정의 질은 운영자인 공무원들에게 달려 있다.

행정내부단계가 공개되면서 업무처리의 내부단계마다 신속하게 대응해야 하는 공무원들은 갑작스런 업무량증가에 당황하고 저항할 수도 있다.[16)] 필요한 정보를 웹사이트에 올리는 과정에서 지체될 수도 있고,[17)] 온라인공개시스템에 입력된 정보에서 오류가 발생할 수도 있는데,[18)] 그럼에도 불구하고 주민들이 그 오류를 발견하기는 쉽지 않을 것이다.

---

15) Henry H. Perritt, op.cit.(각주 13), pp. 104~105.

16) 혁신작업을 추진하면서 실패한 경우, 그 주요 요인으로 변화에 대한 저항이 가장 중요한 요인으로 지적되기도 한다. 새로운 업무과정으로 인한 자신들의 지위와 권한의 상실 또는 자리의 보전 등에 대한 불안으로 인하여 업무과정의 변화에 대하여 상당한 수준의 저항을 한다. 서진환, 공공부문에서의 인트라넷과 과정중심적 접근방식의 결합: 민간부문의 사례를 중심으로, 정보화저널 1999년 제6권 2호, 1999, 21~35면.

17) 기관장의 의지가 약하고 사회적 관심이 부족한 지역의 경우 공무원들의 공개지연이 관행으로 굳어질 수도 있다.

18) 한 실태조사결과에 따르면 정보화가 정확성의 제고에 크게 기여할 것이라는 당초의 기대에는 못 미친다고 한다. 자동화 또는 기계화에 수반되는 '정확성 신화'가 실제 경험을 통해 거부되고 있는 것이다. 박통희, 행정정보화에 따른 민원행정의 변화와 정책적 합의—정보관리, 상호작용, 업무구조를 중심으로—, 정보화저널 제4권 3호, 1997. 9, 47~63면 참조.

정보기술의 도입으로 공무원들 사이에서 업무부담과 책임귀속이 불공평해질 수도 있다. 기관장은 지속적인 관심을 가지고 업무배분규정들을 정비하여 공무원들의 업무와 권한을 재분배하고, 교육훈련을 강화하여 공무원들의 대응지체를 방지하고 틀린 정보를 제공하지 않도록 하여야 할 것이다.

(2) 전자정부에서 지나치게 간이한 서비스전달구조의 문제

1) 전자정부에서 이용되는 전자문서는 정형화되고 표준화된 전자서식에 의해 유통되게 된다. 그런데, 이 서식들은 매우 간략히 정형화되고 표준화되어 있어 당사자들의 구체적 상황들을 다양하게 고려하는 데 한계가 있다.

온라인 공개시스템과 같은 전자적 처리시스템은 공무원과 민원인의 직접 접촉 없이 작동하는 비인간적 특성을 갖는데, 이로 인해 이용자들은 일방적인 강제와 소외의 감정을 느끼게 되고 과거보다 더 행정과 거리감을 느낄 수도 있다. 영상회의를 가능하게 하는 기술이 개발되었지만 아직 행정과 주민의 의사소통이나 청문 등에서 그 기술이 활용되지 않고 있다.

2) 전자적 민원처리의 시스템을 업무의 복잡성 정도에 따라 차별적으로 유형화하여 접근하는 것이 필요하다.

단순하지만 대량으로 발생하는 업무인 경우, 전자적 처리시스템은 많은 민원인들의 전화문의와 직접방문에 따른 의사소통비용을 상당한 정도로 감축시켜 줄 것이다.19)

대규모 자본을 투자하는 사업으로서 다수의 인·허가가 필요한 복합민원사항인 경우, 여러 행정기관이 그 처리과정에 개입하게 된다. 복합민원의 처리에 있어서는 행정기관간 협력이 충실하면서도 신속하게 이루어지는 것이 중요하다. 신속성만을 강조할 수는 없는 이유는 대형 복합민원사업의 경우 한번 잘못 허가가 나게 되면 사후적으로 큰 문제가 출현하더라

---

19) 동사무소를 대상으로 한 조사결과에 의하면 정보화가 단순민원의 처리에 효과적이라는 응답이 85.33%이었다고 한다. 박통희, 위의 글, 52~57면 참조.

도 그 문제를 해결하는 것은 매우 어려워지기 때문이다. 따라서, 복합민원의 처리에 있어 전자적 민원처리의 효용성은 매우 제한적일 수밖에 없고,[20] 전자적 민원처리와 더불어 집중심사절차 등 행정절차의 개혁이 함께 이루어져야 할 것이다.

(3) 농어촌 지방자치단체 등에서 전자정부의 운용내용의 취약성

지방자치단체별로 재정의 취약정도가 다른데 인력과 재정이 부족한 자치단체에서는 전자정부의 운용내용이 매우 빈약할 수 있다. 이러한 우려를 고려하여, 전자정부법은 국가가 '지역정보화사업을 촉진하기 위하여 행정적·재정적·기술적 지원 등 필요한 지원'을 하도록 의무를 부과하고 있는데(전자정부법 제65조 제4항), 재정규모가 작은 기초지방자치단체들에 의한 전자정부의 운영은 부유한 자치구들의 그것과는 상당한 차이를 보여주고 있어 실태의 조사와 개선조치가 요망된다.

대도시지역의 지방자치단체들에 비하여 농어촌이나 소도시의 지방자치단체들의 경우 주민들의 다수가 노인들인 상황에서 홈페이지를 통한 정보의 제공만으로는 주민과 정보를 공유한다는 목표와 괴리가 있게 된다. 농어촌 자치단체의 경우 노인들이 주로 방문하는 병원, 장터, 평생교육기관이나 노인정 등은 물론 청년회의소 등을 통해 종이책자나 정책설명회 등을 통한 정보제공도 필요하다.

(4) 시스템의 불안정성, 개인정보의 침해위험과 기재내용 보존의 난점

1) 전자적 민원처리시스템은 인터넷이 갖는 기술적 약점, 즉 해킹 등에의 취약성 때문에 불안정할 수 있고, 운영자들이 교체되면서 시스템운영

---

20) 정보기술이 주로 정형화되어 있고 반복되는 업무의 자동화를 위하여서만 활용된다면, 업무구조나 업무과정의 변화를 포함한 조직의 혁신차원으로 정보기술의 활용범위를 확대시키지 못하기 때문에 행정의 생산성은 크게 향상되지는 못할 것이고, 행정부패의 예방에도 그다지 성공적이지 못할 것이라는 비판도 있다. 서진환, 위의 글(각주 16), 21~35면.

복합민원과 관련된 사회적 비용이나 민원인들의 불편을 고려할 때 앞으로의 행정정보화는 이 분야에 역점을 두고 추진되어야 한다는 견해도 있다. 박통희, 의의 글(각주 18), 63면.

상의 미숙 등으로 갑작스런 다운 등 결함이 나타날 수도 있다.

해커가 정부컴퓨터시스템에 침입하여 시스템을 파괴하거나 그 정보를 범죄 등에 이용하는 현상이 나타나기도 한다. 정보공동이용이 활성화되어 있는 상태에서 해커는 어느 한 기관에만 침입하면 수많은 행정정보들을 불법적인 목적에 이용하거나, 행정정보의 내용을 왜곡시킬 수도 있고 접근을 못하게 하거나 지워버릴 우려도 있다. 시스템을 관리하는 프로그램에 결함이 나타나 저장된 자료가 파괴될 수도 있다.

2) 행정기관들이 인터넷으로 민원인에 관한 정보를 제공하면서 개인정보의 침해도 늘어나고 있다. 우리 사회에서 개인정보보호법의 제정이 늦어지면서 그 동안 개인의 성명 및 민원사항과 관련된 부동산소재지, 재산사항 그리고 그의 사업상황 등 개인의 신분이나 재산과 관련된 정보들이 너무 많이 노출되어 많은 국민들이 괴로움을 겪고 있다. 전자적 민원처리시스템 등 전자정부의 운영에 있어 개인정보의 침해방지를 위한 노력을 기울여야 할 것이다.

3) 온라인공개시스템상의 게시판에 올려진 업무담당자의 통지와 같은 의사표시, 민원인의 신청 등의 행위, 그리고 제출된 증거는 감사나 행정쟁송에서 각각 중요한 의미를 가지므로 잘 보관되어야 한다. 또, 전자문서로 기록된 자료는 삭제가 매우 용이해서 빈번하게 삭제되어 증거멸실의 우려가 크므로 전자문서의 삭제를 억제하는 제도적 장치가 필요하다. 공무원의 답변과 의사표시는 삭제하지 말고 저장해두어야 하며 삭제할 때에는 공시해야 할 것이다.[21)]

2. 참여자로서 주민을 위한 행정개혁

(1) 전자정부의 주민참여기능의 취약성의 극복 필요

인터넷은 행정정보에 대한 시민의 접근과 시민참가를 증가시킬 수 있

21) 미국의 전자정보공개법 제9조는 삭제된 정보의 공시를 요구하고 있다.

는 큰 잠재력을 가지고 있지만, 우리의 전자정부시스템은 주민참여와 관련하여 아직 그 활용도가 높지 않다.

국회의 법률제정이나 중앙부처에서 법규명령과 훈령 등의 제정과정에서 전문가와 시민의 참여는 여전히 저조하다. 그 사정은 지방자치단체에서도 비슷하다. 효과적인 토론의 장이 형성되기 위해서는 공개되는 정보의 양이 충실해야 하나, 사전에 공개되는 정책정보의 양이 여전히 매우 빈약하다.

최근 스마트폰의 확산으로 젊은이들 사이에서 소셜 미디어 등을 통한 의사소통이 매우 활발하지만, 이들의 관심을 지방자치의 활성화 등으로 유도하려는 노력은 별로 없다.

(2) 정치적 사안에서의 과도한 참가와 고질민원의 문제

정치적으로 민감한 정책에 대해서는 지역주민들은 물론 다른 지역의 많은 사람들까지 거리에서 데모를 하고 행정기관의 홈페이지에 비판적인 의견을 올리면서 지방자치단체의 홈페이지가 마비되는 경우도 발생하고 있다. 이와 같이 정부나 지방자치단체의 정책이나 법에 대해 다수의 주민들의 반대가 지속되면서 정책추진이 중단되는 현상은 이제 전 세계적으로 나타나고 있는 문제이기도 하다.[22)]

더 큰 문제는 소수의 적극적인 반대자들이 인터넷의 익명성을 이용하여 허위이거나 극히 편파적인 주장을 지속하여 정책추진을 방해하는 경우인데, 이 때 행정기관은 공익과 공정성을 보호하는 데 어려움을 겪게 된다.[23)] 소수자들에 의한 정책방해와 편파적 특혜의 유지노력은 다수의 주민들이 공익과 공정성을 지키려는 행정의 노력에 무관심할 때 더 나쁜 결과를 가져올 수 있다. 인터넷을 통해 다양한 견해를 가진 시민들의 참여가 활

22) Jim Rossi, Participation Run Amok: The Costs of Mass Participation for Deliberative Agency Decision Making, 92 Nw.U.L.Rev., 1997, p. 217, 227.

23) 공무원과 주민의 관계가 인터넷의 익명성으로 인해 매우 이기적인 관계로 변모되고 있다. 정보사회에서 이기주의 심화경향의 극복과 사이버공동체에서 이용자의 윤리문제가 21세기 국가의 중요문제로 부각되고 있다. 동지. 김용섭, 인터넷과 행정법상의 과제, 법제연구 제18호, 2000. 6, 33면.

성화되어야 한다. 이 때, 어느 한 단체에 의한 행정기관의 포획은 어려워질 것이다.[24)]

Ⅳ. 전자정부의 지속적인 발전의 과제

정보기술은 행정의 의사결정과 의사전달의 체계를 변화시켜 행정과정 참가자들 사이에서 권한과 책임도 새롭게 분배시키고 있다. 이러한 변화과정에서 민주적 법치사회의 지향점에 맞도록 행정정보의 흐름을 적절히 관리하는 것은 복잡한 산업사회와 도시사회를 관리하고 행정의 위법을 통제하기 위해 더욱 더 중요해지고 있다.

전자정부가 행정서비스를 제공하는 데 있어 고객에게 더욱 잘 봉사할 수 있도록 생산성과 투명성을 높이는 것은 물론, 행정의 부패를 방지하고 시민참가를 활성화시킬 수 있도록 지속적으로 개선해가야 할 것이다.

24) Stephen M. Johnson, op.cit.(각주 10), pp. 315~316 참조.

제 8 장 행정정보의 공개와 개인정보보호

:: 실무사례 ::

1. 전원주택의 건설을 계획하고 토지를 구입한 A는 도로확장계획에 의하여 해당 토지를 수용당하였으나 보상금이 기대만큼 되지 않자 이 토지에 대한 감정평가서를 공개할 것을 청구하였다. 교통건설국에 근무하는 도청공무원인 B는 이에 어떻게 대처해야 하는가?
2. 인터넷 포털사이트 카페 게시판에 A가 자신의 ID를 사용하여 익명으로 게시물을 게재하였는데, 인터넷 종합 정보제공 사업자인 B사는 수사기관으로부터 게시물 작성자의 인적사항 일체를 제공해 달라는 요청을 받았다. B사는 어떻게 대처하여야 하는가?

   B사가 A의 'ID, 이름, 주민등록번호, 이메일, 휴대폰 번호, 가입일자'를 제공하자, A는 개인정보의 침해를 이유로 자신이 입은 정신적 손해에 대해 위자료를 지급할 의무가 있다고 하면서 민사소송을 제기했다. 이 주장은 타당한가?

Ⅰ. 정보사회에서 행정정보의 공개와 개인정보보호의 조화적 실현

정보기술의 발전으로 정보의 수집, 저장과 전달이 과거에는 상상할 수 없을 정도로 빠르게 이루어지고 있다. 이에 따라 과거에는 인프라의 결여로 국민들에게 공개되기 힘들었던 행정정보들이 낮은 비용으로 신속하게 공개될 수 있는 여건이 조정되었다. 하지만, 기술발전으로 행정정보가 보다 쉽게 공개될 수 있게 되면서 보호되어야 할 개인정보가 사회에 유포되고 심각한 피해를 야기하는 경우도 늘어나고 있다.

국가마다 정보공개와 개인정보보호에 있어 제도의 도입시기가 다르거나 공개범위나 보호의 범위가 다르다. 이로 인해 사회적으로 문제되는 분쟁사례들의 양이나 성격에 차이가 존재한다. 한국의 경우 인터넷문화가 급속하게 확산된 상황에서 '공공기관의 정보공개에 관한 법률'(1998. 1. 1 시행. 이하 정보공개법이라 함)만 제정·시행되어 사회적으로 정보공개운동이 널리 확산되어왔다. 이와 달리 개인정보보호법(2012. 3. 30 시행)의 제정과 시행이 오래 지체되면서 행정과 기업의 일상 업무처리과정에서 개인정보를 침해하는 정도가 도를 넘은 경우도 자주 나타나고 있다.

이제 개인정보보호법이 시행되고 있지만, 이미 사회에 만연한 수많은 개인정보의 침해사례들을 해소하는 것은 힘든 과제가 되고 있다. 다른 한편으로는 행정정보의 공개를 통해 기대했던 행정부패의 방지와 권력남용의 방지의 과제도 여전히 중요한 과제이다. 정보공개법과 개인정보보호법 두 법률간에 우열관계는 존재하지 않지만, 이와 같은 역사적 배경의 차이가 두 법률의 적용에 상당한 영향을 미치고 있는 것만은 분명하다.

Ⅱ. 행정정보의 공개제도

1. 행정정보의 공개의 의의

1) 1992년 10월 1일 우리나라에서 최초로 '청주시행정정보공개조례'로 정보공개제도가 도입된 이후 20년이 지났다. 그 동안 지방행정에서의 정보유통과정에서 주민의 지위는 크게 강화되었다.

주민들은 언론기관이나 자치단체의 홈페이지로부터 정보를 얻기도 하지만, 보다 적극적으로 필요한 행정정보를 행정기관에 공개청구해서 획득하고 있다. 행정과 주민의 '정보공유'를 표어로 내거는 자치단체들도 등장하고 있다.

광의의 의미에서 행정정보의 공개는 행정이 스스로 국민에게 정보를 공개하는 경우와 국민의 청구에 의해 행정이 정보를 공개하는 경우로 나눌 수 있다. 여기서는 전자를 직권에 의한 행정정보의 제공이라고 표현했고, 후자를 정보공개제도로 표현하여 양자를 구별했다.

2) 민주적 법치사회의 발전을 위하여 행정정보의 공개제도가 갖는 의미는 매우 크다.

오늘날 행정현장에서 정책과 법령의 설계나 집행, 예산의 집행이나 사업인·허가와 관련하여 정보공개제도는 널리 이용되고 있다. 정보공개제도에 의해 행정정보에 대해 국민의 접근이 용이해짐으로써 행정의 투명성이 높아지고 행정부패와 권력남용의 방지에도 기여하고 있다.

예를 들어 정보공개를 통해 기관장의 편파적인 선호나 지역유지의 압력 그리고 사업자들의 뇌물제공 등에 의해 환경침해가 묵인되고 부적격자가 건설사업자로 선정되며 각종 자치단체의 사업에 방만하게 예산이 집행되는 행태들이 드러나기도 한다. 또, 기관장의 판공비지출이나 건설도급계약의 체결 등에 관한 정보가 공개되고 있다.

정보공개제도는 행정기관장들뿐만 아니라 실무자들, 즉 지출담당자들과 계약체결담당자들까지 훨씬 더 예민하게 기준과 절차를 지키게 하는 무형의 압박수단이 되고 있다.

2. 직권에 의한 행정정보의 제공

직권에 의한 행정정보의 제공은 주로 지방자치단체 등의 홈페이지 등을 통해 이루어진다. 주민들에게 인기있는 정보들은 주민의 사회복지와 교육에 관련된 정보, 구립어린이집이나 도서관 등 공공시설의 이용정보, 문화예술활동 정보, 관광안내 정보 등 주민생활밀착형 정보로서 많은 지방자치단체들이 홈페이지를 통해 제공하고 있다.

사회복지행정과 같이 최근 급격하게 새로운 서비스가 도입되고 변화가 많은 행정영역에서는 변화된 제도에 관한 정확하고 세밀한 정보들이 주민들에게 전달될 수 있도록 적극적인 정보의 제공이 이루어져야 한다. 홈페이지에 개시하는 것은 물론 사회복지단체들에게 종이책자를 제공하거나 설명회 등을 개최하여야 할 것이다.

3. 정보공개제도

(1) 정보공개제도의 개념과 내용

1) 정보공개제도의 개념

정보공개제도는 국민이 공공기관에 대하여 정보를 제공해줄 것을 요구할 수 있는 정보공개청구권을 근거로 행정이 일정한 절차를 거쳐 정보를 공개하도록 하는 제도를 말한다. 이를 위해 우리나라에서는 '공공기관의 정보공개에 관한 법률'(이하 정보공개법이라 함)이 제정되어 1998. 1. 1부터 시행되고 있다. 정보공개제도는 국민의 알 권리를 보장하고 국정에 대한 국민의 참여와 국정운영의 투명성을 확보하려는 목적을 가지고 공공기관의 의무와 국민의 권리 그리고 공개대상과 비공개대상과 공개절차를 규정하고 있다.

2) 공개대상과 비공개대상인 정보

① 정보공개법상 모든 국민은 공공기관이 보유·관리하는 정보에 대해 정보공개를 청구할 권리를 가진다. 특별한 보호이익을 가지는 사람들에 한정하는 것이 아니고 모든 공공기관들에 대해 장소를 묻지 않고 모든 국민들이 정보공개를 청구할 수 있도록 한 것은 민주주의의 커다란 진전으로서 행정통제의 발전을 위한 중대한 계기가 되었다.

② 정보공개법은 제9조에서 공공기관이 보유한 정보 중에서도 공개하지 않을 수 있는 정보를 열거하고 있다. 첫째, 다른 법령에서 비공개대상으로 규정한 경우, 둘째, 국가안전보장, 통일과 외교 등에 관한 사항으로서 공개될 경우 국가의 중대한 이익을 현저히 해할 우려가 있다고 인정되는

정보, 셋째, 국민의 생명·신체 및 재산의 보호에 현저한 지장을 초래할 우려가 있는 정보, 넷째, 진행 중인 재판과 범죄의 예방, 수사, 공소의 제기 및 유지, 형의 집행 등에 관한 정보, 다섯째, 감사·검사·의사결정과정 또는 내부검토과정에 있는 사항으로서 비공개의 상당한 이유가 있는 정보, 여섯째, 이름·주민등록번호 등 개인에 관한 정보, 일곱째, 법인의 경영·영업상 비밀에 관한 정보, 여덟째, 부동산 투기·매점매석 등을 초래할 만한 정보 등이다.

공공기관은 당해 기관이 보유·관리하는 정보에 대하여 국민이 쉽게 알 수 있도록 정보목록을 작성·비치하고, 그 목록을 정보통신망을 활용한 정보공개시스템 등을 통하여 공개하여야 한다.

정보공개법상 개인정보이거나 법인의 영업정보이지만 공개대상인 정보들도 있다. 개인정보에 관해서는 법령에서 공개를 허용하고 있거나, 공개하는 것이 공익 또는 개인의 권리구제를 위하여 필요하다고 인정되는 공공기관의 정보, 직무를 수행한 공무원이나 직무를 위탁받은 자의 성명·직위 등은 공개할 수 있다.

법인의 영업정보의 경우에도 사업활동의 위해로부터 사람의 생명·신체 또는 건강을 보호하기 위하여 공개할 필요가 있는 정보, 위법·부당한 사업활동으로부터 국민의 재산 또는 생활을 보호하기 위하여 공개할 필요가 있는 정보는 공개할 수 있다.

(2) 정보공개제도의 운영현황

안전행정부가 발간한 2012 행정안전통계연보 자료를 기초로 정보공개제도의 운영현황을 살펴보면, 2011년의 경우 전부공개한 것만 해도 272,779건에 달해 매우 활발하게 운용되고 있음을 알 수 있다.

표 5 행정정보의 공개현황

연 도	청구건수	처 리 현 황		
		전부공개	부분공개	비공개
2008	229,650	183,722	25,516	20,412
2009	301,332	244,604	30,682	26,046
2010	322,018	259,739	29,270	33,009
2011	335,706	272,779	31,791	31,136

2012 행정안전통계연보, 행정안전부, 324면, 8-1-2 행정정보공개 참조

2011년에 공개청구에 대해 비공개한 사항들을 유형별로 살펴보면 정보부존재가 46.7%를 차지하고 있다. 행정정보를 충실하게 보존하고 기록하지 않으면 정보공개제도의 실효적 운영도 가능하지 않다. 기록관리의 개선이 요망된다.

표 6 2011년 비공개사유별 현황

(단위: 건, %)

	2011	비 율
비공개 건수	31,136	
법령상 비공개	5,221	16.8
국방등 국익 침해	175	0.6
국민의 생명 침해 등	291	0.9
재판 관련 정보 등	1,673	5.4
공정한 업무 수행 지장 등	2,480	8.0
개인 사생활 침해	4,510	14.5
법인 등 영업상 비밀 침해	1,608	5.2
부동산 투기정보 등	645	2.1
정보부존재	14,533	46.7

2012 행정안전통계연보, 행정안전부, 326면, 8-1-2-3 참조

비공개사유 중 법령에서 비공개사항으로 규정한 것들과 개인사생활침해를 이유로 한 것들도 상당 비중을 차지하고 있다. 법인 등 영업상 비밀침해와 재판관련정보를 이유로 비공개한 것들이 그 다음의 비율을 차지하고

있다.

안전행정부가 발간한 '2005년도 정보공개연차보고서'에 따르면,[1] 2005년, 총 130,841건 중 중앙행정기관 47,294건(36%), 16개 광역자치단체(소속 기초자치단체 포함)가 80,176건(61%), 16개 교육위원회(소속 교육청 포함) 3,371건(3%)을 차지하였다. 이 통계에서 나타나듯이 행정서비스를 직접 국민에게 제공하는 지방자치단체에 대한 청구건수가 중앙행정기관에 비해 상대적으로 많으며, 중앙행정기관 중에서도 국민생활과 관련된 업무를 수행하는 기관에 대한 국민의 정보공개 수요가 많았다.

행정정보의 공개제도는 지방자치단체장 및 정부기관장 판공비, 각 지방자치단체의 예산내역, 국회의원 외유활동내역 등 이전에 공개되지 않던 많은 정보들을 공개하게 함으로써 국민의 알 권리를 보장하고, 행정의 투명성을 확보하며 예산낭비나 행정부패를 막는 데 크게 기여하고 있다.

Ⅲ. 개인정보보호제도

1. 의 의

1) 글로벌 사회의 도래로 경제, 교육, 여행 등의 목적으로 교류가 활발해지고 컴퓨터와 스마트폰 등의 보급으로 정보의 생성, 유통과 보관은 물론 검색이 빠르고 쉬워지고 있다. 이에 따라 보호되어야 할 개인정보가 타인에게 쉽게 유출되어 개인의 인격권과 재산권 등을 침해하는 경우가 많아지고 있다. 우리나라에서는 그 동안 세계적으로 발전된 인터넷에 비해 기업과 국민들의 보안의식 부족으로 개인들의 주민등록번호, 얼굴, 사생활과 신용상황, 질병, 재산상황 등에 관한 정보가 대량으로 수집되어 불법적으로 유통되고 있다. 이로 인해 우리들은 수많은 스팸메일과 불쾌한 인터넷기사 그리고 금융사기 등에 노출되어 고통을 받고 있다.

---

1) 행정자치부, 2005년도 정보공개연차보고서, 2006, 11면.

2) 개인정보란 성명, 주민등록번호 및 영상 등에 의하여 개인을 알아 볼 수 있는 정보, 또는 다른 정보와 쉽게 결합하여 알아 볼 수 있는 정보를 말한다.

개인정보는 그 종류가 다양하다. 예를 들어 개인의 신상정보(이름, 주민등록번호, 운전면허번호, 주소, 전화번호, 생년월일, 출생지, 본적지, 성별, 국적), 가족정보(이름, 직업, 생년월일, 주민등록번호, 출생지), 교육 및 훈련정보(학력, 성적, 기술자격증, 전문면허증, 이수훈련 프로그램, 서클활동, 상벌사항, 성격, 행태보고 등), 병역정보(군번 및 계급, 제대유형, 주특기, 근무부대) 등이 있다.

또, 재산상황이나 고용상황 등에 관한 정보도 여기에 해당된다. 예를 들어 부동산 및 동산정보(주택 및 토지, 자동차, 저축현황, 현금카드, 주식 및 채권, 수집품·고가의 예술품, 보석 등), 소득정보(연봉, 소득의 원천, 소득세 지불현황, 보험가입현황 등), 신용정보(대부상황, 신용카드, 저당 여부 등), 고용정보(고용주, 회사주소, 상관 이름, 직무수행 평가기록, 훈련기록, 상벌기록 등) 등이 있다.

그리고 개인의 생활경력, 질병기록, 취미 등에 관한 정보도 여기에 해당된다. 예를 들어 법적정보(전과기록, 구속기록, 이혼기록), 의료정보(본인 및 가족병력, 의료기록, 신체장애, 혈액형 등), 조직정보(노조가입, 정당가입, 클럽회원, 종교단체 활동 등), 습관 및 취미정보(흡연량, 음주량, 여가활동, 도박성향, 비디오대여기록 등) 등이 여기에 해당된다.

3) 우리나라에서도 2012년 3월 30일부터 개인정보보호법이 제정·시행되고 있다. 행정정보공동이용제도나 정보공개제도에 비해 10년 이상 그의 제정과 시행이 늦어지면서 우리 사회에서는 개인정보가 광범위하게 침해되어 왔다.

우리나라의 개인정보보호법은 공공부문과 민간부문 모두에 적용되는 법으로써 개인정보의 수집·유출·오용·남용으로부터 사생활의 비밀 등을 보호하는 것을 목적으로 하고 있다. 불법적으로 개인정보를 유출시키는 행위는 명예훼손죄와 음란물의 제작·배포죄에 해당되는 경우도 있고 사기죄나 절도죄 등에 이용될 수도 있어 징역형 등 처벌을 하고 있다.

정보공개법과 달리 개인정보보호법이 민간부문에도 함께 적용되도록 한 것은 헌법상 보장된 사생활의 비밀과 보호의 권리(헌법 제17조)에 의하여 공공부문은 물론 민간부문도 그것을 침해해서는 안 되기 때문이다.[2] 또, 인터넷의 보급으로 민간부문의 정보취급자에 의해서 대량의 개인정보가 쉽게 수집·유통되고 있어 사인에 의한 기본권침해를 방지할 필요성이 매우 크다는 현실적 이유도 있다.

이와 달리 정보공개법이 공공부문에 한정하여 적용되는 것은 헌법상 국민에게 인정된 알 권리는 국가와 지방자치단체 등 공공부문에 대한 권리로서의 성격을 갖기 때문이다. 다만, 한국증권거래소에 상장한 기업들이 주주들을 위하여 공시의무를 지는 경우처럼, 개별 법령에서 필요에 의해 기업들에게 정보를 공개할 의무를 부과한 경우에는, 민간부문에 속한 기업들도 주주들의 투자에 영향을 미칠 가능성이 있는 정보를 공개해야 한다.

2. 개인정보보호제도의 내용

(1) 개인정보보호의 원칙

우리나라의 개인정보보호법은 제3조에서 개인정보의 보호를 위하여 다음의 원칙을 명시하고 있다.

① 목적특정 및 수집제한의 원칙

개인정보처리자가 개인정보를 수집하는 데에는 한계가 있어야 하기 때문에, 법적으로 처리가능한 경우에도 개인정보의 처리목적을 명확하게

2) 다만, 우리나라에서 개인정보보호법을 시행하면서도 그 전에 개별법들로 존재하던 많은 법률들 중 공공기관의 개인정보보호에 관한 법률만 폐지하고 다른 개별 법률들(예, 신용정보의 이용 및 보호에 관한 법률)은 그대로 유지하면서 많은 문제가 드러나고 있다. 특별법우선의 원칙에 의해 상이한 부처들이 관장하는 개별법들이 개인정보보호법에 우선하여 적용되면서 실질적으로 개인정보보호법의 정신의 확산이 어렵게 되어 있다. 또, 개인정보보호법의 주된 집행기관인 개인정보보호위원회의 집행력(예, 위반자에 대한 제재권의 부족)이 안전행정부를 비롯한 기존 중앙부처들의 견제에 의하여 매우 약화되어 있는 점은 심각한 문제라 할 것이다.

하여야 하고, 그 목적달성을 위해 필요최소한의 개인정보만을 수집하여야 한다. 가능할 경우에는 정보주체의 인지하에 또는 그의 동의를 얻어 수집하여야 한다.

수집제한의 원칙에 따라 주민등록번호 등 고유식별정보는 원칙적으로 처리를 금지하고, 별도의 동의를 얻거나 법령에 의한 경우 등에 한하여 제한적으로 예외를 인정한다.

② 목적외 이용제한의 원칙

개인정보처리자는 정보주체의 동의가 있거나 법이 허용하는 경우 외에는 개인정보를 처리목적 외의 용도로 활용하여서는 아니 된다.

③ 정확성의 원칙

개인정보처리자는 개인정보의 처리 목적에 필요한 범위에서 개인정보의 정확성, 완전성 및 최신성이 보장되도록 하여야 한다.

④ 안전성의 원칙

개인정보처리자는 개인정보의 처리 방법 및 종류 등에 따라 정보주체의 권리가 침해받을 가능성과 그 위험 정도를 고려하여 개인정보를 안전하게 관리하여야 한다.

개인정보를 보호하기 위하여 합리적인 보안장치로써 무단으로 접속, 파괴, 이용, 수정 또는 공개하는 행위들을 차단하여야 한다.

⑤ 공개 및 개인참가의 원칙

개인정보처리자는 개인정보 처리방침과 이용목적 등 개인정보의 처리에 관한 사항을 공개하여야 하며, 열람청구권 등 정보주체의 권리를 보장하여야 한다. 정보주체가 합리적인 방법과 비용으로 자신과 관련된 정보를 제공할 것을 요구하거나, 자신과 관련된 정보의 보유 여부를 확인해줄 것을 요구하거나, 적법하게 해당 정보의 삭제, 수정, 보완을 요구할 때에는 이에 응하여야 한다.

개인정보처리자가 이를 거절할 때에는 정보주체에게는 그러한 거부의 사에 불복할 절차 내지 수단이 마련되어 있어야 한다.

⑥ 사생활 최소침해의 원칙

개인정보처리자는 정보주체의 사생활 침해를 최소화하는 방법으로 개인정보를 처리하여야 한다.

⑦ 익명성의 원칙

개인정보처리자는 개인정보의 익명처리가 가능한 경우에는 익명에 의하여 처리될 수 있도록 하여야 한다.

⑧ 책임의 원칙

개인정보처리자는 법적 책임과 의무를 준수하고 실천함으로써 정보주체의 신뢰를 얻기 위하여 노력하여야 한다.

(2) 정보주체의 권리와 국가 등의 의무

1) 정보주체는 자신의 개인정보 처리와 관련하여 여러 권리들을 가지고 있다. 우선, 자신의 개인정보의 처리와 관련된 사항을 제공받을 권리를 가지면서, 개인정보의 처리에 관한 동의 여부, 동의 범위 등을 선택하고 결정할 권리를 갖는다. 개인정보에 대하여 열람을 요구할 권리를 가지며, 개인정보의 처리 정지, 정정·삭제 및 파기를 요구할 권리를 갖는다. 또, 개인정보의 처리로 인하여 발생한 피해를 신속하고 공정한 절차에 따라 구제받을 권리를 갖는다(개인정보보호법 제4조).

2) 국가는 개인정보를 수집, 이용하거나 제3자에게 제공할 경우에는 정보주체의 동의 등을 얻어야 한다. 개인정보가 수집과 이용의 목적달성 등으로 불필요하게 된 때에는 지체 없이 개인정보를 파기하여야 한다. 영상정보처리기기의 경우 일반적으로 공개된 장소에 범죄예방 등 특정 목적으로만 설치함으로써 개인영상정보를 보호하여야 한다.

개인정보 침해로 인한 피해는 원상회복 등 사후 권리구제가 어렵다. 때문에, 개인정보파일의 구축·확대 등이 정보주체의 권리를 침해할 우려가 큰 경우에는 개인정보처리자는 개인정보영향평가를 실시하여야 한다. 영향평가의 실시로 미리 위험요인을 분석하고 차단하여 개인정보 유출 및 오·남용 등의 피해를 효과적으로 예방하기 위해서이다. 또, 개인정보처리자는 개인정보 유출사실을 인지하였을 경우, 지체 없이 해당 정보주체에게 관련 사실을 통지하고, 일정 규모 이상의 개인정보가 유출된 때에는 전문기관에 신고하며, 피해의 최소화를 위한 조치를 실시하여야 한다.

3. 개인정보보호제도의 운용현황

안전행정부가 발간한 2012 행정안전통계연보 자료인 [표 7]을 기초로 공공부문과 민간부문을 망라한 개인정보침해에 대한 신고·상담건수를 살펴보면 법제가 정비되면서 매년 그 양이 급격히 증가하고 있음을 알 수 있다.

표 7 개인정보 침해 신고·상담건수

구 분	2,009	2,010
신 고	2,139	1,788
상 담	33,028	53,044

2012, 행정안전통계연보, 행정안전부, 215면, 3-1-11 개인정보침해 신고·상담건수 참조

다만, [표 7]로는 신고상담건수에 있어 공공부문과 민간부문의 사례비율을 알 수는 없다. 그런데, '2010년 공공기관 개인정보침해 신고 및 상담사례집'에 따르면,[3] 2010년 공공기관의 개인정보침해관련 상담관련 문의는 272건이었다.[4] 하지만, '2010 개인정보분쟁조정사례집'에 따를 때,[5] 민간

3) 행정안전부/한국인터넷진흥원, 2010년 공공기관 개인정보침해 신고 및 상담 사례집, 2011, 20면.

4) 이 침해유형 중 많은 비중을 차지한 것을 살펴보면, '개인정보취급자에 의한 개인정보 취급소홀 및 부당한 목적사용'유형이 65(24%)건을 차지하였고, '개인정보의 안전

부문에서 2010년 신고·상담건수는 총 54,832건이었다.[6] 이 통계들로부터 공공부문에서보다 민간부문에서 개인정보 침해사례가 훨씬 많아 민간부문에서의 개인정보의 침해의 방지가 매우 중요한 과제임을 알 수 있다.

민간부문에서는 신용정보와 주민등록번호의 유출로 인한 피해의 방지가 우선적인 과제가 되어야 한다. 그리고, 이 개인정보들과 관련하여 개인정보처리자의 관리소홀, 이용자의 동의결여 그리고 목적 외 사용 등의 행태를 시급히 시정시켜가야 할 것이다.

Ⅳ. 민주적 법치사회와 행정정보흐름의 조화의 과제

행정현장에서 행정정보의 공동이용, 행정정보의 공개와 개인정보의 보호의 법익이 서로 조화를 이루지 못하고 충돌하는 경우가 자주 발생하고 있다. 중앙부처와 자치단체들마다 심의절차가 별개로 운영되거나 프로그램, 기준과 서식 등이 서로 달라 법익충돌과 업무처리혼선의 회피가 사실상 어렵게 되어 있는 것도 문제이다.

우리 행정은 행정정보의 관리에 있어 시민의 행정참여도 활성화하고 행정부패도 방지하며 개인정보도 보호해야 하는 복합적 과제에 직면하고 있다. 정보공개제도와 개인정보보제도가 민주적 법치사회가 지향하는 가치들을 보장할 수 있도록 조화적으로 운영되어야 한다. 이를 위해 공무원들은 관계법령에 대한 법지식을 충실히 습득하고 불확실한 부분에 대해서는 연구와 토론을 통해 구체화해가며 행정정보시스템을 개선해가지 않으면 안 될 것이다.

성확보조치 미이행'유형이 50(18%)건, '법적 근거가 없거나 정보주체의 동의없는 보유목적외 이용·제공'유형이 39건(14%) 접수되었다.

5) 개인정보분쟁조정위원회/한국인터넷진흥원, 2010 개인정보분쟁조정사례집, 2011, 15~16면.

6) 이 중 정보통신망법이 적용되지 않는 신용정보침해나 보이스피싱 관련 건수 38,414건, 주민등록번호 등 타인 정보의 훼손·침해·도용 10,137건, 기술적·관리적 조치미비로 인한 개인정보누출 등 1,551건, 이용자의 동의 없는 개인정보수집 1,267건, 고지·명시한 범위를 넘어선 이용 또는 제3자 제공 1,202건 등의 순서이었다.

제 3 부

공무원과 시민의 협력과 책임

제 9 장 지방자치단체의 계약

:: 실무사례 ::

1. A는 시청 구내식당과 매점의 사용허가와 관련된 공개입찰에 참여하여 금 2천 4백만원에 낙찰받았다. 그 후 시청 회계과에 근무하는 공무원 B는 행정재산인 구내식당과 매점의 사용허가에 따른 1회차 사용료(연간 금 2천 8백만원 중 7백만원)의 납부를 A에게 통보하였다. 하지만, A는 배식대 등 식당 중요 식자재 상당수(1,500만원 상당)가 부존재하여 시청에 그의 보충을 요구하였으나 보충되지 않자 계약내용의 중요부분에 착오가 있었다는 이유로 계약의 취소를 통보하였다. 이에 따라 시청공무원들과 많은 방문자들은 상당 기간 구내식당과 매점을 이용하지 못하는 불편을 겪었고, 공무원 B는 입찰과 관련된 제반 업무를 담당하면서 대응미숙으로 시장으로부터 시정에 불편과 손실을 초래한 것으로 견책처분을 받았다.

자체감사를 맡은 공무원 C는 다음과 같은 개선조치를 제안했다. 첫째, 입찰공고시 "입찰자는 사전에 사용재산의 현장답사 및 영업상태 확인, 각종 공부의 확인, 법률, 행정상 규제 등에 대하여는 개별 열람하신 후 입찰하기 바라며, 제반사항을 확인하지 않음으로 발생되는 불이익에 대하여 시는 책임지지 아니합니다"라고 고지해야 한다.

둘째, 입찰금액이 5,000만원 미만 계약이라서 지방자치단체를 당사자로 하는 법률 시행령 제53조에 따라 계약보증금(낙찰금액의 10%)을 면제받는 경우에는, "계약보증금을 면제함에 있어 상대방의 귀책사유로 국고귀속 사유가 발생하였을 때에는 즉시 현금으로 납부할 것을 확약하며 각서를 제출합니다"라는 문구가 명시된 계약보증금 납부각서에 서명하여 제출하도록 하여야 한다.

이상의 업무처리과정에 대해 논평해봅시다.

2. 민간인 A에게 대부되어 있는 폐천부지에 대해 시청 청소과에서는 자원회수시설 부지로 사용하기로 하고 공유재산으로 편입시켰다. 시공무원인 B는 대부기간이 만료되어 원상복구를 거부하고 계속 점유하고 있는 A에게 강제철거 등 감독을 소홀히 하였다.

   더 나아가 B는 자원회수시설부지로 편입된 사실을 인식하고도, 보상금지급문제 등을 미리 예측하여 대부 등의 행위를 금지시키지 아니한 채, 공유재산대부계약 행위를 하였다. 이에 따라 시는 지상물 등에 대하여 많은 보상금을 지불하게 되어 시의 예산을 낭비하였다.

   이로 인해 공무원 B는 징계처분을 받자 도유폐천부지관리규정 제4조 제1항에 의하면, "매각시까지 유휴 또는 사장되는 일이 없도록 하여야 한다"고 규정하고 있음을 근거로 그의 취소를 구하는 소청심판을 청구하였다. 이 소청심판청구는 타당한가?

   공유재산의 부실관리의 실태는 어떠하고 그의 합리성을 개선시키기 위해서는 어떤 대책이 필요한가?

제 1 절 지방자치단체 계약의 의의, 유형과 주요 과제

Ⅰ. 지방자치단체의 계약의 개념과 유형

1. 지방자치단체의 계약행정의 증가

공공부문에서 재화와 용역의 수급이 조세부과처분이나 생활보호자의 지정행위와 같이 행정행위에 의해 이루어진다. 하지만, 자치단체가 필요로 하는 컴퓨터와 같은 물품의 구매, 쓰레기처리, 도로의 건설 및 개보수, 특정사업에 필요한 전문정보획득을 위한 연구프로젝트의 발주, 관청 청사의 도급 등의 영역에서 계약도 빈번하게 이용되고 있다.

특히, 사인에 대한 지방자치단체의 예산지출행위는 전통적으로 계약에 의해 이루어지는 경우가 많았는데, 중앙행정기관으로부터 지방자치단체로 예산과 권한이 대폭 이양되면서 지방자치단체가 계약의 주체로서 활동하는 경우가 앞으로 더 늘어나게 될 것이다. 더구나, 세계적 추세인 민영화의 증가에 따라 국가나 지방자치단체의 전통적 권력행정영역인 공무원임용(계약직 공무원), 사회복지, 환경행정 그리고 질서행정의 영역에서까지 계약형식의 이용이 늘어나고 있다.

공무원들은 이제 행정행위뿐만 아니라 계약의 원리와 기준 등에 대해서도 충분한 교육훈련을 받아야 할 것이다.

2. 지방자치단체의 계약의 개념

지방자치단체가 체결하는 계약은 물품이나 용역의 구매 또는 시설의 건설 등을 목적으로 지방자치단체와 사인 사이에 성립하는 의사표시의 합치이다.

지방계약법 제6조는 '계약의 원칙'에 관하여 규정하고 있는데, 제1항에서 "계약은 상호 대등한 입장에서 당사자의 합의에 따라 체결되어야 하고, 당사자는 계약의 내용을 신의성실의 원칙에 따라 이행하여야 하며, 지방자치단체의 장 또는 계약담당자는 이 법 및 관계 법령에 규정된 계약상대자의 계약상 이익을 부당하게 제한하는 특약이나 조건을 정하여서는 아니 된다"고 규정하고 있다. 당사자 사이에서 합의가 성립하여 효력을 발생하게 되면, 서로를 구속하기 때문에 법령에 특별한 근거가 없는 한 일방적으로 계약조건을 변경하거나 해제할 수 없게 된다.

계약체결행위와 계약체결전단계의 행위는 구별해야 한다. 지방자치단체의 장이 관리하고 있는 농공단지 안에 있는 토지를 매각하는 경우, 이 토지를 분양하기에 앞서 그 분양대상업체를 선정한 지방자치단체의 장의 행위는 "본 계약을 체결하기 위하여 하는 전단계 행위에 지나지 않는 것"이다(광주고법 2003. 4. 17, 2002누226).

지방자치단체의 계약의 성립과 관련하여, 판례는 "매매계약에 있어 매매목적물과 대금은 반드시 그 계약체결 당시에 구체적으로 특정되어 있을 필요는 없고 이를 사후라도 구체적으로 특정할 수 있는 방법과 기준이 정하여져 있으면 족하다"(대법원 1986. 2. 11, 84다카2454; 1993. 6. 8, 92다49447)고 하여 특정요건을 완화시키고 있다.[1)]

3. 지방자치단체의 계약유형

지방계약법 제9조는 '계약의 방법'에 관하여 규정하고 있는데, "지방자치단체의 장 또는 계약담당자는 계약을 체결하려는 경우에는 이를 공고하여 일반입찰에 부쳐야 한다. 다만, 계약의 목적·성질·규모 및 지역특수성 등을 고려하여 필요하다고 인정되면 참가자를 지명하여 입찰에 부치거나 수의계약을 할 수 있다"고 규정하고 있다. 이에 따라 지방자치단체의 계약유형은 그 계약체결방식의 차이에 의해 일반경쟁입찰, 지명경쟁 또는 제한경쟁입찰, 그리고 수의계약으로 나누어진다.

일반경쟁입찰은 자치단체가 체결하고자 하는 계약의 내용을 미리 공고하고 일정한 자격을 갖는 불특정 다수의 사람들에 대해 입찰의 방법으로 경쟁시켜 가장 유리한 조건을 제시한 자와 계약을 체결하는 방식이다. 지방자치단체가 매매, 임대 등의 계약을 체결할 때에는 원칙적으로 일반경쟁입찰의 방식에 따라야 한다. 기회균등의 원칙에 가장 잘 부합되고 지방자치단체의 비용을 가장 절감할 수 있는 계약방식일 수 있기 때문이다. 또, 일반경쟁입찰은 가장 많은 사람들이 계약체결을 위해 경쟁하도록 하여 공정성을 중시하는 계약체결방법이다.

제한경쟁입찰 또는 지명경쟁입찰은 지방자치단체가 계약의 종류 및 금액에 따라 입찰에 참여할 수 있는 사업자들의 자격을 심사하여 등록해두

---

1) 다만, "매매계약에 있어서의 목적물 및 대금은 특별한 사정이 없는 한 그 계약체결 당시에 약정하였던 목적물 및 그 대금이어야 하고, 사후에 특정되는 목적물이나 대금은 계약체결 당시에 예정하였거나 사후기준을 정하였을 경우에 한하여 그 기준이 된다"(대법원 1986. 2. 11, 84다카2454).

고 있다가, 체결해야 할 계약의 내용에 따라 등록된 사업자들 중 약간의 사업자들을 지명하여 입찰절차를 진행시키는 방식이다.

수의계약은 공사, 물품 및 용역 등에 대하여 지방자치단체가 경쟁의 방식이 아니라 임의로 특정의 상대방을 선택하여 체결하는 계약방식을 말한다.

Ⅱ. 외국의 정부계약 유형

1. 미 국

미국의 경우는 계약방법의 구별을 공고절차(formal advertising 또는 publicizing)의 유무를 기준으로 공고(또는 경쟁)에 의한 계약(Contracting by Formal Advertising 또는 Contracting with Sealed Bidding)과 협상에 의한 계약(Contracting by Negotiation)으로 분류하고 있다.[2)]

우리나라 실정법에서 공통적으로 사용하고 있는 수의계약의 경우에도 계약상 경쟁의 원리가 전적으로 배제되는 것이 아니고, 계약상대방이 오직 하나인 경우를 제외하고는 복수의 계약희망자를 상대로 협상을 통하여 경쟁이 이루어진다. 다만, 수의계약에서는 공고를 통한 입찰이라는 절차를 거치지 않을 따름이다. 따라서, 미국과 우리나라에서 이용되는 정부계약의 분류방식은 큰 윤곽으로는 비슷하다고 볼 수 있다.

2. 독 일

1) 우리나라 행정법 교과서들의 기술내용에 큰 영향을 미친 독일의 경우 정부계약은 공법상 계약과 사법상 계약으로 구별하여 왔다. 공법상 계약에 대해서는 연방행정절차법 제4장(제54조에서 제62조)에서 규율하고 사법상 계약에 대해서는 전통적으로 특별법에 다른 규정이 없는 한 민법상

2) W. Noel Keyes, Government Contracts in a Nutshell, 2000, 제14장과 제15장.

의 계약법원리가 적용되는 것으로 이해되어 왔다.[3] 다만, 계약상대방의 선택과 관련하여 평등원칙 등의 공법상의 일반법원칙과 기본권규정이 적용된다.

행정사법은 지방자치단체의 계약이 공적 과제의 직접적인 수행을 위한 것일 때, 예를 들어 사회적 약자의 배려나 파산위기에 처한 지역기업들에 대한 보조금 교부와 같이 지역경제의 촉진을 위한 계약의 경우에 적용된다.[4] 이 경우는 행위형식만 사법형식일 뿐 법률관계의 내용은 공법에 의해 규율되고 있다고 볼 수 있다.

하지만 물품계약이나 공사계약 그리고 서비스계약 등이 공적 과제의 수행에 직접적 관련이 없고 간접적 관련만 있을 때에는, 특별법상의 규정이 없는 한 사법규정만 적용되고 기본권규정도 직접 적용되지 않는다.[5]

2) 우리 정부의 계약실무상 계약의 양이나 금액으로 볼 때 사법상 계약으로 파악되고 있는 것들이 많고 그 중요성도 크다. 이런 점에서, 행정의 권력남용을 방지하고 공익을 보호하여야 하는 독일과 우리나라의 공법학이 사법상 계약으로 분류한 것들을 소홀히 취급했었던 것은 문제가 있었다고 평가할 수 있을 것이다.

행정사법이론, 그리고 기본권규정과 공법원리의 적용론 등이 이러한 한계를 탈피하여 사법상 계약활동에 대해서도 공법의 적용영역을 확대하

---

3) 독일의 경우도 1992년 유럽공동체가 등장하면서 유럽공동체법인 공공용역발주에 관한 지침(92/50/EG), 공공물품구매발주에 관한 지침(93/36/EG), 공공건축공사발주에 관한 지침(93/37/EG) 등이 직접 또는 전환절차를 거쳐 적용되게 되었다. 전통적으로 독일에서는 대부분의 정부계약활동을 사법상 계약으로 파악함으로써 법률이 아니라 행정 내부적 효력만을 갖고 계약행정을 지도하는 행정규칙에 의해 정부계약업무를 처리해왔다. 이에 따라 권리구제절차도 매우 미비했는데 유럽공동체법이 적용되면서 정부계약실무의 개혁계기가 마련되게 되었다. 다만, 이러한 개혁은 물품·용역조달계약은 부문별로 20만ECU, 40만ECU, 60만ECU 이상, 건축공사계약은 500만ECU 이상에 대해서만 적용되는 불완전한 것이고, 행정절차법과 같은 공법이 아니라 경쟁법의 개정방식으로 이루어졌다는 특색을 가진 것이다. 이상의 내용에 관해서는, 박정훈, 행정조달계약의 법적 성격, 행정법의 체계와 방법론, 2005, 173~200면 참조.

4) BGH DÖV 1977, 590; BVerwG DVBl 170, 866; Alfons Gern, Deutsches Kommunalrecht, 3.Aufl., 2003, Rn. 771.

5) Alfons Gern, a.a.o., Rn. 772.

고자 한 것은 그 문제점을 인식한 결과라고 볼 수 있을 것이다. 하지만, 공적 과제의 간접적인 수행이라고 이해되는 경우들에 대해서는 이러한 이론들도 적용되지 않는다.

독일법의 관점에서 볼 때, 한국법상 수의계약은 그 금액이 상대적으로 적고 특수한 경우에 이용되는 것이기 때문에, 유럽공동체법이 적용되지 않는 정부계약활동으로서 주로 사법원리가 적용되고 행정규칙이 적용되는 계약유형이라고 볼 수 있을 것이다.

3. 프 랑 스

프랑스에서 정부계약에 관한 분쟁은, 행정행위에 해당되는 것은 행정소송인 월권소송으로 다루고, 그 이외 다른 쟁점들에 관한 분쟁은 또 다른 행정소송의 일종인 완전심리소송에서 다루어지고 있다.

연혁적으로 볼 때 1956년 Bertin판결 이후 공역무집행 또는 일반 사법과 다르거나 저촉되는 계약조항을 담고 있으면 행정계약으로 파악하여 행정소송의 대상으로 삼아왔다.[6] 프랑스의 경우 정부계약에 대해서는 정부계약법(Code des marchés publics, 약칭하여 CMP라 함)이 존재하는데, 한국과 유사하게 경쟁계약(adjudication)과 협상계약(또는 수의계약)(marché négocié)으로 나누어서 규정하고 있다.

프랑스에서 수의계약은 대부분 복수의 지원자들 사이에서 경쟁과 협상을 거쳐 체결되는데 정부계약법(CMP) 제103조가 규정하고 있다. 그러나 수의계약에 있어 그 계약이 특정한 사업자에 의해서만 집행될 수 있을 때에는 계약지원자가 오직 한 명인 경우도 예외적으로 가능하다. 정부계약법(CMP) 제104조 제2항은 수의계약을 체결할 수 있는 두 가지 경우를 예정하고 있는데, 첫째, 사업자의 기술자격증이나 허가가 있어야 계약의 집행이 가능하고 행정필요가 충족될 수 있을 때, 둘째, 기술적 필요, 상당한 금액의 사전투자의 필요, 특정 시설이나 전문지식의 필요에 의해 특정한 사

---

6) 우리나라에서 프랑스의 행정계약에 관한 최근의 소개는, 박정훈, 위의 글(각주 3), 200~208면; 최성은, 행정법상 행정계약의 법리, 2003, 원광대박사논문 참조.

업자만이 그 계약을 이행할 수 있을 때이다.[7]

4. 소 결

정부계약을 크게 경쟁계약과 수의계약으로 나누는 것은 우리나라와 일본이 동일하고 그 구체적 내용도 상당히 유사하므로 여기서는 일본에 대해서 특별히 소개하지 않는다.

이상에서 고찰한 대로 외국에서도 대체로 실정법이나 행정실무가 경쟁계약과 수의계약으로 나누어 규율하고 운용함을 알 수 있다. 또, 정부계약은 경쟁계약이 원칙으로 되어 있고 수의계약은 일정 금액 이하나 특수한 경우에 가능한 것이라는 점도 선진국들에서나 우리나라에서 일치하고 있다.

Ⅲ. 지방계약법과 계약행정의 주요과제들

1. 지방계약법의 주요 내용

(1) 입법의 연혁

2005년 6월 30일 지방자치단체에게 적용되는 ‘지방자치단체를 당사자로 하는 계약에 관한 법률’(지하 지방계약법이라 함)이 국회를 통과하여 2006년 1월 1일부터 시행되었다. 지금까지는 지방자치단체를 대상으로 하는 계약법이 없어 ‘국가를 당사자로 하는 계약에 관한 법률’을 준용하다 보니 현실에 맞지 않는 경우도 많았다. 국가계약의 경우 규모가 크거나 고난도 공사에 관한 계약이고 대부분 정형화된 계약이 가능하지만, 지방자치단체가 행하는 계약은 소규모 단순 공사인데다 공사계약도 다양해 일일이 국가계약법을 적용하는 데는 한계가 있었다.

이 법률은 지금까지 지방자치단체의 계약에 관하여 여러 법령에 흩어

---

7) Christian Lavialle, Droit administratif des biens, 1996, pp. 228~235; J. Rivero/J. Waline, Droit administratif, 19éd., 2002, p. 116.

져 있던 규정들을 모으고 계약의 투명성의 강화와 계약의 절차적 정당성의 강화를 위해 특별규정을 도입하는 방식으로 제정되었다. 국가나 지방자치단체의 계약에 관하여 공법적 가치나 절차적 정당성을 강화시키는 것은 대처 정부 이래 영국에서 시작되어 최근 전세계적으로 전개되고 있는 민영화나 계약행정에 의한 행정혁신의 방향과도 일치하고 있는 것으로 적절한 방향이라고 할 수 있을 것이다.8)

(2) 주요 내용

1) 이 법률은 본문 42개 조문과 부칙으로 구성되어 있는데 그 주요내용은 다음과 같다.

첫째, 수의계약의 대상범위와 계약상대자의 선정절차를 대통령령으로 명문화하도록 함으로써, 선정절차의 투명성을 강화하고 수의계약내역도 공개하도록 규정했다(지방계약법 제9조).

둘째, 상·하수도사업, 마을진입로 개설 등 주민생활과 관련이 있는 공사에 대하여는 기존에 공사감독을 하던 공무원 외에 주민대표자 또는 주민대표자가 추천하는 자를 그 공사의 감독자로 위촉하여 당해 지방자치단체의 장 등에게 공사계약 이행상의 불법·부당행위에 대한 시정을 요구할 수 있도록 규정하였다. 이를 통해, 지방계약업무처리에 있어 주민들의 지위를 강화시키고자 했다.

셋째, 특별시장·광역시장·도지사로 하여금 시·군·구에 공통적으로 소요되는 물자로서 제조·구매 및 가공 등의 계약에 관하여 시·군·구의 요청이 있는 경우에는 제3자를 위하여 예산의 범위에서 체결하는 단가계약을 체결할 수 있도록 하였다.

넷째, 긴급한 재해복구공사에 대하여는 설계서가 확정되기 전에 표준설계 등에 의한 개략적인 금액으로 우선 계약을 체결하고, 시공이 완료된 후에 정산을 하도록 하는 개산계약제도를 도입하였다.

---

8) 영국의 계약행정의 공법적 개혁에 대해서는, 다음의 두 글을 참조. A. C. L. Davies, Accountability: A Public Law Analysis of Government by Contract, 2001; Peter Vincent−Johnes, Regulating Government by Contract: Towards a Public Law Framework?, The Modern Law Review 2002, pp. 611~628.

다섯째, 일정규모 이상의 계약에 대하여 그 계약의 체결방법, 경쟁입찰 참가자의 자격제한, 낙찰자의 결정방법 등에 관한 사항을 심의하도록 하기 위하여 지방자치단체의 장은 계약심의위원회를 설치·운영하도록 규정했다.

여섯째, 지방자치단체의 장 또는 지방의회 의원은 그 자치단체와 영리를 목적으로 하는 계약을 체결할 수 없도록 하고, 지방자치단체의 장 또는 지방의회 의원의 배우자, 직계 존·비속 등은 그 자치단체와 영리를 목적으로 하는 수의계약을 체결할 수 없도록 했다.

2) 지방계약법의 주요내용 중 셋째, 넷째 및 다섯째의 내용은 이미 다른 법령에 도입되어 있던 것을 모은 것에 불과한 것이지만, 두 번째의 주민감독관제의 도입과 첫째와 여섯째의 수의계약의 투명성강화조항이나 여섯째의 계약참여배제조항은 새로이 도입되거나 강화된 조항이다.

이에 따라 지방자치단체의 장과 지방의회 의원은 수의계약은 물론 경쟁입찰계약의 방식으로도 당해 지방자치단체와 영리를 목적으로 하는 계약을 체결할 수 없다. 지방자치단체의 장의 배우자나 존비속, 그리고 지방의회 의원의 배우자와 존비속의 경우도 수의계약참여가 엄격하게 제한되게 되었다.

2. 지방자치단체 계약행정의 주요 검토과제들

1) 계약행정의 주요단계를 분류해보면, 1. 계약의 행정내부적 계획단계, 2. 계약의 협상과 기록, 3. 계약의 체결, 4. 계약의 감독과 평가의 4단계로 유형화해볼 수 있다.[9)]

미국의 지방행정 영역에서는 이 중에서 네 번째 유형인 계약의 감독과 평가가 잘 수행되지 않고 있는 점이 문제라고 한다.[10)]

---

9) Barbara L. Bezdek, Contractual Welfare: Non-Accountability and Diminished Democracy in Local Governments Contracts for Welfare-to-Services, 28 Fordam Urb.L.J. 2001, p. 1604; Janna J. Hansen, Limits of Competition: Accountability in Government Contracting, Yale Law Journal 2003, p. 2475.

2) 쟁점과 검토과제에 의해 지방자치단체의 계약과 관련된 검토과제들을 분류해보면 대체적으로 다음의 다섯 가지 정도로 나눌 수 있을 것이다.[11]

첫째, 계약의 개념, 대상, 주체와 내용, 해제와 손해배상 등 계약의 구조가 어떠한가 하는 점이 주요한 검토과제가 될 수 있다. 여기서는 지방자치단체이든 사인이든 권력남용을 방지하고 계약상의 의무를 이행하도록 하며 이행하지 않는 경우 제재수단이나 구제내용 등이 검토되어야 한다.

둘째, 사법상의 계약으로 이해되고 있는 계약에 공법원리들과 공법규정들이 어느 정도까지 적용되고 계약의 내용과 효력에 어떤 영향을 미치는가 하는 점이 중요관심사이다.

셋째, 계약에 있어 소수민족보호, 중소기업보호, 지역기업보호와 같이 평등보호와 균형발전의 배려가 허용되어야 하는가, 허용된다면 어떻게 어느 정도까지 배려되어야 하는가가 문제이다. 우리나라의 경우에는 중소기업보호를 목적으로 단체수의계약제도가 있었으나 2004년 12월 8일 폐지되고 제한경쟁입찰 및 지명경쟁입찰제도가 도입되었다.

넷째, 계약과 관련하여 공무원들의 전문성을 개선하고 부패를 방지하며, 적격을 갖춘 보다 많은 사인들이 계약에 참여하도록 할 수 있는 개선안이 무엇인가 하는 점이 문제이다.

다섯째, 중앙부처나 산하기관의 업무 또는 지방자치단체의 업무를 민간에 아웃소싱하거나 협약에 의해 위탁하는 활동방식이 선진국에서는 이미 활성화되어 있고 우리나라에서도 이러한 행위방식이 널리 이용되어가고 있는데, 아웃소싱이나 협약에 의한 행정에 특유한 법적 문제들에 대한 검토가 필요하다.

---

10) Kelvin Lavery, Smart Contracting for local government services, 1999, p. 71, 73.

11) 지방자치단체의 계약의 법적 쟁점들을 분석한 글이 거의 없다. 이 책에서 다루는 지방자치단체의 계약의 법적 구조 분석 이외에 다른 법적 쟁점들도 조사연구될 필요가 있다. 계약행정과 얽혀 있는 행정부패의 실태조사와 그 극복방안에 관한 연구도 활성화될 필요가 있다.

Ⅳ. 요 약

지방자치단체가 체결하는 계약은 공사, 물품 및 용역 등에 대하여 지방자치단체와 사인 사이에 성립하는 의사표시의 합치인데, 미국, 독일, 프랑스, 일본 등 외국에서도 대체로 실정법이나 행정실무가 경쟁계약과 수의계약으로 나누어 운용되고 있다.

지방행정의 영역에서 계약은 다양하게 체결되고 이용되고 있지만 그에 관한 연구와 지방공무원들에 대한 교육훈련이 부족한 실정이다. 실제 사례들에 지방계약법을 적용하는 훈련이 필요하다. 또, 계약행정에 관한 주요 법적 쟁점들에 대한 조사분석도 강화되어야 할 것이다.

제 2 절 수의계약론

Ⅰ. 수의계약의 개념과 법적 성질

1. 수의계약의 개념과 그 중요성

수의계약[12]은 공사, 물품 및 용역 등에 대하여 지방자치단체가 경쟁의 방식이 아니라 임의로 특정의 상대방을 선택하여 체결하는 계약방식을 말한다. 청약자로부터 제안서 또는 견적서를 접수하고 계약의 승낙이 있기 전에는 청약서를 수정할 수 있으며, 협상은 가격, 계약이행스케줄, 요구되는 기술 등에 관하여 이루어진다.

12) 정부계약의 전반적인 내용에 관하여 선구적 논문을 작성한 이상도 변호사는 미국의 정부계약을 소개하면서 한국에서도 수의계약이라는 용어대신에 협상계약이라는 용어가 적절할 것이라고 지적하고 있다. 이상도, 정부계약의 방법에 관한 연구, 군사법논집 제2집, 1995, 202면.

수의계약의 경우에도 경쟁이 완전히 배제되는 것은 아니고, 계약담당 공무원은 소수의 적임자들에게 계약청약서를 작성하여 제출하도록 함으로써 어느 정도의 경쟁을 유도할 수 있다.

지방자치단체의 경우 중앙행정부처보다 계약금액의 규모가 상대적으로 작기 때문에 전체계약 중 수의계약의 비율이 상당히 높을 것으로 추정해볼 수 있다. 안전행정부가 밝힌 바에 따르면 지방자치단체의 수의계약은 지방자치단체가 일방당사자가 되는 전체 계약건수 중에서 2005년 2월 현재 69%를 차지하고 있다고 한다.[13)]

2. 수의계약의 장단점

1) 부패방지의 측면에서 공무원들이 사인들과 직접 접촉을 줄이고자 경쟁입찰, 그 중에서도 전자입찰에 대한 선호도가 매우 높고 그것의 적용영역이 넓어지고 있다. 하지만, 수의계약도 상당한 장점을 가지고 있으므로 그의 최적활용을 위해 노력하여야 한다.

첫째, 수의계약은 경쟁입찰의 경우와는 달리 경쟁의 필요뿐만 아니라 신속한 구매나 입찰비용의 감축 또는 사회적 약자의 보호 등 다른 사회목적을 함께 고려할 수 있다.[14)] 때문에, 수의계약은 매우 전문적이거나 특수한 성질의 용역, 매우 작은 규모의 계약, 긴급한 필요, 중소기업보호나 소수인종 또는 사회적 약자의 보호 등의 필요가 있는 경우에 이용될 수 있다. 절차가 간단하고 계약을 위한 거래비용도 적게 든다는 장점을 가지고 있다.

둘째, 계약담당자가 잠재적 계약상대방들과의 사전협상과정(negotiation process)을 가질 수 있다는 점이 수의계약의 중요한 장점일 수 있다.

---

13) 안전행정부는 지방자치단체가 체결하는 500만원 이상의 수의계약내역을 수의계약 체결 후 7일 이내에 계약종료 후 3년까지 당해 지방자치단체 홈페이지에 상세하게 공고하도록 권고하면서, 지방자치단체가 체결하는 전체계약건수의 69%를 차지하는 수의계약의 투명성에 문제가 있다고 했었다. 2005. 2. 14 www.mogaha.go.kr(행정자치부 재정정책과) 참조.

14) Ruth Hoogland Dehoog, Legal Issues in Contracting for Public Services, in: Cooper/Newland (ed.), Handbook of Public Law and Administration, 1997, p. 534 ff.

낮은 가격에의 구입목적 이외에 제품이나 용역의 특수한 기능이나 전문성이 요구되는 경우이지만, 계약의 목적과 내용에 비추어 능력, 기술과 경험 등의 측면에서 가장 적합하다고 생각하는 사람이나 탁월한 전문적 능력을 가진 기업이 입찰방식으로는 경쟁과정에 참여하기를 꺼릴 수 있다.[15] 이 때, 계약담당공무원은 수의계약방식의 협상을 통해 계약에 참여하도록 유도할 수 있다. 다만, 이 때에는 계약담당자가 상당한 전문성과 경험을 가지고 있어서 적임자를 선발할 능력을 갖추고 있어야 한다.

2) 수의계약에 대한 비판은 계약체결과정의 개방성이나 공정성 등이 부족하다는 점이다. 개방성부족으로 경쟁이 부족해 가격파괴와 품질혁신의 유인이 낮아 예산절감효과를 기대하기 어렵다. 또, 공정성이 부족해 편의성을 중시하여 제한이 없으면 공무원들이 너무 빈번히 사용해 자의성이 개입하기도 하고, 계약의 상대방이 해당 행정기관에 익숙한 사람으로 고정되어 오랜 유착으로 인한 문제가 생기기도 한다.

3) 수의계약의 장점들이 나타나는 데 관건이 되는 요소는 계약담당공무원의 전문성이다. 정형화된 경쟁입찰의 경우에는 재화의 구매가격이나 절차가 정형화되어 있지만, 수의계약의 경우에는 그러한 틀이 없어 계약담당공무원의 전문성, 성실성과 윤리성이 매우 중요하다.

---

15) Susan A. Macmanus, Why Businesses are reluctant to sell to Governments, Public Administration Review Vol.51, 1991, pp. 328~344. 가장 적합한 사업자나 사인이 지방자치단체의 계약과정에 참여하기를 꺼리는 원인은 여러 가지가 있을 수 있다. 계약상의 의무가 완전히 이행된 경우에만 금전채무를 이행하기 때문에 대금결제가 매우 늦고, 계약상의 의무이행결과의 우수성 여부에 대한 평가는 거의 하지 않으면서 계약상의 결과물에 대해서 지나치게 경직적인 규제를 가하거나 비용지출에 대해서 지나치게 규제를 가한다는 점이 원인일 수가 있다. 또, 계약상의 의무이행과정에서 지방자치단체의 협력이 필요함에도 불구하고 거의 협력이 제공되지 않고 있는 점도 계약참가를 꺼리게 하는 원인이 된다. 이 외에도 너무 많은 문서작업의 요구, 계약의 최종책임자와의 접촉의 어려움, 과거 계약이행실적의 요구 등 많은 사유들이 거론되고 있다.

3. 수의계약의 법적 성질

지방자치단체의 수의계약은 지방자치단체가 사경제주체로서 활동하는 사법상의 계약이다.[16] 지방자치단체는 상대방과 대등한 위치에서 수의계약을 체결하고 이에 관해 법령에 특별한 정함이 없는 경우에는 사적 자치와 계약자유의 원칙 등 사법의 원리가 적용된다. 하지만, 일방당사자가 지방자치단체이기 때문에 사법원리와 사법규정이 그대로 적용되지는 않고 공법상의 특별규정이 있는 경우가 많다. 이때에는 공법규정들이 적용되어야 하고 평등원칙, 비례원칙, 부당결부금지원칙과 같은 공법원리가 적용되어야 한다.

국가나 지방자치단체가 일방 당사자인 계약과 사인상호간의 계약의 중요한 차이점이 존재한다. 그것은 체결된 계약내용이 불완전할 때 사인상호간의 계약에서는 당사자간의 합의내용의 해석을 통해 그것을 보완하는 것이 일차적 해석방법인 데 대하여, 국가나 지방자치단체가 일방 당사자인 계약의 경우에는 우선적으로 공법규정들의 해석을 통하여 불완전한 계약내용을 보충하여야 한다는 점이다.[17]

Ⅱ. 수의계약의 성립

1. 계약의 주체

1) 지방자치단체가 수의계약과 같은 사법상의 계약을 체결하는 경우에도 당해 지방자치단체의 권한범위 내에서 계약을 체결할 수 있을 뿐이다. 즉, 계약당사자들의 의사표시의 합치가 공법상의 권한배분질서를 깨뜨리지 못하고,[18] 당해 지방자치단체의 계약체결권의 부존재를 치유하지 못

16) 대법원 1983. 12. 27, 81누366; 1996. 12. 20, 96누14708; 2001. 12. 11, 2001다33604.

17) Tom Madell, Local Government Bodies as Parties to Contracts, European Public Law Vol.7, 2001, pp. 66~67.

18) Elke Gurlit, Verwaltungsvertrag und Gesetz, 2000, S. 415; Tom Madell, op.cit.(각

한다. 판례도 “특별회계에 속하는 재산은 그 소관청이 관리·처분권을 가지고, 총괄청인 재무부는 관리·처분권을 가지지 못한다 할 것이어서, 그 특별회계에 속한 잡종재산을 재무부가 처분한 경우에는 관리·처분권이 없는 기관이 처분한 것으로서 무효”라고 한다(대법원 2002. 7. 12, 2001다16913).

2) 지방자치단체에서 계약을 체결하는 자의 명의는 지방자치단체장인 경우가 일반적이다. 이 권한은 자치사무인 경우도 있겠지만 위임사무인 경우도 있다. 지방자치단체의 직원들은 법령에 특별한 규정이 없거나 위임이 없는 한 지방자치단체의 장이 체결하는 계약업무를 도와주는 보조자에 불과하다고 할 수 있다.

지방자치단체장은 계약사무의 전부 또는 일부를 회계관계공무원, 중앙행정기관의 장, 다른 지방자치단체의 장 또는 전문기관에게 위임·위탁할 수 있다. 또, 지방자치단체장은 ‘보조기관·보좌기관 또는 당해 업무담당 공무원으로 하여금 위임전결’하게 할 수 있다. 판례에 나타난 예로는 “지방자치단체의 장의 보조기관인 건설과장의 요청에 의하여 노무자가 일정한 노무를 제공한 경우, 이 계약의 체결이 위 과장의 권한에 속하는 한 이는 유효하게 성립한 것으로 위 과장이 노무자를 고용함에 있어서 행정상의 내부적인 절차를 경유하지 않았다고 할지라도 그것은 행정상의 내부관계에 불과하여 이로써 위 노무계약이 위법이거나 무효라고 단정할 수 없다”고 한 것이 있다(서울고법 1963. 6. 3, 63다22).

더 나아가 판례는 “지방자치단체가 사경제주체로서 법률행위를 하였을 때에는 표현대리에 관한 법리의 적용이 있다”고 한다(대법원 1961. 12. 28, 4294민상204). 따라서, 민법 제126조에 의해 위임받은 공무원이나 대리인이 그 권한외의 법률행위를 한 경우에 제3자가 그 권한이 있다고 믿을 만한 정당한 이유가 있는 때에는 지방자치단체는 그 행위에 대하여 책임이 있다.[19]

주 17), p. 73.

19) 지방자치단체의 수의계약을 포함한 정부계약에 있어 표현대리법리의 적용은 비교법적으로 볼 때 예외적인 것이다. 미국과 영국의 경우 지방공무원이 그의 권한을 넘어 계약을 체결하면 그 계약은 무효가 되고 프랑스의 경우 행정에게 일방적 해지권과

3) 수의계약을 체결할 상대방의 선택은 법령의 한계 내에서 지방자치단체장과 계약담당자의 재량적 판단에 속한다. 계약담당자는 계약의 목적이나 성질 등에 비추어 경험과 기술을 가지고 있고 재무구조가 건실하다는 등 전문성과 신뢰성을 보장할 수 있는 특정의 사업자와 계약을 체결함으로써 그 재량을 남용하지 않아야 한다.

수의계약상대자의 자격요건은 경쟁입찰 참가자의 요건을 준용하므로 경쟁입찰 참가자와 동일하다(지방계약법시행령 제32조). 따라서, 다른 법령의 규정에 의하여 허가·인가·면허·등록·신고 등을 요하거나 자격요건을 갖추어야 할 경우에는, 당해 허가·인가·면허·등록·신고 등을 받았거나 당해 자격요건에 적합해야 한다.

2. 수의계약의 대상

1) 행정청이 공적 과제를 어떤 행위형식에 의하여 이행하여야 하는가의 판단에 있어 법률에서 특정한 행위형식을 이용하도록 규정하고 있지 않는 한 행정청에게 선택의 자유가 인정된다.[20]

하지만, 수의계약대상의 결정과 선택에 있어서는 행정청에게 행위형식 선택의 자유가 인정되고 있지 않다. 법률에서 허용하고 있는 경우에만, 즉 자유의사가 아니라 객관적인 기준에 의해서 지방자치단체의 수의계약이용 가능성이 결정된다. 다만, 이 기준 자체가 불확정개념으로 되어 있을 때에는 행정청에게 해석의 여지가 인정된다.

2) 지방자치단체의 수의계약의 대상에 관하여 구체적으로 규정하고 있는 법령은 지방계약법시행령 제25조인데, 이 시행령에 따라 수의계약을 체결할 수 있는 경우는 다음과 같다.

① 천재지변, 작전상의 병력이동, 긴급한 행사, 원자재의 가격급등, 그

해제권이 인정된다. 이에 관한 소개는, 박정훈, 앞의 글(각주 3), 211, 217면 참조.

20) 독일의 통설이기도 하다. Wolff/Bachof/Stober, Verwaltungsrecht Ⅰ, § 23 Rn. 4 ff.; Dirk Ehlers, Verwaltung in Privatrechtsform, 1984, S. 64.

밖에 이에 준하는 경우로서 입찰에 부칠 여유가 없는 경우

② 입찰에 부칠 여유가 없는 긴급복구가 필요한 재난 등 안전행정부령에 따른 재난복구 등의 경우

③ 국가기관, 다른 지방자치단체와 계약을 하는 경우

④ 특정인의 기술·용역 또는 특정한 위치·구조·품질·성능·효율 등으로 인하여 경쟁을 할 수 없는 경우로서 열거된 사유에 해당할 때

⑤ 건설종합공사 추정가격이 2억원 이하이거나, 물품의 제조·구매·용역계약의 추정가격이 5천만원 이하인 경우 등

또, 지방자치단체의 일반재산의 대부도 일정한 경우 수의계약의 대상이 될 수 있다(공유재산 및 물품 관리법 시행령 제29조).

① 국가·지방자치단체·공법인·공익법인이 직접 사용하려는 경우,

② 일단의 면적이 1만제곱미터 이하인 농경지를 경작의 목적으로 실경작자에게 대부하는 경우

③ 재산의 성질상 또는 사회정책상 일반입찰로 매각하기가 곤란한 재산을 대부하는 경우

④ 임야를 목축·광업·채석 등의 목적으로 대부하는 경우

⑤ 청사의 구내재산을 공무원의 후생 목적으로 사용하기 위하여 대부하는 경우

위에 열거된 사유들을 계약대상에 따라 유형화해볼 때, 시설계약, 물품조달계약 및 용역계약으로 나눌 수 있다.

3) 수의계약대상이 아님에도 불구하고 예외적으로 수의계약대상이 되는 경우도 있다. 재공고입찰을 했음에도 입찰이 성립하지 아니하거나 낙찰자가 없는 경우에는 수의계약에 의할 수 있다. 그리고 재공고유찰, 낙찰 후 계약체결 불응 등의 경우에는 예정가격이나 낙찰금액을 분할할 수 있는 경우에 한하여 수인에게 분할하여 계약하는 분할수의계약을 체결할 수도 있다.

3. 수의계약에 있어 예정가격작성비치의무 및 견적서제출의무

1) 지방자치단체의 장 또는 계약담당자는 수의계약에 부칠 사항에 대하여 해당 규격서 및 설계서 등에 따라 예정가격을 작성하여야 한다. 다만, 다른 지방자치단체와 계약을 체결하는 경우에는 예정가격을 작성하지 아니하거나 생략할 수 있다.

수의계약의 경우에 예정가격은 상한을 의미하는 것이 아니라 적정한 가격에 계약을 체결하도록 하기 위한 기준을 의미한다고 보아야 한다.[21)] 지방자치단체는 예정가격의 한도 내에서 수의계약을 체결하는 것이 원칙이지만, 반드시 예정가격 내에서 계약을 체결하도록 법률에서 의무부과하고 있지는 않으므로 예외가 있을 수 있다. 즉, 견적서를 제출한 자들 모두가 예정가격을 넘는 금액을 기재했고 다시 견적서를 받아도 모두 예정가격을 넘은 경우에는 예정가격을 넘어 계약할 수 있다고 보아야 할 것이다.

수의계약을 체결하려는 경우에는 2인 이상으로부터 견적서를 받아야 한다. 계약의 목적에 따라 필요한 금액의 세부항목을 기재한 견적서를 제출하도록 하는 이유는 당해 지방자치단체에게 가장 유리한 계약상대방을 발견하기 위해서이다.[22)] 또, 수의계약을 하는 경우에도 공무원과 사업자가 부당하게 유착하여 불합리한 가격으로 계약하는 것을 방지하고 주민들로부터의 불신을 방지하기 위함이기도 하다. 다만 2천만원 이하의 계약 등의 경우에는 1인의 견적서로 가능하다. 또, 전기, 가스, 수도의 공급 및 추정가 10만원 미만의 물품, 임차, 용역 등의 경우는 견적서를 생략할 수 있다.

2) 우리 실정법은 수의계약에의 참가를 권유하는 절차와 계약상대방의 결정방법에 관하여 아무런 규정을 두고 있지 않다.

미국의 정부계약에서는 협상계약에 있어서도 계약참여의 권유나 요청(solicitation)을 중요시하고 있으며 이 행위는 서면으로 하도록 하고 있다. 이 서면에는 계약할 내용과 의무 그리고 청약서 또는 견적서의 작성에 필

21) 橋本 勇, 自治体行政の執行と監視, 1999, 80~81면.
22) 橋本 勇, 위의 책, 80면.

요한 정보를 담고 있어야 한다. 이 권유서가 중간에 크게 수정된 때에는 청약가능성이 있는 사람들에게 다시 수정된 내용을 보내야 한다.

정부나 지방자치단체는 계약상대방의 선택과 관련하여 여러 평가요소를 고려하여 판단할 재량을 갖는 것이지만 그 중에서도 가격요소가 중요한 판단기준이 된다.

미국에서도 과거에는 협상계약에 있어 예정가격(estimated cost)제도를 상당히 이용했지만 현재는 잘 이용하지 않는다. 그럼에도 불구하고 계약상대방의 선정에 있어 가격이나 비용요인이 여전히 중요하지만,[23] 최저가격을 제안하지 않은 사람이나 기술적으로 가장 우수하지 않은 사람과도 계약을 체결할 수 있다고 한다. 다만, 이렇게 하기 위해서는 사전에 계약참가에의 권유를 할 때, 가격이나 비용 이외에 어떤 평가요소들이 더 중요한지 또는 어느 정도로 중요한지 하는 내용을 그 권유서에 담고 있어야 한다.[24]

권유서를 보내기 전에 청약자들이 시간과 비용을 절약하고 청약서를 적절하게 작성할 수 있도록 사전에 정보를 제공하고 자문을 제공할 수도 있다.[25]

4. 수 수 료

지방자치법 제137조 제1항은 “지방자치단체는 그 지방자치단체의 사무가 특정인을 위한 것이면 그 사무에 대하여 수수료를 징수할 수 있다”고 규정하고 있다. 이에 따라, 지방자치단체는 계약업무를 처리함에 있어 사인으로부터 수수료를 징수할 수 있다.

판례에 나타난 것으로는 횡성군의회가 횡성군 제 증명 등 수수료징수조례 중 개정조례안을 의결하여 수의계약신청 및 견적에 대하여 수수료를

---

23) W. Noel Keyes, op.cit.(각주 2), pp. 249~250.

24) 이 과정을 교환과정(Tradeoff Process)이라 부른다. W. Noel Keyes, op.cit.(각주 2), p. 241.

25) 권유서를 받지 않았어도 자신의 신기술이나 전문지식을 이용하여 공공기관과 계약을 체결하고자 하는 사업자가 광고를 하거나 청약의향서를 보낼 수 있도록 홈페이지나 게시판 등을 통해 공지하는 것도 필요하다. 이를 통해 행정기관 입장에서도 계약에 새로운 정보를 파악하여 더 효과적으로 행정목적을 달성할 수도 있을 것이다.

징수하도록 한 예가 있다. 이 사건에서 대법원은 수의계약신청 또는 견적에 대하여 건당 금 10,000원의 수수료를 징수하도록 한 부분은 주민의 의무부과에 관한 사항이지만 법률의 위임이 있으므로 적법한 것이라고 했다(대법원 1997. 10. 14, 97다21253).[26]

법에서 규정하고 있는 "지방자치단체는 당해 지방자치단체의 사무가 특정인을 위한 것일 경우"란 "지방자치단체의 사무가 특정인만을 위한 사무인 경우에 한정하여 수수료를 징수할 수 있다는 것이 아니라 지방자치단체의 사무가 특정인을 위한 사무인 동시에 지방자치단체 자신의 사무인 경우에도 수수료를 징수할 수 있다는 취지"이다(대법원 1997. 10. 14, 97다21253). "경쟁입찰의 경우에 입찰에 참가하고자 하는 자로부터 입찰참가신청을 수리하는 사무나 수의계약의 경우에 수의계약을 체결하고자 하는 자로부터 수의계약신청 또는 견적서를 제출받는 사무는 지방자치단체 자신을 위한 사무인 동시에 입찰에 참가하고자 하는 자 또는 수의계약을 체결하고자 하는 자를 위한 사무"이다(대법원 1998. 9. 8, 98추26).

5. 계약탈락자의 보호

미국의 정부계약제도에서는 협상계약의 경우에도 계약상대방으로 선정된 자는 물론 탈락자에 대해서도 신속하게 구두, 서면 또는 전자문서 등으로 그 결과와 이유를 통지해주도록 하고 있다.[27] 그들의 청약서에 대한 평가결과와 평가내용도 알려주어야 한다. 하지만 경쟁자이었던 타인의 평가내용이나 평가결과를 알려줄 의무는 없다.

우리나라에서는 국가계약법 등 관계법이나 지방계약법에서 계약탈락자에 대한 탈락의 이유와 결과를 통지하는 제도를 도입하지 않고 있다. 행정행위에 준하여 지방자치단체의 계약의 경우에도 낙찰자나 탈락자 모두에게 이유제시를 하고 권리구제방법도 고지하도록 입법적으로 정비되어야

26) 입찰계약에 관한 것이지만, 경남 산청군의회가 '제증명 등 수수료징수조례'를 제정하여 입찰참가신청 1건당 금 10,000원을 징수하도록 규정한 예도 있다(대법원 1997. 10. 14, 97다21253).

27) W. Noel Keyes, op.cit.(각주 2), p. 262.

할 것이다.

Ⅲ. 수의계약의 취소, 해제와 손해배상

1. 계약의 취소

1) 지방자치단체의 수의계약의 취소에 관해서는 특별규정이 없으므로 민법 제109조 착오로 인한 의사표시의 취소와 제110조 사기, 강박에 의한 의사표시의 취소가 적용된다.

따라서, "지방자치단체가 관할 구역 변경으로 타 지방자치단체의 잡종재산을 승계하게 되었음에도, 그 잡종재산은 승계 대상에 포함되지 않아 여전히 타 지방자치단체의 소유라고 잘못 알고 이를 매수하기로 매매계약을 체결한 경우, 그 매매계약의 내용의 중요 부분에 착오"가 있으므로 당사자인 사인은 잡종재산의 매수계약을 취소할 수 있다(광주지법 2000. 5. 19, 99가합13708).

또, "시로부터 공원휴게소 설치시행허가를 받음에 있어, 담당공무원이 법규오해로 인하여 잘못 회시한 공문에 따라 동기의 착오를 일으켜 법률상 기부채납의무가 없는 휴게소부지의 16배나 되는 토지 전부와 휴게소건물을 시에 증여한 경우, 휴게소부지와 그 지상시설물에 관한 부분을 제외한 나머지 토지에 관해서만 법률행위의 중요부분에 관한 착오"로서 취소할 수 있다(대법원 1990. 7. 10, 90다카7460).

2) 매매대금에 관한 것도 중요부분의 착오로서 취소사유가 될 수 있을까? 판례는 매매대금은 매매계약의 중요 부분인 목적물의 성질에 대응하는 것이기는 하나 분량적으로 가분적인데다가 시장경제하에서 가격은 늘 변동하는 것이어서, 설사 매매대금액 결정에 있어서 착오로 인하여 다소간의 차이가 나더라도 보통은 중요 부분의 착오로 되지 않는다고 한다. 다만, 정당한 평가액을 기준으로 무려 85%나 과다하게 평가된 경우로서 그 가격

차이의 정도가 현저한 경우는 중요부분의 착오로서 취소할 수 있다고 한다(대법원 1998. 2. 10, 97다44737). 지방자치단체가 이와 같은 착오가 없었더라면 그처럼 과다하게 잘못 평가된 금액을 기준으로 협의매수계약을 체결하지 않았을 것이므로 협의매수계약 내용의 중요한 부분에 착오가 있다고 볼 수 있을 것이다.

3) 착오로 인해 의사표시를 한 경우에도 그 착오가 표의자의 중대한 과실로 인한 때에는 취소하지 못한다(대법원 1998. 2. 10, 97다44737). 두 개의 감정평가기관이 동시에 착오에 빠져 둘 다 비슷한 평가액을 낸 경우 지방자치단체는 이를 신뢰할 수밖에 없을 것인데, 지방자치단체가 이 토지들의 용도 및 감정평가서의 내용 등을 면밀히 검토하여 그 잘못된 점을 발견해내지 못한 채, 두 감정기관의 감정서 내용을 그대로 믿고 이를 기준으로 협의매수계약을 체결하였다고 해도, 당해 지방자치단체에게 이 착오를 일으킨 데 대하여 중대한 과실이 있다고 보기는 어려울 것이다(대법원 1990. 7. 10, 90다카7460).

4) 지방자치단체의 계약이 사인의 사기에 의해 체결된 때에는 그 계약을 취소할 수 있다. 판례상의 예로는 입찰계약에 관한 것이기는 하지만, “사전에 조작된 입찰 모듈을 전자입찰 시스템에 설치하여 특정 업체로 하여금 공사를 낙찰받게 한 행위”가 있다(광주지법 2004. 7. 15, 2003구합278). 전자입찰시스템에서도 사기가 나타나고 있다는 점은 주의를 요한다.

2. 계약의 해제

1) 계약은 당사자의 합의에 기초하고 있기 때문에, 당사자의 일방에 의하여 일방적으로 계약내용이 변경될 수도 없고 해제하거나 해지할 수 없는 것이 원칙이다. 하지만, 법령에서 해제나 해지할 수 있는 경우를 특별히 규정한 때에는 해제나 해지가 가능하게 된다(지방계약법 제91조. 민법 제543조).

지방자치단체가 계약을 체결하면서 그 매매계약서에 계약해제의 특약을 기재해 놓은 경우가 문제된다. "허위의 진술 또는 부실의 증빙서류를 제시하였거나 기타 부정한 방법으로 매수한 사실 또는 위법한 사실이 발견된 때에는 계약을 해제할 수 있다"는 해제권유보의 약정의 의미에 관하여, 판례는 매도인에 의한 매매계약의 해제는 오로지 매수인에게 귀책사유가 있을 때에만 가능하고 매도인에게 귀책사유가 있는 경우에는 해제는 가능하지 않다고 한다. 이러한 입장에서, "매매대상토지 중 일부는 수의계약의 대상이 될 수 없음에도 전체가 수의계약의 대상이 되는 것으로 알고 매각한 잘못이 있을지라도 이는 매도인측의 귀책사유로 발생한 것이므로 매도인은 매매계약을 해제할 수 없다"고 한다(대법원 1993. 5. 25, 92다38058).

하지만, 오직 매도인측에게 귀책사유가 있는 경우 해제할 수 없다고만 해석하는 것은 문제가 있다. 담당공무원의 전문성이나 성실성 부족은 개인적 사유에 불과한 것이므로 공익상 반드시 필요한 재산인 경우 국가나 지방자치단체는 담당공무원의 귀책사유가 있는 경우에도 계약을 해제할 수는 있고 다만 사인이 입은 손해는 배상하고,[28] 담당공무원을 징계하는 방식의 대안을 선택할 수 있다고 본다.

2) 매도인과 매수인에게 공동으로 귀책사유가 있는 경우에 관한 판례로는 다음의 것이 있다. 이 사안은 매수인이 담당공무원과 공모하여 국유재산관리계획작성지침 소정의 매각 대상 부동산이 아님에도 허위의 증빙서류를 제출하는 등 부정한 방법을 사용하여 그 지침을 위반하여 지방자치단체의 일반재산을 매수한 경우이었다.

대법원은 이 사건에서 그 매수행위가 반사회적 법률행위에 해당하여 무효가 되는 것은 아니라고 했다. 즉, 그 지침은 국유재산업무를 담당하는 공무원들이 매각업무 처리시 일응의 기준으로 삼는 내부규정일 뿐이어서 그 지침에 위반하였다고 하여 개인간의 거래의 객체가 되는 부동산을 매수한 행위가 무효로 되는 것은 아니라는 것이다. 하지만, 계약을 해제 또는 해지할 수는 있다고 판시했다(대법원 1999. 9. 7, 99다14877. 공유재산 및 물

28) 같은 취지의 판례는, 대법원 1972. 2. 22, 71다1599.

품관리법 제38조).

3) 위의 사례에서 대법원은 매매계약이 무효가 아니라는 입장에서 당해 지방자치단체는 그 부동산에 대한 매매계약을 해제하기 전에 그 부동산을 매수하고 소유권이전등기를 경료한 제3취득자에게 그 매매계약의 해제로써 대항할 수 없다고 했다(대법원 1999. 9. 7, 99다14877).[29]

하지만, 다음에 소개하는 판례는 다른 해결방식을 보여준다. 즉, 귀속재산을 관리처분하는 공무원들이 귀속임야를 타인에게 공매하여 그 대금을 완납받고 그 이전등기만 미필 중에 있었던 상태에서 이를 이중매각 할 수 없는데도 불구하고, 수의계약의 방법으로 제3자에게 은밀히 다시 매도하여 그 앞으로 그 소유권 이전등기를 해주어도 그 등기는 무효가 되어 말소되어야 한다는 것이다.

이 때, 국유재산인 임야를 이중으로 매각한 공무원들의 사용자인 국가나 지방자치단체는 뒤의 매매를 유효한 것으로 믿고 전득한 제3자에게 대항할 수 있되, 그 전득 당시의 임야대금 및 이에 대한 이자를 손해배상으로 지급할 의무가 있다고 한다(대법원 1972. 2. 22, 71다1599).

3. 계약금액의 감액

1) 법령에 특별한 규정이 있는 경우 지방자치단체는 계약금액을 감액할 수 있다.

예를 들어 외국인투자의 유치를 촉진하기 위하여 외국인투자촉진법 제13조 제8항은 지방자치단체장이 그 지방자치단체가 소유하고 있는 토지 등을 외국인투자기업에게 임대하는 경우에는 국내기업에 대한 대부요율보다 저렴한 요율로 당해 토지 등의 임대료를 감면할 수 있다고 규정하고 있다.

---

29) 사견으로는 이 판례는 문제가 있다고 본다. 지방자치단체가 일방당사자인 계약을 사인간의 거래와 마찬가지로 지나치게 제3자 보호를 우선시하여 지방자치단체의 재산보호라는 공익을 무시하고 있기 때문이다.

그 구체적인 대부요율과 감면율, 감면 여부 등은 지방자치단체의 장이 대부되는 국·공유재산의 종류와 외국인투자기업의 성격, 투자규모 및 그로 인한 고용창출 및 기술이전, 국가재정 또는 지방자치단체의 재정자립에 미치는 영향 등 모든 사정을 고려하여 재량적인 판단에 따라 외국인투자기업과의 협상을 통하여 대부계약 체결시에 결정될 것이다. 따라서, 감면 여부 및 감면율은 당해 지방자치단체의 재량에 속한다.

법원은 당초의 대부계약 체결 이후에 국내기업이 외국인투자기업으로 된 경우, 지방자치단체가 대부료 감면 조치를 취하지 아니하고 당초의 사용허가조건 또는 대부계약에 따라 대부료를 부과·징수하였다고 하더라도 이를 들어 법률상 원인 없이 대부료를 부당이득한 것이라고 볼 수는 없다고 했다(전주지법 2004. 5. 28, 2003가합3842).

2) 지방자치단체가 사인과 계약을 한 경우 그 계약은 준수되어야 하고 일방적으로 수정되어서는 안 될 뿐만 아니라, 법원도 계약상의 의무가 이행되도록 보장하여야 하는 것이 원칙이다. 지방계약법 제6조 제1항도 "계약은 상호 대등한 입장에서 당사자의 합의에 따라 체결되어야 하고, 당사자는 계약의 내용을 신의성실의 원칙에 따라 이행하여야 하며, 지방자치단체의 장 또는 계약담당자는 이 법 및 관계 법령에 규정된 계약상대자의 계약상 이익을 부당하게 제한하는 특약이나 조건을 정하여서는 아니 된다"고 규정하고 있다.

그런데, 지방자치단체는 계약을 체결하면서 지방계약법 제6조 제1항에도 불구하고 정당한 사유가 있는 경우 계약금액을 감액할 수 있다는 특약을 할 수 있을까? 판례는 정당한 사유가 있으면 감액특약이 가능하다고 한다. 즉, "계약체결 후 예정가격 또는 계약금액의 결정에 하자 또는 착오가 있음이 발견되거나 기타 계약금액을 감액하여야 할 사유가 발생하였을 때에는 계약금액을 감액하거나 환수조치할 수 있다"는 계약특약을 할 수는 있고, 이것의 의미는, "계약 상대자가 예정가격 또는 계약금액을 높이기 위하여 부정한 방법 등을 사용하거나, 그로 인하여 시의 계약담당공무원이 착오를 일으켜 예정가격 또는 계약금액을 부당하게 높게 책정할 경우," 그

정상가격과의 차액을 감액하거나 환수할 수 있다는 뜻이라고 한다(대법원 1992. 4. 28, 91다46885).[30)]

3) 감액특약은 계약상대방이 지방자치단체로 하여금 계약금액을 잘못 파악하도록 유발시킬 위험성이 있거나 '계약 당시 실제거래가격에 대한 정보부족'(대법원 1990. 11. 23, 90다카3659)이 있을 경우에 대비하기 위한 것이다.

이러한 감액특약은 정상적인 거래관행에 비추어 상대방에게 불이익이 되도록 부당하게 거래조건을 설정한 행위라고 할 수는 없으므로 독점규제 및 공정거래에 관한 법률 소정의 불공정거래행위에 속한다고 할 수도 없다.[31)]

4. 계약의 하자담보를 위한 하자보수보증금

1) 납품자인 기업이나 사인이 계약체결 후 부실화되거나 파산한 경우 특정 시기에 반드시 필요한 재화나 용역을 공급받지 못할 수도 있다. 또, 완성된 물품, 시설, 결과물 등에 하자가 있을 수도 있다. 이러한 경우를 대비하여 계약이행의 보증과 하자보수보증을 요구하는 것이 필요하다.[32)] 시설계약의 경우나 전문적인 연구프로젝트 발주의 경우 보증의 필요성이 특히 현저하다.

지방계약법 제21조 제1항은 "지방자치단체의 장 또는 계약담당자는 제20조 제1항 및 제2항에 따라 담보책임의 존속기간을 정한 경우에는 계약

---

30) 실제로 계약금을 감액하기 위해서는 "단순히 시가 구매물품을 조달품목이 아닌 것으로 잘못 파악하였다는 사실만으로는 부족하고, 시가 그와 같이 착오를 일으킨 데 대하여 상대방에게 귀책사유가 있다거나 그러한 착오로 인하여 계약금액이나 예정가격이 부당하게 높게 책정된 것이라고 볼 만한 사정이 있어야 한다"는 판례도 동일 취지를 밝히고 있다(대법원 1992. 4. 28, 91다46885).

31) 대법원 1990. 11. 23, 90다카3659. 이 사건은 서울시와 전동차제작회사 간에 전동차 제작납품계약에 관한 것이다.

32) Ruth Hoogland Dehoog, op.cit.(각주 13), p. 536은 미국에서도 계약이행의 보증제도가 필요하다고 한다.

상대자로 하여금 그 계약의 하자보수를 보증하기 위하여 하자보수보증금을 내도록 하여야 한다"고 하여 하자보수보증금을 선납하도록 규정하고 있다. 이것은 민법 664조 이하의 도급계약에서는 볼 수 없는 내용으로 국가나 지방자치단체와의 계약의 공공성을 대변해주는 규정이다.[33]

2) 하자보수보증금에 관한 판례들이 여러 건 나타나고 있다.

우선 하자보수보증금의 의미와 성격이 위약벌인가 손해배상액의 예정인가에 관하여, 판례는 위약벌로 볼 만한 특별한 사정이 없는 한 특수한 손해배상액의 예정으로 보고 있다. 한 판례에서 대법원은 "공사도급계약서 또는 그 계약내용에 편입된 약관에, 수급인이 하자담보책임 기간 중 도급인으로부터 하자보수요구를 받고 이에 불응한 경우 하자보수보증금은 도급인에게 귀속한다는 조항이 있을 때, 이 하자보수보증금은 특별한 사정이 없는 한 손해배상액의 예정으로 볼 것"이라고 한다. 다만, "하자보수보증금의 특성상 실손해가 하자보수보증금을 초과하는 경우에는 그 초과액의 손해배상을 구할 수 있다는 명시 규정이 없다고 하더라도 도급인은 수급인의 하자보수의무 불이행을 이유로 하자보수보증금의 몰취 외에 그 실손해액을 입증하여 수급인으로부터 그 초과액 상당의 손해배상을 받을 수도 있는 특수한 손해배상액의 예정으로 봄이 상당하다"고 한다(대법원 2002. 7. 12, 2000다17810).

또, 다른 판결에서는 지방자치단체가 택지를 공급하면서 작성한 택지공급협약서에 "매수인의 귀책사유로 계약이 해지된 경우 매매대금의 10%에 해당하는 선수금을 지방자치단체에 귀속하되 이로 인하여 매수인의 손해배상의무가 면제되는 것은 아니다"라고 한 특약의 의미가 문제되었다.

이 특약 속에는 매수인의 손해배상의무만 규정되어 있을 뿐 매수인이 배상할 손해의 범위나 위 위약금 조항과의 관계가 구체적으로 명확하게 드러나 있지 않았다. 판례는 이 조항은 매수인의 귀책사유로 위 토지공급협약이 해제될 경우 그로 인하여 지방자치단체가 입은 손해 중 위 위약금 범위 내의 손해는 위약금의 몰취로써 그 배상에 갈음하고, 이를 초과하는 손

33) 최성은, 행정법상 행정계약의 법리, 2003, 82면.

해가 있으면 그에 대하여 매수인이 배상책임을 진다는 취지라고 이해할 수 있고, 이 위약금은 위약벌로서 몰취하고 그로써 전보되는 손해에 대하여도 매수인이 따로 손해배상책임을 진다는 취지는 아니라고 한다. 따라서, 이 협약 중 전체 매매대금의 10%에 해당하는 금액의 귀속조항은 일종의 손해배상의 예정으로 이해할 수 있다는 것이다(대법원 2000. 12. 22, 99다4634).

3) 한편, 지방자치단체가 시행하는 공업단지 조성사업 등과 관련하여 수많은 입주예정자들과 입주예정자가 입주를 포기하는 경우 입주자 부담금의 10%를 지방지차단체에 귀속시키는 위약금 조항을 둔 경우가 문제된 사건도 있었다. 이 위약금의 성격은 지방자치단체에게 발생한 실제 손해액과 직접 관련되지 않은 위약벌로 볼 수밖에 볼 수 없을 것이다.

이 조항은 수많은 입주예정자들에게 동일하게 적용하기 위해 제정한 것으로 약관의 규제에 관한 법률에서 규정하고 있는 약관에 해당되었다. 그런데, 약관의 규제에 관한 법률 제8조는 '손해배상액의 예정'이라는 항목으로 "고객에 대하여 부당하게 과중한 지연손해금등의 손해배상의무를 부담시키는 약관조항은 이를 무효로 한다"고 규정하고 있었다.

위의 사례에서 입주를 포기할 때 입주자 부담금의 10%를 지방지차단체에게 귀속시키는 위약금 조항은 동법 제8조에 반하여 무효인가? 대법원은 이러한 위약금 조항은 당사자의 지위, 입주계약의 목적과 내용, 손해배상액을 예정한 동기와 경위, 손해배상 예정액의 비율, 예상 손해액의 크기, 그 밖의 거래관행 등 여러 사정에 비추어, 위 위약금 조항이 입주자를 비롯한 고객에 대하여 부당하게 과중한 손해배상의무를 부담시키는 것이거나 신의성실의 원칙에 반하여 공정을 잃은 약관조항인지 여부에 따라 판단해야 한다고 하면서, 이 특약조항은 무효가 아니라고 판시했다(대법원 1997. 7. 22, 97다13306).

4) 회사의 하자보증금 반환채권은 하자담보책임기간 내에 하자가 발생하지 아니하거나 혹은 그 기간 내에 하자가 발생한 경우에도 회사가 위 계약에 따른 하자보수의무를 이행하는 것을 조건으로 하여 발생한다. 계약

상대방인 회사가 계약상의 하자담보책임기간 내에 하자보수의무를 불이행하면 하자보수보증금의 반환채권은 발생하지 아니한다(대법원 1998. 1. 23, 97다38329).

5. 계약자의 손해배상책임

1) 지방자치단체가 사회적 인프라의 건설을 위해 건설회사들과 건설도급계약을 체결한 후 그 감리감독을 태만하게 하여 제3자인 주민에게 피해가 발생한 경우 누가 책임을 지는가?

공사를 발주한 지방자치단체 소속의 현장감독 공무원인 공사감독관이 직무에 위배하여 당해 건축공사가 불법 하도급되어 무자격자에 의하여 시공되고 있는 점을 알고도 이를 묵인하거나, 불법건축사실을 쉽게 적발할 수가 있었음에도 직무상의 의무를 태만히 하여 무자격자로 하여금 공사를 계속하게 하는 사례들이 빈번하게 발생하고 있다. 이러한 경우 그 책임의 귀속이 문제되는 것이다.

건설기술관리법 제35조는 건설공사감독자의 의무에 관해 "발주청이 발주하는 건설공사의 공사감독자는 그 감독업무를 성실히 수행하여야 한다"고 하고 있다. 이 조항은 무자격자 또는 자격미달자가 건설공사에 참여함으로써 야기될 공사의 부실화와 그로 인하여 발생할지도 모르는 재해를 미연에 방지하고자 공사감독관에게 철저한 감독의무를 부과한 것이라고 할 수 있다.

시공방법상의 오류와 그 밖의 안전상의 잘못으로 인하여 콘크리트 타설작업 중이던 건물이 붕괴되는 사고가 발생한 경우에, 만일 자격있는 자가 시공을 하였다면 인명피해와 같은 재해가 발생하지 아니하였거나 재해발생의 위험이 상당히 줄어들었으리라고 인정된다면, 공사감독관의 직무상의 의무위반과 붕괴사고 등의 재해로 인한 치사상의 결과 사이에 상당인과관계가 있다고 할 수 있다(대법원 1995. 9. 15, 95도906). 이 경우 지방자치단체와 공사감독관은 피해자에 대하여 손해배상의 책임을 진다.

2) 행정기관이 계약상대방인 사인의 용역제공행위를 전적으로 통제하고 있을 때, 즉 사인에게 계약업무의 수행과 관련하여 재량이 전혀 부여되지 않은 채 행정이 전과정에 대해 구체적으로 지시하고 감독하는 경우, 계약의 결과물에 하자가 생기고 그 하자에 의해 제3자에게 피해가 발생했을 때 행정기관과 사인 중 누가 책임을 져야 하는가?

대법원은 도급공사와 관련하여 사인이 재량을 갖고 있는가에 따라 판단하여야 한다고 하면서, 사인에게 공사와 관련하여 재량이 인정되지 않은 경우에는 지방자치단체와 같은 행정기관만 책임을 진다고 볼 것이라고 했다(대법원 1998. 10. 23, 98다17381).[34][35]

이 입장에서 대법원은 "공사감독의 정도가 수급인인 소외 회사의 공사의 운영 및 시공의 정도가 설계도 또는 시방서대로 시행되고 있는지 여부 등을 확인하여 공정을 감독하는 이른바 감리정도에 불과한 것인지, 아니면 현장에서 구체적인 공사의 운영 및 시행을 직접 지시·지도하고 감시·독려함으로써 시공 자체를 관리하는 정도에까지 이르렀다고 볼 수 있는 것인지 여부를 판단한 연후"에 그 책임귀속의 문제를 결정하여야 한다고 하였다(대법원 1998. 10. 23, 98다17381).

3) 공무원이 위법한 직무수행으로 사인에게 손해를 끼친 경우, 국가배상법 제2조에 의해 국가와 지방자치단체는 사인에게 손해배상책임을 지고, 해당 공무원에게 고의 또는 중과실이 있다면 지방자치단체 등은 그에게 구상권을 행사할 수 있다. 또, 회계관계공무원이 회계관계행위를 잘못하여

34) 이 사건의 내용은 다음과 같다. 강원도 속초시 금호동 비탈사면인 자연상태의 언덕에 대하여 부분적 훼손이 진전되고 기초 부분의 균열이 초기상태에 있음이 발견되자, 속촉시는 옹벽시설공사를 하기로 결정하여 주식회사 대창건설에 옹벽시설공사의 도급을 준 사건이었다. 그런데 주식회사 대창건설은 공사현장 부근 주민들의 안전보호를 위해 추락에 대비한 안전시설을 갖추거나 공사장 출입금지 푯말을 세우고 안전을 고려하여 조명시설 및 위험표지판을 설치하여야 함에도 그러한 안전조치를 취하지 않았다. 그로 인해 주민이 공사현장 주변을 지나가다가 흙이 무너져 내리면서 위 구덩이에 추락하여 상해를 입게 되었다. 이 경우 속초시와 주식회사 대창건설 중 누가 마을 주민이 입은 피해에 대한 배상책임을 지는가?

35) 동지, Ruth Hoogland Dehoog, op.cit.(각주 14), p. 541.

지방자치단체에게 손해를 발생시킨 경우, 그 공무원에게 고의 또는 중과실이 있을 때에는 변상책임을 진다.

Ⅳ. 요 약

수의계약은 지방자치단체가 경쟁의 방식이 아니라 임의로 특정의 상대방을 선택하여 체결하는 계약방식을 말하는데, 지방자치단체의 계약은 경쟁계약이 원칙으로 되어 있고 수의계약은 일정 금액 이하나 특수한 경우에 가능하다.

이 절에서는 지방자치단체의 수의계약에 관한 법적 구조, 계약의 주체, 성립과 이행, 해제와 손해배상 등의 문제 등을 체계적으로 분석했다.

안전행정부가 밝힌 바에 따르면 우리나라에서 지방자치단체의 수의계약은 지방자치단체가 일방당사자가 되는 전체 계약건수 중에서 2005년 2월 현재 69%를 차지할 만큼 큰 비중을 차지하고 있다. 지방공무원들이 계약에 관한 기본 원리와 규정들을 충분히 숙지하고 있어야 할 것이다.

제 3 절 지방자치단체의 계약과 공법

Ⅰ. 지방자치단체의 계약과 공법의 적용

1. 계약행정에 있어 계약자유와 법치행정의 원리

1) 사법이 적용되는 사인들간의 거래의 영역에서는 사적 자치에 맡겨져 당사자의 의사합치만 있으면 되고 의사합치 이전에 어떤 절차나 형식을 특별히 요구하지 않는다. 국가도 기본권의 최대한 존중의 정신에 따라 계

약자의 자유와 의사를 존중하여야 한다.

하지만, 개인은 사적 거래의 영역에서도 타인의 자유를 정당한 이유없이 제한하여서는 안 되므로 헌법도 질서유지나 공공복리에 의한 제한가능성을 열어두고 있다. 국가는 이러한 상반된 이익과 가치들을 형량하여 계약자들의 행동이 법질서로 편입되도록 조직화할 임무를 지고 있다.[36]

2) 지방자치단체와 같은 행정주체가 계약의 일방당사자로서 참여하는 경우 계약과 관련된 행위들은 다른 많은 행정활동과 같이 법치행정의 원리에 의해 구속받고 있는 행정작용의 일부이라는 측면을 가지고 있다. 때문에 지방자치단체의 계약은 사인 상호간의 계약과 같은 자유를 누리기는 어렵고 법령의 근거에 따라 또는 공익상의 이유로 계약체결의 자유나 계약내용결정의 자유를 제한할 수 있다. 이 때 행정법의 일반원칙인 비례원칙이나 부당결부금지원칙이 적용가능성이 문제되고, 공법의 정신을 반영한 특별규정들의 적용가능성이 문제된다.

3) 계약행정은 다양한 문제들을 일으키고 다양한 분쟁들과 관련된다. 계약에 관한 분쟁들 중 부패와 관련된 것들은 형사소송에서 다루어지고 계약채무의 내용과 그 이행책임에 관한 문제는 민사소송에서 다루어진다. 국가나 지방자치단체 등이 계약참가의 자격을 제한하는 조치는 처분이므로 행정소송에서 다루어진다(대법원 1983. 6. 28, 82누362; 대법원 1995. 2. 28, 94두36).[37]

2. 공법의 정신, 원칙과 특별규정에 의한 제한

1) 계약행정의 영역에서 행정청이 사법적인 행위형식을 이용하는 경

36) 이주흥, 계약자유의 헌법적 의미, 민사판례연구 제13집, 1991, 415면.

37) 하지만 낙찰결정에 대해서는 처분성을 긍정하지 않고 있다(대법원 1996. 12. 20, 96누14708). 낙찰결정도 취소소송의 대상이 되어야 한다는 주장은 박정훈, 행정조달계약의 법적 성격, 행정법의 체계와 방법론, 2005, 230면. 이러한 주장은 행정재량의 통제가 보다 강화되어야 한다는 점에서 적절하다고 할 것이다.

우에도 공법의 일반원칙인 비례원칙, 평등원칙이나 부당결부금지원칙은 적용된다.

따라서, 지방자치단체가 사인과 계약을 체결할 때 이행기간 내에 시설공사를 이행하지 못하면 손해배상하도록 특약하면서 실손해를 넘어서는 손해금액을 배상하도록 특약한 경우 비례원칙을 위반하게 된다.

비례원칙과 같은 일반원칙은 불문법인 경우도 있지만 실정법에 표현된 경우도 있다. 예를 들어 지방자치단체가 다수의 사인들과 계약을 체결하기 위해 정형화된 약관을 이용하는 경우, 이 계약에도 약관의 규제에 관한 법률이 적용된다. 그런데, 약관의 규제에 관한 법률 제8조는 '손해배상액의 예정'이라는 항목으로 "고객에 대하여 부당하게 과중한 지연손해금 등의 손해배상의무를 부담시키는 약관조항은 이를 무효로 한다"고 규정하고 있어서, 이 경우에는 비례원칙이 실정법에 근거를 두고 적용된다고 할 수 있다.

2) 사법분야에서는 적정절차의 사고가 어떤 역할을 거의 담당하지 못한다.[38] 하지만, 계약행정이 행정작용의 일부라는 점은 중요한 공법가치인 적정절차의 이념이 계약행정의 영역에서도 존중되어야 한다는 것을 의미한다. 그러므로, 지방자치단체와 같은 행정기관이 계약의 주체인 경우, 그는 법률에 특별한 제한이 없는 한 공법상의 행위형식이든 사법상의 행위형식이든 이용할 수 있는 것이지만, 적정절차의 원칙은 헌법적 원리로서 사법형식의 행정활동에도 적용되어야 한다.[39]

구체적 행정활동에 적용되는 개별법의 절차규정들이 존재하지 않거나 충분하지 않은 경우에는 행정절차법의 절차규정들을 적용하여 필요한 결정과 판단이 내려져야 한다.

3) 지방자치단체와 같은 행정기관이 계약의 일방 주체인 경우에 대하여 개별법에서는 많은 특별규정을 두고 있다. 그것은 지방자치단체가 체결

---

38) Dirk Ehlers, a.a.O.(각주 20), S. 254.

39) Dirk Ehlers, a.a.O.(각주 20), S. 254.

하는 계약은 개인의 이익을 추구하는 사인간의 계약과는 달리 계약업무 담당자의 자의적인 행위를 방지하고 회계질서를 엄정하게 유지하는 동시에 예산집행의 공익성·공정성·경제성이라는 공익의 보호가 요구되기 때문이다.

예를 들어 수의계약에 있어 공익상의 이유로 특별규정을 두어 계약자 선택의 자유를 제한하거나 계약내용결정의 자유를 제한한다. 수의계약참가자의 자격을 제한하거나 낙찰계약상대방의 선택기준을 제시한다. 또, 계약업무를 처리하면서 수수료를 징수하거나 공사도급계약 등에서는 반드시 하자보수보증금을 선납하도록 하고 있다. 그리고 물가의 변동, 설계변경 기타 계약내용의 변경으로 인하여 계약금액을 조정할 필요가 있을 때에는 계약이 체결된 이후에도 지방자치단체에게 그 계약금액의 조정권한과 조정의무를 부과하고 있다(지방계약법 제74조, 제75조).

3. 계약자유 제한규정의 합헌성

지방자치단체 등 공공단체가 일방 주체가 되는 경우 그 계약자유를 제한하는 특별규정들은 위헌 여부가 문제될 수도 있다. 헌법 제37조 제2항 후단은, 기본권을 "제한하는 경우에도 자유와 권리의 본질적인 내용을 침해할 수 없다"라고 규정하고 있으므로, 법률에 의한 침해의 정도가 심해서 자유와 권리의 본질적 내용을 침해한다면 그 법률은 위헌이다.

자유와 권리의 본질적 내용을 침해한다는 것은 법률이 예정하는 침해의 태양, 기간, 정도 등을 종합적으로 고려하여 볼 때 그 침해로 자유와 권리가 유명무실해지고 형해화되어 헌법이 보장하는 궁극적인 목적을 달성할 수 없게 되는 지경에 이르는 경우이다.[40] 계약자유를 제한하는 특별규정들이 언제 그러한 경우에 해당되는가는 기본권의 핵심인 인간의 존엄에

---

40) 신용락, 계약자유의 헌법적 한계, 헌법문제와 재판(하), 재판자료 제77집, 792면. 다만, 위헌판단에 있어 사회의 철학이나 가치관도 중요한 영향을 미칠 수 있다. 헌법재판소는 "국토이용관리법상의 토지거래허가제가 토지재산권의 본질적 내용을 침해하는 것인가 여부는 헌법의 해석이나 국가, 사회공동체에 대한 철학과 가치관의 여하에 따라 결론이 달라질 수 있다"고 하고 있다(헌재 1989. 12. 22, 88헌가13 결정).

서 나오는 개인의 자기결정을 통한 인격실현과 자유권의 제한사유인 질서유지나 공공복리의 형량을 통해 판단하여야 한다. 비례원칙, 평등원칙과 부당결부금지원칙 등 법의 일반원칙을 침해하는 특별규정들도 정당화사유가 없는 한 위헌 또는 위법으로 평가받을 수 있을 것이다.

Ⅱ. 계약을 무효로 만드는 공법규정의 위반

1. 공법규정의 위반과 지방자치단체 계약의 효력판단

민법 제103조는 반사회질서의 법률행위라는 재목 아래 "선량한 풍속 기타 사회질서에 위반한 사항을 내용으로 하는 법률행위는 무효로 한다"고 규정하고 있고, 제104조는 불공정한 법률행위라는 제목 아래 "당사자의 궁박, 경솔 또는 무경험으로 인하여 현저하게 공정을 잃은 법률행위는 무효로 한다"고 규정하고 있다.

이 규정들은 사법상 계약의 무효 여부의 판단기준으로 기능하고 있다. 그렇지만, 지방자치단체가 체결하는 계약의 무효 여부는 민법규정들만을 적용해서 결론을 내릴 수는 없고, 다른 특별법상의 규정들을 해석하여 판단하여야 한다.

판례를 분석해보면, 지방자치단체의 계약에 영향을 미치는 여러 종류의 특별법상의 규정 또는 공법규정들에 대해 똑같게 평가하지는 않는다. 특별법상의 규정 또는 공법규정을 위반했을 때 그 계약이 무효가 되는 규정들과 무효가 되지는 않는 규정들로 나누고 있다.

2. 지방자치단체와의 계약의 요건과 절차를 규정한 특별규정들을 위반한 경우

공법규정의 위반이 계약을 무효로 만드는 경우도 많다. 판례에 나타난 가장 빈번한 유형은 행정기관과의 계약의 요건과 절차를 규정한 특별규정들을 위반한 경우이다.

지방자치단체가 사인과 사법상의 계약을 체결함에 있어서는 계약의 목적, 계약금액, 이행기간, 계약보증금, 위험부담, 지연배상금 그 밖에 필요한 사항을 명백히 기재한 계약서를 따로 작성해야 하고(지방계약법 제14조 제1항), 계약서에는 지방자치단체장 또는 계약담당자와 계약상대자가 계약서에 기명·날인 또는 서명하여야 하며(동법 제14조 제2항), 수의계약의 경우에도 예정가격을 작성하여야 한다(동법 제11조 제1항).

이러한 요건과 절차를 지키지 않은 경우, 설사 지방자치단체와 사인간에 사법상의 계약 또는 예약이 체결되었다 하더라도 그 계약은 효력이 없다.41)

민법상 법률에 특별한 규정이 없는 한 계약서의 작성행위는 계약의 성립을 증명하는 증거수단일 뿐 계약의 성립요건은 아니라고 해석되는데, 판례는 지방자치단체와 같은 공공기관이 계약의 일방주체인 경우, 계약내용을 명확하게 하여 나중에 발생할지도 모르는 분쟁을 회피하기 위해서 이 규정을 강행규정이자 효력규정으로 해석한 것이다.

3. 다른 행정기관과의 협의를 하지 않거나 동의를 얻지 못한 경우

토지거래허가구역 안에서 토지거래를 하고자 하는 거래당사자의 일방이 지방자치단체인 경우, '국토의 계획 및 이용에 관한 법률' 제121조 제1항은 "그 기관의 장이 시장·군수 또는 구청장과 협의할 수 있고, 그 협의가 성립된 때에는 그 토지거래계약에 관한 허가를 받은 것으로 본다"고 규정하고 있다. 이 규정에 따라 당해 토지가 위치한 지역의 시장·군수 또는 구청장과 협의를 하지 않은 경우에는 계약당사자의 일방이 지방자치단체와 같이 공공기관인 경우에도 그 계약은 무효가 된다.42)

---

41) 대법원 1986. 2. 11, 84다카2454; 1989. 4. 25, 86다카2329; 1993. 6. 8, 92다49447; 1993. 11. 9, 93다18990; 2004. 1. 27, 2003다14812.

42) 대법원 1993. 10. 8, 93다26113. 이 사건에서 대법원은 토지의 처분행위가 교육, 학예에 관한 사무이어서 교육감이 도를 대표하는 지위에 있다고 하더라도 도지사와 별도의 협의를 거쳐야 한다고 판시했다.

지방자치법 제124조 제2항은 "지방자치단체의 장은 따로 법률로 정하는 바에 따라 지방자치단체의 채무부담의 원인이 될 계약의 체결이나 그 밖의 행위를 할 수 있다"고 규정하고 있으며, 동법 제124조 제3항은 "지방자치단체의 장은 공익을 위하여 필요하다고 인정하면 미리 지방의회의 의결을 받아 보증채무 부담행위를 할 수 있다"고 규정하고 있다. 이 규정을 위반하여 지방자치단체의 장이 법률의 근거없이 지방자치단체의 채무부담의 원인이 될 계약을 체결하거나, 의회의 동의를 얻지 않고 보증채무 부담행위를 하는 경우 그 계약은 무효이다.[43)]

4. 신의칙에 의한 계약무효의 제한

일반재산의 매각과 대부행위는 사법상 계약행위이지만, 행정재산의 사용승인행위는 특허와 같은 행정행위이다. 때문에 지방자치단체가 행정재산을 매매계약을 체결해 매각하는 것은 무효라고 할 것이다. 하지만, 언제나 그러할까? 판례에 나타난 사례를 살펴본다.

저수지의 유역면적으로서 행정재산에 속한 토지를 지방자치단체가 사인에게 처분한 후 20여 년이 지나고 이제는 공용폐지도 되었지만 처분당시는 행정재산이었다는 이유로 당해 지방자치단체가 그 당시 사인에게 매각한 계약은 무효라고 주장하였다. 이러한 경우 그 계약은 무효인가? 이에 대하여 판례는 이러한 권리행사는 토지를 회수하여 공공의 용도에 사용하려는데 그 목적이 있는 것도 아니고, 원고인 지방자치단체는 특단의 사정이 없는 한 매매행위당시에 토지가 행정재산임을 알고 있었다고 보아야 할 것이며, 매수인들로서는 원고의 처분행위가 적법하다고 믿어 매매계약을 체결하였을 것이므로 신의칙에 반하는 권리행사로서 허용되지 않는다고 했다(대법원 1986. 10. 14, 86다카204).

---

43) 오래된 판례이기는 하지만, "서울특별시장은 사법상 행위에 대하여도 동시를 대표할 수 있을 것이나 지방자치법 제19조 제5호의 소위 중요재산을 처분함에 있어서는 동 시의회의 의결을 얻어야 하는 것이므로 여사한 의결없이 한 중요재산의 처분행위는 법률상 그 효력이 없는 것"이라는 판례가 있다. 대법원 1957. 5. 16, 4290민상72.

Ⅲ. 계약무효가 되지 않는 공법규정의 위반

1. 일반경쟁에 부쳐야 할 계약을 수의계약에 의한 경우

지방계약법 제9조는 일반경쟁입찰을 원칙적인 것으로 하고, 지명·제한경쟁 입찰계약이나 수의계약을 예외적인 것으로 규정하고 있다. 이것은 계약담당자들의 부정·비리의 소지를 차단하고, 경제성있는 계약을 체결하며, 더 많은 경제 주체들에게 공평한 계약의 기회를 부여하기 위한 것이다.

그런데, 이 규정에 위반하여 수의계약에 부친 것은 당해 계약을 무효로 만드는 것일까? 이에 관하여 법원은 "이를 위반한 계약담당공무원, 계약담당자나 계약 상대자에 대하여 형사처벌이나 별도의 행정처분을 그 안에 규정하고 있지 않을 뿐 아니라, 이를 위반하여 체결된 계약의 효력에 관하여도 아무런 정함이 없으므로, 이들은 행정청이나 정부투자기관에 대한 업무 지침일 뿐 그에 위반한 법률행위의 사법상 효력까지 부인하는 효력 규정은 아니라고 해석함이 상당하다"고 한다(대전고법 2000. 5. 29. 자 2000라88).

하지만, 이 판결의 입장은 계약절차의 적정성보장, 계약의 투명성보장과 경쟁촉진의 필요에 비추어 문제가 있다는 비판도 있다.44)

2. 수의계약에 의하여야 할 사항을 일반경쟁에 부친 경우

수의계약에 의하여야 할 것을 일반경쟁에 부치는 경우 그 계약의 효력은 어떻게 되는가? 판례는 일반경쟁입찰에 부쳐야 할 것을 지명·제한경쟁 입찰계약이나 수의계약에 부친 경우에는 절차의 위법성이 문제될 수 있겠지만, 반대로 지명·제한경쟁 입찰계약이나 수의계약에 부칠 수 있는 것을 일반경쟁입찰에 부친 경우에는 특별한 사정이 없는 한 위법성의 문제가 생

---

44) 일반경쟁에 부쳐야 할 대상을 수의계약한 경우 무효라고 보아야 한다는 주장도 제기되고 있다. 김대인, 정부조달계약에 있어 투명성의 법적 의미, 행정법연구 제13호, 2005, 217면.

길 여지는 없다고 한다(대법원 2000. 8. 22, 99다35935).

3. 낙찰자격기준을 위반한 계약의 효력

1) 국가나 지방자치단체 등이 계약참가의 자격을 제한하는 조치는 행정소송의 대상인 처분이다(대법원 1983. 6. 28, 82누362; 1995. 2. 28, 94두36). 그런데, 만약 행정청이 관계법령에 규정되지 않은 자격제한을 하여 입찰공고를 한 경우 그 공고는 무효인가?

법원은 무효가 아니라고 본다. 그 이유는 그러한 제한을 부가하여 공고한 입찰절차에 있어서 그 제한부분만을 무효라고 본다면, 그 제한을 신뢰하여 입찰에 참여조차 하지 아니한 다른 사업자들의 신뢰를 저버리는 결과가 초래된다는 것이다. 또, 그 절차에 의하여 낙찰자로 선정되어 계약을 체결하기에 이른 사업자의 계약상 이익을 침해할 수 있다고 한다. 또, 입찰절차 전체를 무효라고 본다면, 입찰의 조건 또는 제한을 일응 수긍하고 입찰절차에 참여한 당사자들로 하여금 불만족스러운 입찰의 결과를 사후에 번복할 구실을 주게 되어 거래의 안전을 해칠 우려가 있다고 본다.

이러한 위험성 때문에 판례는 낙찰자격기준을 위반한다 하더라도 이와 같이 추가된 기준은 "행정청에 대한 업무지침에 불과할 뿐 그 위반행위의 사법상 효력까지 부인하는 효력규정은 아니"라고 한다(대전고법 1996. 5. 16, 96나363).

2) 판례의 입장은 타당한 것인가? 계약참가자격을 결정하는 조치는 행정행위이기 때문에 단순히 유효와 무효의 논리뿐만 아니라 취소사유로서 위법사유라는 행정법상의 법리를 활용할 수도 있다고 본다. 이 입장에서는 계약참가자격을 위법하게 제한하는 공고에 대해서는 그 제한조치의 취소를 구하면서 위법한 제한없는 재공고를 할 것을 요구하는 의무이행심판도 제기할 수 있을 것으로 본다.[45]

---

45) 이에 대해 자격제한규정과 같은 강행규정을 위반한 경우 무효라고 보아야 한다는 입장도 있다. 김대인, 정부조달계약에 있어 투명성의 법적 의미, 행정법연구 제13호,

4. 낙찰자결정기준을 위반한 낙찰결정의 효력

계약을 체결하는 행정기관이 낙찰자를 결정함에 있어서는 입찰공고 또는 입찰설명서에 명기된 평가기준에 따라 국가와 지방자치단체에게 가장 유리하게 입찰한 자를 낙찰자로 정해야 한다. 이 때, 당해 입찰자의 이행실적, 기술능력, 재무상태, 과거 계약이행 성실도, 자재 및 인력조달가격의 적정성, 계약질서의 준수정도, 과거공사의 품질정도 및 입찰가격 등을 종합적으로 고려하여야 한다.

이러한 기준들을 위반한 경우 낙찰계약은 무효가 되는 것일까? 판례는 "계약담당공무원이 입찰절차에서 국가를 당사자로 하는 계약에 관한 법률 및 그 시행령이나 그 세부심사기준에 어긋나게 적격심사를 하였다 하더라도 그 사유만으로 당연히 낙찰자 결정이나 그에 기한 계약이 무효가 되는 것은 아니다"고 한다. 왜냐하면 이러한 규정은 국가가 사인과의 사이의 계약관계를 공정하고 합리적·효율적으로 처리할 수 있도록 관계 공무원이 지켜야 할 계약사무처리에 관한 필요한 사항을 규정한 것으로, 국가의 내부규정에 불과하다는 것이다.

그러나 낙찰자결정기준을 위배한 하자가 입찰절차의 공공성과 공정성이 현저히 침해될 정도로 중대할 뿐 아니라, 상대방도 이러한 사정을 알았거나 알 수 있었을 경우, 또는 누가 보더라도 낙찰자의 결정 및 계약체결이 선량한 풍속 기타 사회질서에 반하는 행위에 의하여 이루어진 것임이 분명한 경우 등, 이를 무효로 하지 않으면 그 절차에 관하여 규정한 법률의 취지를 몰각하는 결과가 되는 특별한 사정이 있는 경우에는 무효가 된다(대법원 2001. 12. 11, 2001다33604).

2005, 216~217면.

Ⅳ. 주민소송에 의한 계약의 통제

1. 주민소송제도의 도입

우리나라는 2005년 1월 27일 지방자치법의 개정으로 제17조 이하에서 주민소송을 도입하였다. 행정행위에 한정되지 않고 사법상의 계약까지도 재무회계행위에 해당되기만 하면 주민소송의 대상이 될 수 있다. 예를 들어 지방자치단체는 물품의 조달, 토지의 구입, 일반재산이나 구 공공시설의 매각, 건물의 건설, 쓰레기소각장의 건설, 업무위탁 등과 관련하여 계약상대방의 선택, 계약조건의 결정 등에 있어 특정의 사업자와 유착관계를 형성하여 지방자치단체에게 불리한 계약을 체결하거나 손해를 줄 수도 있다. 이러한 경우 이 행위들은 주민소송의 대상이 될 것이다.

계약은 지방자치단체의 재무회계활동의 중요한 형식이므로 앞으로 주민소송은 계약통제의 주요 수단으로 등장할 것이고, 민사소송에 의한 통제와는 다른 새로운 통제기능을 수행하게 될 것이다. 예를 들어 경쟁입찰에 부쳐야 할 것을 수의계약의 방식에 의해 계약을 체결한 경우 법원은 "법률행위의 사법상 효력까지 부인하는 효력규정은 아니라고 해석함이 상당하다"고 하여(대전고법 2000. 5. 29. 자 2000라88), 민사소송은 계약통제에 무력한 모습을 보여주었지만, 주민소송에 의해 지방자치단체에게 입힌 손해의 배상청구소송이나 부당이득반환청구소송을 제기할 수 있게 됨으로써 주민들은 지방자치단체 계약의 통제와 관련하여 새로운 무기를 얻게 되었다.

2. 주민소송에 의한 지방자치단체 계약의 통제

주민소송은 일본의 주민소송제도를 모델로 하여 도입된 것이므로 당분간 일본의 주민소송판례들은 우리나라의 주민소송판례의 형성에 상당한 영향을 미칠 것으로 예상된다.

일본 주민소송 판례 중에는 경쟁입찰에 부쳐야 할 것을 수의계약의 방

식에 의해 계약을 체결한 경우 주민의 손해배상청구를 인용한 것들이 있다.[46]

지방자치단체가 민간사업자에게 수의계약방식에 의해 오염된 토지의 수거와 운반을 위탁시키면서 비용을 추가지불하여 계약대상 이외의 물건의 수집과 운반까지 위탁시키자 그 재정비용지출에 대해 주민들이 주민소송을 제기하였다. 이 사건에서 법원은 오염된 토지의 수거와 운반은 대체성이 있는 단순작업이므로 경쟁입찰에 의해 계약체결이 가능하다는 이유로 위의 수의계약에 따른 지출은 법적 근거가 없다고 했다. 손해에 관해서는 계약대상 외의 물건에 대해서는 위탁료 전액, 수의계약방식으로 계약을 체결한 것에 대해서는 경쟁입찰을 할 경우의 낙찰액과의 차액을 손해금액으로 인정했다.[47]

일본 주민소송에서 수의계약과 관련된 다른 사례로는, 계약청약자가 다수인 상황에서 최저가액 청약희망자가 아니라 두 번째 고가의 금액을 기재한 자와 수의계약방식으로 시설공사계약을 체결하자 주민이 최저의 견적가격과 현실적으로 지불한 가격과의 차액의 손해배상을 청구한 사건이 있다. 이 사건에서 일본 최고법원은 수의계약의 필요 여부는 지방자치단체의 이익증진에 도움이 되는가 여부도 판단기준이라고 하면서 위법이 아니라고 하였다.[48] 하지만, 최저가격을 제시하고도 배제된 사업자가 제시한 가격과 실제로 지방자치단체가 지불한 가격의 차액의 손해배상청구를 인용한 판결도 있었다.[49]

---

46) 일본의 경우에도 수의계약을 체결할 수 있는 경우에 관한 법령의 제한취지를 몰각할 정도로 의도적으로 법령상의 제한을 위반하여 수의계약을 체결하지 않았다면 위법한 수의계약이라 하더라도 사법상 효력은 무효가 되지 않는다고 한다. 最判 1987. 5. 19. 判時 1240호 62면; 秋田仁志/井上元(編), 住民訴訟の上手な對處法, 2003, 271면.

47) 廣島地判 1998. 3. 31, 判タ 982호 127면.

48) 長崎地判 1980. 6. 20, 行裁集 31권 6호 1361면; 最判 1987년 3월 20일 判時 1228호 72면.

49) 福岡地判 1991. 2. 23, 判時 1401호 44면.

V. 결 어

지방자치단체의 계약은 일방당사자가 지방자치단체이기 때문에 사법원리와 사법규정이 그대로 적용되지는 않고 공법상의 특별규정이나 평등원칙, 비례원칙, 부당결부금지원칙과 같은 공법원리가 적용되어야 한다.

계약이 공법규정이나 공법원리를 따르지 않았을 때, 계약서의 작성의무 등 계약의 방식에 관한 규정을 위반하거나 사전협의해야 할 행정기관과 협의하지 않은 경우처럼 그 계약자체를 무효로 만드는 경우도 있고 그 규정들을 위반해도 계약을 무효로 만들지는 않는 경우도 있다.

주민소송은 행정행위에 한정하지 않고 사법상 계약도 지방자치단체의 재무회계행위에 해당되면 소송대상으로 삼고 있으므로, 앞으로는 주민소송이 계약통제의 주요 수단으로 등장할 가능성이 있다. 일본 주민소송 판례 중에는 사법상 무효가 아닌 단순 위법한 계약의 경우에도 손해배상청구를 긍정한 사례들도 있다.

권력적 행위방식과 비교할 때, 자치단체의 계약활동은 지방행정의 자율성과 다양성을 발전시키는 데 유리하지만, 재정집행의 투명성·경제성·공정성을 확보하기 위하여 계약의 투명성과 전문성, 그리고 자치단체의 책임성 또한 강화되어야 한다.

제10장 집단민원과 민원배심원제

:: 실무사례 ::

1. 구청 건축과에 근무하는 공무원 A는 민원인 B로부터 단독주택을 허물고 다가구주택의 건축을 허가해 달라는 신청서류를 접수했다. 건축허가 신청지역의 인근 주민들은 "주택 밀집지역에 다가구주택이 들어서면 주차난 등이 가중된다," "인근 주택들의 일조권과 조망권을 침해한다"며 강력하게 반대하고 있다. 이의 해결이 늦어지자 토지의 소유주와 인근 주민 모두로부터 복지부동이라며 비판을 받게 되었다. A는 어떻게 해결해야 할 것인가?

2. A시는 농촌마을 주변에 일반산업단지를 조성하면서 마을 주변에는 소음영향이 거의 없는 전기기계 업종을 입주시키겠다고 마을 주민들에게 약속하였다. 하지만, 산업단지 입주가 시작되자 당초 전기기계 업종은 입주신청을 하지 않고 도장 및 열처리 공장 등이 입주신청을 하였다. 이에 대해 주민들은 도장 및 열처리 공장 등은 소음과 수질오염 등 환경피해를 야기하고 당초 시의 약속과도 다르므로 강력하게 반대하였다. A시의 투자유치과 공무원 B와 환경정책과 공무원 C는 시장의 특명을 받아 이를 해결해야 한다. 어떻게 해결할 것인가?

Ⅰ. 민원배심제도의 출현과 그 배경

지방자치가 정착되면서 지방선거의 비리, 지방재정의 부실과 지역이기주의 등 문제점도 나타나고 있지만, 지역현장에서 사업가들과 주민들의 협력과 지지를 얻기 위한 다양한 노력과 시도들도 나타났다.[1)]

제도설계자들은 행정현장에서의 노력들이 기존의 행정법령과 제도에 적절히 수용되어 그 활력이 일회적인 것이 되지 않고 예상치 못한 부작용을 극복할 수 있게 해야 할 중요한 책임을 지고 있다.

여기서는 민원배심원제도를 대상으로 하여 대체적 행정분쟁해결제도에 관한 미국과 독일 학자들의 최근 논의들을 참조하여 한국의 민원처리제도개혁을 위한 시사점을 제시할 것이다.

1. 행정의 집단민원처리능력의 부족과 민원배심원제의 개요

(1) 민원배심원제의 도입배경과 그 경위

1) 주민들과 가장 빈번한 접촉을 해야 하는 기초자치단체에서 이웃주민들과 극심한 갈등의 소지를 가지고 있는 민원인 경우, 행정결정이 장기간 지체되고 공익침해가 확대되는 현상이 빈번해지고 있다.

화장터나 쓰레기처리장 설치허가, 러브호텔의 건축허가 또는 다가구주택의 건축허가 등 고질적 미해결민원이 증가하고 있으나 행정은 효과적인 대응을 하지 못했다. 선거가 임박하면서 선거를 대비해야 하는 자치단체장으로서는 갈등소지가 많은 민원인 경우, 결정의 위험을 혼자서 부담하

1) 2000년대 초반 이후 서울시가 건설도급공사발주를 위한 경쟁입찰과정에서 부패방지를 위하여 실시한 청렴계약제나, 대구시 동구가 구청발주공사의 건축부실과 부패의 방지를 위하여 건축과정의 감독을 주민스스로에게 위탁한 '주민감독관'제 등이 출현했다. 그리고 여러 시·군에 걸쳐 흐르는 강이 오염된 경우 하나의 자치단체로서는 오염원을 적발하기도 어렵고 원인자에 대해 실효적인 제재를 가하기도 어려운데, 이를 극복하기 위하여 경기도 용인시, 서울 서초구 등 6개 시·군과 시민단체 등이 합동으로 '탄천살리기네트워크'를 구성하여 환경오염실태조사와 방지활동을 하는 협력행정 사례들이 출현했다.

는 것을 회피하려 하므로 행정마비상태가 길어지고 환경오염 등 공익에 대한 침해도 더욱 심해지고 있다.

그 동안 이러한 문제들의 해결을 위하여 수많은 정책적 제언과 권고가 있었지만 현장행정에서 그것들이 제도화되는 데까지 이르지는 못했다.

2) 민원배심원제는 대구시 수성구가 복합민원의 처리를 위하여 2000년 2월 21일부터 수서구청장의 예규 117호인 '대구광역시수성구민원배심원제운영지침'에 의하여 시행 중인 제도이다. 이 제도의 도입목적은 "민원사안이 중대하여 장기간 해결되지 않고 주민간의 이해가 대립되는 민원 등을 공개적·민주적으로 처리하고 민원처리의 공정·신뢰성을 확보하기" 위한 것이다(동 지침 제1조).

한편, 경남 남해군은 남해군민원공개법정배심원제운영규정(1996. 2. 5 훈령 제162호)으로 '집단민원과 고질민원 등을 공개적이고 민주적으로 처리하기 위해'(동 규정 제1조) 민원공개법정제도를 도입하여 시행하고 있다.

민원배심원제나 민원공개법정제는 장기간 해결되지 않고 있는 집단민원과 인·허가 민원들을 이해관계가 대립된 당사자들의 의견을 충분히 듣고, 지역주민 대표, 전문가, 공무원으로 구성된 배심원단이 투표를 통해 중재안을 내고 그것이 인·허가의 내용이 되도록 하는 제도이다.

3) 민원배심원제를 가장 초기에 도입한 곳 중 하나인 대구시 수성구(www.suseong.daegu.kr)의 운영상황을 보면, 배심원은 민원사안에 따라 10명 내외로 구성하되, 당연직인 고문변호사, 위촉직인 관련분야 교수, 건축사, 회계사 등의 전문가, 해당지역 구의원, 직능대표 등으로 되어 있다. 판정관은 배심원 중에서 호선하고 발언자는 2명(주민대표, 사업주), 방청인은 안건별 5~7명 정도이다.

회의 진행상황을 보면, ① 일정통보: 배심원 및 이해관계인 등에게 회의일정, 민원요지 사항통지(3일 전) ② 제안설명: 판정관이 배심회의 안건 상정 후 해당 부서장이 제안설명 ③ 발언: 이해관계가 있는 주민대표, 사업주의 의견청취 ④ 조정·중재: 상호대립된 의견을 개진하면서 합의점을 도출하도록 중재 ⑤ 배심판정: 중재가 되지 않는 민원사항은 배심원간 비공개로 조정안을 작성하여 배심원의 투표를 통하여 출석배심원 과반수의 동의를 얻어 조정안 확정 ⑥ 판정사항 통보: 판정관이 최종조정안 확정시 구청에 통보하는 순서로 진행되는 것이 보통이다.

민원배심원제의 운용실적을 보면, 2000년 2월 21일 이후 2013년 1월 1일까지 상정건수는 208건이다. 아파트, 다가구건축 관련(132), 종교 관련(34), 가스 및 석유 판매소 허가관련(7), 유흥주점 허가(13), 자동차매매업 허가(1), 기타 건축 관련(21) 등이었다. 처리결과를 보면 부관을 붙여 허가(182), 불허가(17), 원안수용(7) 등이었다.

결정된 사항을 특별한 사유가 없는 한 번복하지 않고 주관부서에서 즉시 시행하였으며, 자체해결이 불가한 사항이나 법령개정 또는 제도개선이 요구되는 사항은 상부기관에 건의하였고, 예산이 수반되는 사업은 최우선으로 반영조치하였다.

4) 기초자치단체에서의 이러한 제도개혁은 그 동안 우리 행정에서는 좀처럼 보기 힘들었다고 할 수 있을 것이다. 이 제도의 특징은 최근 20여 년 동안 민원처리과정의 개혁관점으로 중요시되었던 행정의 신속성과 친절봉사의 관점이 아니라, 고질적인 미해결민원이나 집단민원을 대상으로 하여 민원처리과정의 민주성, 투명성과 공정성의 관점에서 제도를 개혁하려는 시도라는 점이다.

(2) 민원배심원제의 확산

1) 안전행정부는 2013년 4월 3일 자치행정에 주민참여를 활성화하고자 주민배심원제 도입 등의 내용을 권유하는 주민참여표준조례를 제정해 올해 하반기 각 지자체에 배포하겠다고 했다. 안전행정부에 따를 때, 현재 주민참여 기본조례가 있는 지자체는 244곳 가운데 시·도 5곳과 시·군·구 31곳 등 36곳에 불과하다며 지방정부 정책결정과정에 대한 주민참여가 전국으로 확산될 수 있도록 표준조례를 제정할 예정이라고 했다(서울신문 2013. 4. 4 기사).

우리나라에서 필자가 이 제도의 잠재력을 주목하고 전국적 확산이 필요하다고 주장[2]한 이래 10년 만에 이제 중앙정부차원에서 모든 지방자치단체에 확산시키려는 노력을 기울이게 된 것을 환영한다.[3]

2) 이 제도는 지난 10여 년 동안 현장행정에서 민원배심원제 또는 민원배심법정제, 시민배심법정, 군정배심원제, 구민배심원제, 행정처분배심제, 행정배심원제 등으로 불리며 확산되어 왔다. 2002년 12월까지 민원배심원제도는 여러 기초자치단체로 확산되어, 서울특별시 성동구, 강서구, 경기도 중동신도시, 충남 부여군, 울산광역시 남구 등에서 시행되고 있었다. 그 이후, 경기도 수원시, 서울특별시 양천구와 구로구(전자 주민배심원제), 부산광역시 사하구와 해운대구, 대전광역시 서구와 유성구, 대구광역시 동구, 충북 옥천군, 전남 여수시 등에서 도입되었고, 광역자치단체로는 대전광역시, 서울특별시, 경상북도, 경상남도 등에서 도입되었다.

3) 이 제도를 도입한 후 행정현장에서 나타난 사례들 중에는 학계와 정부가 서로 문제점들을 분석하여 세부적 논의가 필요한 쟁점들도 나타나고 있다. 그것들 중의 한 사례를 제시하면 아래와 같다.

충북 옥천군에서는 군정배심원제(2011. 1. 10 제정)를 도입하여 운용하고 있다. 2개 사업체가 옥천군 안내면 답양리와 오덕리에 각각 10채와 6채의 양계사를 건축할 목적으로 낸 건축허가신청에 대하여 주민과 갈등이 커지자 군정배심원제를 개최하였는데, 군정배심원단에서 허가를 거부하도록 결론을 내렸다.

---

2) 선정원, 민원배심원제에 관한 고찰, 공법연구 제31권 제3호, 2003. 03.

3) 유감스러운 것은 10여 년 동안 이 제도를 분석하고 제도적 개선방안을 모색한 글이 필자의 글 이외에 거의 없었다는 점이고, 수많은 집단민원으로 어려움을 겪으면서도 중앙부처의 대응이 매우 늦었다는 점이다. 일본에서 '자치체정책법무운동' 사례에서 보듯이 지방현장의 연구자들이 자신들의 지방현장에 주목하여 수많은 연구사례발표 모임과 연구회 등이 활성화되고 전국적으로 쉽게 확산되어가는 것과 같은 모습은 우리나라에서는 아직까지도 거의 보기 힘든 일이다. 우리의 현장으로 돌아가 행정혁신의 구체적 아이디어를 얻고 그 구체적 경험을 학문화하려는 노력이 정착되기를 바란다.

‘옥천군 군정배심원제 운영규정’(총 19개 조문으로 구성) 제16조 제1항에서 “군정법정에서 판정된 사항은 특별한 사유가 없는 한 번복할 수 없다”고 하고, 동 제2항에서 “군정법정에서 결정된 배심결정 사항은 지체 없이 관련부서에서 시행”하도록 되어 있어 담당공무원도 이 규정에 따라 허가거부처분을 하였다. 하지만, 충청북도 행정심판위원회에서 이 거부처분에 대해 환경오염의 근거가 명백하지 않은 상황에서 옥천군이 배심원단의 결정을 받아들여 민원을 반려해서는 안 된다고 판단해 이 거부처분이 잘못되었다고 평가했다.

그 이후 충청북도 감사관실에서 법적인 구속력도 없는 배심원단 판결을 근거로 부당하게 민원을 반려해 민원인이 피해를 보았다는 이유로 담당 공무원 2인에 대해 징계처분의 일종인 ‘훈계’처분을 내렸다고 한다(충북일보 2012. 7. 12).

이 사례는 민원배심원제도의 도입과 정착의 과정에서 실무담당자들이 겪고 있는 어려움중의 하나를 보여준다. 그러한 어려움의 해소방법에 대해 충분한 관심을 기울여야 할 것이다.

2. 행정의 중립성 및 공정성에 대한 신뢰의 약화

1) 민주사회에서 행정은 법에 의해 부과된 공익의 보호자이자 구체적 집행자로서 이해가 충돌하는 민간인들과 달리 정치적으로 중립일 것을 요구받는다. 또, 영리업무도 금지되어 자신의 사익추구는 허용되지 않는다. 즉, 민주적 법치사회에서 행정은 공익보호를 위해 정치와 민간으로부터 중립적인 존재일 것이 요청되고 있다.[4)]

그럼에도 불구하고 대체적 분쟁해결제도와 같이 행정 이외의 제3의 중재인이 개입하는 시스템이 왜 필요하게 된 것일까? 그것은 결국 행정의 중립성과 공정성이 불신받게 되었고 권위주의적 결정방식이 사회의 민주

---

4) Christoph Gusy, Verwaltung durch Verhandlung und Vermittlung, ZfU 4, 1990, S. 358.

화와 함께 한계를 맞고 있기 때문이다.

2) 우리 행정절차법상 사업의 인·허가는 그의 신청자와 행정청상호간의 의사소통을 거쳐 행정청이 인·허가여부를 판단하게 하는 양당사자주의적 처분절차를 그 핵심구조로 하고 있다. 하지만, 이러한 의사결정구조는 핵심적 이해주체인 이웃 주민들을 소홀히 취급하여 현대사회에서 점증하는 다면적 분쟁관계에서는 적합하지 않게 되었다.

보호해야 할 공익의 내용이 매우 다양한 이익들과 다양한 이해관계인들을 포괄하고 있어서 적절한 이익형량과 구체화가 필요한 경우, 현재의 행정절차법상의 의사결정구조는 지나치게 단순하여 이익조정에 실패할 위험이 매우 높다. 하지만, 아직 이를 보완할 의사결정시스템은 우리 법제에 본격적으로 출현하지 않고 있다.

3) 활발하고 다양한 측면에서의 의사소통자체가 산업화되고 도시화된 우리 사회에서 행정의 생산성을 크게 높이는 길이 된다는 인식이 아직까지 정착되지 않고 있다. 그 동안 우리 행정과 사회는 흑백논리에 너무 익숙하여 다수의 분쟁당사자들의 활발한 의사소통의 방식을 정착시키지 못했다.

다수의 분쟁당사자들의 활발한 의사소통은 당해 사안과 관련하여 갖는 이해관계와 기대 그리고 그 권한 때문에 행정의 일방적 처분절차에서 그릴 수 없었던 다양한 대안들을 만들어내는 데 탁월한 능력을 보여줄 수도 있다. 행정부터 흑백논리의 사고를 극복하여 의사소통이 다양한 대안들과 최적의 대안을 발견할 수 있도록 도움을 제공한다는 점에 대한 이해와 인식을 가져야 할 것이다.

3. 행정절차법과 민원사무처리에 관한 법률의 개정필요

1) 지금까지 우리 행정은 민원처리과정에서 이해관계인들을 결정절차에 참여시키는 데 매우 소극적이었다. 우리 행정의 민원처리에 관한 의사결정과정을 규율하고 있는 기본법인 행정절차법은 제22조 제1항에서 다른

법령 등에서 청문을 실시하도록 규정하고 있는 경우나 행정청이 필요하다고 인정하는 경우 청문을 실시하도록 규정하고 있을 뿐이다. 즉, 청문실시 여부에 대해 행정절차법 자체는 아무런 기준을 제시하지 않고 있다. 이에 따라 현장행정에서는 개별법에 규정이 있는 예외적 경우를 제외하고는 청문을 거의 실시하지 않고 있다. 그 이유로는 무엇보다 우리 행정의 정책결정자들이 청문제도 등이 행정결정을 지연시킨다는 인식을 가지고 있고, 현장공무원들이 그것을 시행할 수 있는 행정능력을 갖추고 있지 못하다고 평가하고 있기 때문이다.

2) 의사결정에 있어 행정의 일방적 우위를 배경으로 한 시스템은 결정내용의 실체적 정당성이 절차적 정당성을 압도하고 있을 때만 그 의미를 가질 수 있는 것이다. 그러나 오늘날 우리 사회에서는 행정이 일방적으로 신속하게 결정을 내려도 그것을 집행하려 할 때 주민들이 강력하게 수용을 거부하여 정책집행이 마비되는 현상이 빈번하게 발생하고 있다. 신속한 결정이 오히려 졸속행정으로 비판받고 현저한 행정지체의 원인이 되는 경우도 많은 것이다. 이러한 문제상황은 청문제도를 도입하는 등 절차적 정당성의 강화주장에 대한 반대론들이 우리 현장행정의 모습을 정확하게 예측하지 못했던 것이라는 점을 보여준다.

현재 우리 행정의 의사결정구조에서는 사업자들을 제외하고는 주민들 중 제한된 소수의 사람만이 청문 등을 통해 예외적으로 의견을 제출할 수 있고, 그 소수에게도 너무 늦게 참여시기가 주어지기 때문에 처분의 실질적 내용이 결정된 후에 참여하게 된다는 점을 비판받아 왔다.[5] 민원배심원제를 통해 해결된 사례들을 살펴보면, 갈등잠재력이 있는 사업허가신청이 들어왔을 때 처음부터 주민들을 참여시키는 현장예고제 등을 도입하여 주민들의 참여와 신뢰를 확보함으로써 갈등의 발생을 막는 경우도 있었다.

이 점에서 행정절차법과 민원사무의 처리에 관한 법률 등 우리나라의 민원처리에 관한 일반법의 개정이 요구되고 있다. 여기서는 민원배심원제도를 검토하여 현행 행정절차에 대한 대안의 가능성을 검토할 것이다.

5) Christoph Gusy, a.a.O.(각주 4), S. 356.

Ⅱ. 미국의 대체적 행정분쟁해결제도

미국의 제도와 논의들은 대륙으로 넘어가서 독일에도 상당한 영향을 주고 있으며 일본 및 한국(예, 환경분쟁조정위원회)에도 영향을 미치고 있어서 미국의 대체적 행정분쟁해결제도에 대한 이해는 중요하다. 독일에서는 1980년대 중반 이후 협력행정(Kooperative Verwaltung)의 유용성을 발견하고 실무와 학자들이 기존의 행정절차법과 조화를 이루면서 행정에 수용될 수 있는 길을 찾고 있다. 대륙법계의 전통을 갖고 있는 한국으로서는 미국의 논의들을 한국에 수용하려 할 때 이러한 독일의 노력들이 상당한 시사점을 줄 수 있을 것이다.

1. 대체적 행정분쟁해결제도의 의의와 필요성

1) 미국의 민원처리제도로서 대체적 분쟁해결제도(Alternative Dispute Resolution: ADR)는 노동분야나 상사분야 그리고 가사분야 등에서 먼저 발달하여 80년대 이후 행정분야에도 널리 활용되고 있는데, 행정분쟁의 처리를 위해 본격적으로 이용되기 시작한 지 이미 30여 년이 넘었다. 미국에서 이 제도는 이제 그 유형도 다양해졌고 많은 문제들에 대처하는 과정에서 다양한 경험들을 축적했다.

여기서는 미국의 다양한 제도들과 논의들 중 민원배심원제도의 주된 처리대상인 집단민원과 관련하여 유용한 시사를 줄 수 있는 '원칙적 협상모델'(principled Negotiation)을 선택하여 소개한다.[6] 이 모델은 협상과 중재과정에 관련되는 이해당사자들 중 어느 일방의 완전한 승리를 추구하는 것이 아니라 참여한 이해관계인들 모두의 윈윈전략을 추구한다. 민원배심원제도에서도 사업자와 주민들은 서로 승리하는 윈윈전략을 추구한다.

---

6) 이 모델은 하버드협상프로젝트팀(Havard Negotiation Project)이 1988년에서 1991년까지 개발하여 제시한 것이다.

2) 대체적 행정분쟁해결제도는 행정과 시민, 시민상호간의 분쟁이 발생했을 때 사용되는 것으로 재결이나 소송이 아닌 제3유형의 분쟁해결수단이다. 이 제도의 핵심적 징표는 분쟁을 합의에 의해 해결한다는 점과 제3자가 개입한다는 점이다.

도시화되고 산업화된 사회에서 이기주의적 경쟁의 격화로 규제위반자들은 증가하고 있으며, 규제기준을 둘러싼 갈등과 분쟁도 급증하고 있다. 하지만, 행정은 예산의 제약으로 규제집행능력에 한계가 있어 규제위반의 증가를 막는 것이 한계가 있고 경쟁이 격화된 사회로 인해 분쟁의 증가를 막기도 어렵게 되었다.

이러한 분쟁상황에서 이 제도가 중요하게 된 이유는 다음에 있다.

첫째, 대체적 행정분쟁해결제도는 행정과 관련된 분쟁해결비용의 감축에 기여한다.

미국 소송체계의 엄청난 소송비용과 시간이 분쟁의 효과적인 처리를 막고 있다. 이 상황에서 대체적 분쟁해결제도는 분쟁에 대해 신속하고 비용절약적인 처리수단으로 평가받고 있다. 분쟁당사자들은 이 제도에서 소송의 경우보다 스스로 더 많은 통제력을 행사할 수 있다는 점에서 만족도가 더 높고,[7] 협상된 내용에 대한 사후의 집행성공률도 매우 높아 행정소송의 예방적 기능도 함께 수행하고 있다.

갈등은 건설적으로 이용하기만 하면 공익을 위한 창조적 에너지일 수도 있는데, 그 조건은 이해관계인들이 규제기준이나 계약의 내용에 합의해야 한다는 점이다. 합의에 도달하기만 한다면 규제의 준수나 계약의 이행까지 보장될 것이기 때문에 행정의 규제집행비용이나 계약상의 의무이행의 확보를 위한 비용이 줄어들 것이다.

둘째, 현대사회에서 분쟁이 증가하고 있음에도 불구하고 전통적인 행정절차는 분쟁잠재력이 큰 이해관계인들과의 의사소통능력에 심각한 한계를 보여주고 있어 분쟁의 증가를 막을 수 없다.

청문제도 등을 통해 이해관계인 및 시민과의 의사소통이 이루어지고

---

7) Wall and Lynn, Mediation: A Current Review, Journal of Conflict Resolution 37(1), 1993, pp. 160~194.

있지만 전체적인 의사결정과정에서 극히 일부분의 영역에 한정되어 있다. 또, 그 의사소통의 성격도 조언적이거나 상징적이고 명목적인 것이어서 이해관계인과 시민의 영향력은 매우 제한되어 외면받고 있다. 때문에, 시민들과 행정기관들은 공동결정을 지향하는 대체적 분쟁해결제도에 관심을 가지게 되었다.[8)]

셋째, 다양한 분쟁에 대해 전통적인 사법적 구제수단들이 대응하지 못하고 있다. 소수자나 가난한 사람들이 관련된 행정분쟁은 그 성질이 문화나 심리의 차이에 따라 맞춤형 대책을 요구하고 있다. 또, 환경오염물질배출공장이나 쓰레기처리장을 둘러싼 분쟁처럼 다수가 관련된 집단분쟁은 사법적 구제 등 법적 조치를 취한다 하더라도 지역주민들이 계속 반대하게 되면 정치적 책임까지 면제되지는 않는다.

이 상황에서 대체적 분쟁해결제도가 갖는 특징, 즉 엄격한 틀에 집착하지 않은 채 분쟁당사자들 사이에 활발한 의사소통을 통해 분쟁을 그 특성에 맞게 해결하는 능력이 각광을 받게 되었다. 이 제도가 갖는 의사소통 능력이 더 활발한 시민참가를 유도해[9)] "더 창조적이고, 효율적이며 민감한 결과"를 도출함으로써 다양한 분쟁의 해결능력을 강화시켜주고 있는 것이다.

2. 대체적 행정분쟁해결제도의 유형

(1) 원칙에 기초한 협상과 지위에 기초한 협상

1) 미국에서 대체적 분쟁해결제도는 분쟁당사자들 사이에 합의에 도달한다는 목표 이외에는 그 절차와 방식에 어떤 구속이 없기 때문에 매우 다양한 형태로 존재하고 있다.[10)]

8) Nancy J. Manring, ADR and Administrative Responsiveness: Challenges for Public Administrators, Public Administration Review 1994, pp. 198~199.

9) Stephenson and Pops, Public Administrators and Conflict Resolution: Democratic Theory, Administrative Capacity, and the Case of Negotiated Rulemaking, in: Mariam K. Mills (ed.), Alternative Dispute Resolution in the Public Sector, 1991, pp. 13~25; Nancy J. Manring, op.cit.(각주 8), pp. 197~203.

10) 미국에서는 매우 다양한 용어들을 사용하여 세부적으로 나누는 견해들이 존재하지

대체적 분쟁해결절차는 분쟁을 해결하는 방식에 의해 원칙에 기초한 협상과 지위에 기초한 협상의 2가지로 나눌 수 있다.[11] 원칙에 기초한 협상은 Harvard Negotiation Project, 협력적 협상, 윈윈협상이라고도 불린다.[12] 원칙에 기초한 협상은 행정기관, 기업과 주민의 관계처럼 지속적 인간관계를 형성하고 있거나 형성해야 하는 곳에서 주로 나타나는 협상방식이다. 이 협상방식에서 분쟁당사자들은 지위가 아니라 이익에 초점을 맞추어 상호 승리를 위한 조건을 발견하려 노력하며 어떤 객관적인 기준과 원칙에 기초하여 이익을 조정함으로써 합의에 이른다. 이 때, 당사자들이 제시한 다양한 아이디어들을 적절히 활용하는 것이 합의로의 도달과 이행의 보장을 위해서 중요하다.

이에 대립해 있는 것은 지위에 기초한 협상으로 대립적, 경쟁적, 또는 대심적 협상으로 불린다.[13] 지위에 기초한, 대립적 협상은 모든 대가를 치루고 승리를 추구하는 소비에트 스타일로서 분쟁당자사들은 인위적인 지위에 기초하여 협상하면서 그들의 진정한 필요나 이익, 진정한 이슈를 감추는 경향이 있다. 어느 일방의 이익이 다른 일방의 손해가 되는 제로섬 게임에서 나타나는 협상방식이다. 분쟁당사자들 사이에 감정의 골이 깊어 적대감을 없애기 어려운 곳에서 제3자의 결정에 의해 문제를 해결하지 않을 수 없는 상황에 놓일 때 사용한다.

2) 행정은 가능한 한 원칙에 기초한 협상을 발전시켜가야 하는데, 그 이유는 행정, 기업 및 주민들은 계속적인 관계를 유지하지 않을 수 없고,

---

만, 지나치게 복잡한 분류는 한국행정을 위한 시사점을 얻는 데 오히려 방해가 될 수도 있으므로 이 책에서는 2~3개로 나누어 살펴본다.

11) Lisa B. Bingham, Negotiating for the Public Good, in: James L. Perry(ed.) Handbook of Public Administration, 1996, pp. 654~655.

12) 이에 관한 소개는 다음의 책을 참조할 것. Fisher and Ury, Getting to Yes: Negotiating Agreement without Giving In, 1981; Fisher and Brown, Getting Together: Building Relationships as We Negotiate. 1988; Ury, Getting Past No: Negotiating with Difficult People, 1991; Ury, Brett, and Goldberg, Getting Disputes Resolved: Designing Systems to Cut the Costs of Conflict, 1989.

13) Koren and Goodman, The Haggler's Handbook: One Hour to Negotiating Power, 1991.

사회구성원간의 갈등을 확대시켜서는 안 되기 때문이다. 또, 시민들 스스로가 분쟁해결과정에 참여함으로써 자부심을 느끼고 행정에 대한 신뢰를 높이도록 협상이 이루어져야 하기 때문이기도 하다.14)

(2) 개입정도 및 개입방식에 따른 구별

1) 제3자의 개입정도 및 개입방식에 따라 세 가지 유형으로 나누는 견해도 존재하는데 그 내용은 다음과 같다.15)

첫째, 분쟁당사자들이 분쟁의 해결을 위하여 분쟁내용의 전부 또는 일부에 대하여 제3자에게 정보를 제공하여 그가 결정하도록 하고 당사자들은 그것에 따르는 유형이 있다. 둘째, 제3자가 정보제공자로 등장하는 유형으로 당사자들의 분쟁에 대하여 제3자는 어떻게 평가하고 법원이나 정부가 결정한다면 어떤 결정을 내리게 될 것인가에 관한 정보를 제공한다. 이 정보제공을 통해 분쟁당사자들이 법원이나 정부의 개입없이 스스로 합의를 통해 분쟁을 해결하도록 도움을 준다. 셋째, 제3자는 개입하지만 오직 분쟁당사자들이 대화를 할 수 있는 장을 마련해줄 뿐이다. 제3자의 개입유형으로서 가장 소극적인 방식이다.

이 세 가지 유형들 내부에는 다양한 편차를 가진 세부 유형들이 존재한다. 예를 들어, 조세를 다루는 부처는 조세부과처분의 전부가 아니라 조세금액의 확정을 위한 기초사실자료의 존부 및 평가에 관한 다툼이 존재하는 경우 사실확인을 위해서 대체적 행정분쟁해결제도를 이용한다.

2) 한국 환경분쟁조정법도 3가지 유형으로 나누어 규율하고 있다. ① 사실조사 및 당사자심문 후 피해배상액을 결정하는 준사법적 절차로서 재정, ② 사실조사 및 당사자심문 후 위원회가 조정안을 작성하여 당사자간의 합의를 권고하는 절차인 조정, ③ 사실조사 및 당사자심문 없이 분쟁당사자 간의 합의를 유도하는 절차인 알선이 있다.

---

14) Lisa B. Bingham, op.cit.(각주 11), p. 655.

15) Judith Resnik, Many Doors? Closing Doors? Alternative Dispute Resolution and Adjudication, Ohio State Journal on Dispute Resolution 1995, pp. 218~220.

3) 제3자의 개입정도 및 개입방식에 따라 Arbitration과 Mediation의 둘로 나누는 견해도 존재한다.[16)]

① Arbitration[17)]에서는 당사자가 합의한 절차와 당사자가 선택한 제3자(보통의 경우 당해 문제에 관한 전문가)가 개입한다는 특색을 갖는다. 예를 들어, 건축문제 등 당해 사안에 관한 전문가인 건축사가 개입하기 때문에 매우 빠르게 문제해결에 도달할 수 있다.

또, 당사자들만의 대화로는 합의에 도달하기 곤란한 매우 심각한 갈등이 존재하는 사안에서 Arbitration은 유용할 수 있다. 이 때, 논의과정에 관한 정보도 정보공개의 대상에서 제외되기 때문에 매우 솔직한 대화가 가능하고, 제3자가 결정하거나 권고안을 제시하여 빠르게 결론에 도달할 수도 있다.

② Mediation은 제3자는 개입하지만 오직 분쟁당사자들이 대화를 할 수 있는 장을 마련해주는 알선과 유사한 방식이다.

제3자는 분쟁당사자들이 선택하는데 당해 사안에 관한 전문가 중에서 선택되는 것이 보통이다. 제3자는 당사자간의 대화를 촉진시켜 신뢰와 이해를 통해 합의에 도달하는 것을 돕는다. 이 때에도 제3자와의 대화는 정보공개의 대상에서 제외되기 때문에 매우 솔직한 대화가 가능하다. 당사자들이 앞으로도 지속적인 인간관계를 맺어야 하는 경우에 적합하다. 다만, 시간이 많이 걸리고 반드시 합의 내지 결론에 도달한다는 보장이 없다는 점이 약점이라고 비판받지만, Mediation은 실제도 미국에서 매우 높은 합의도달률과 극히 낮은 비용으로 인해 널리 활용되고 있다.

---

16) Maria R. Lamari, The Role of Alternative Dispute Resolution in Government Construction Contract Disputes, Hofstra Law Review 1994, pp. 217~220.

17) Arbitration은 다시 제3자가 결정권을 갖는 재정방식에 가까운 구속적 Arbitration과 제3자가 권고안을 제시하는 조정방식에 가까운 비구속적 Arbitration으로 나눌 수 있다.

3. 미국 행정분쟁해결법의 연혁과 내용

(1) 미국 행정분쟁해결법의 연혁

1) 1990년 미국 의회는 행정분쟁해결법(Administrative Dispute Resolution Act: ADRA)을 제정하였다.[18] 이 법률이 제정되기 전에 많은 주정부들과 연방행정기관들에서 기존의 법령을 적극적으로 해석하여 대체적 행정분쟁해결제도를 시행하고 있었는데, 이의 시행에 일부 소극적인 행정기관들도 존재하고 있었다.

미국 의회는 행정분쟁해결법에 대해 "행정절차가 점차 지나치게 틀에 집착하며 비용과 시간이 많이 들고 합의에 의해 분쟁을 해결하는 비율도 줄어들고 있다"는 점을 그 제정이유로 제시했다.[19]

1990년의 행정분쟁해결법(ADRA)은 연방행정기관들에게 대체적 분쟁해결제도를 이용하기 위하여 표준적인 제도를 개발하도록 권고하면서도 그 이용을 의무지우지 않고 이용 여부에 관한 재량을 부여하였다. 이 법률은 행정기관들이 대체적 행정분쟁해결제도를 이용하는 과정에서 통일성을 촉진시키는 데 큰 기여를 하였다.

이 법은 일몰규정의 방식으로 제정되어 5년(1995년 9월 30일까지) 동안 유효하였는데, 집행을 위하여 전담공무원을 임명할 것을 요구하고 있었다. 대체적 분쟁해결에 대한 수요가 증가하면서 적절한 제3중재인을 구하는 것이 어려워질 것을 대비하여 의회는 주로 행정에 관련된 법학자와 변호사들로 구성된 미국행정협회(Administrative Conference of the United States; ACUS)에 행정분쟁해결법의 집행을 책임지고 평가하도록 권한을 부여하였다.[20]

---

18) 이 법 이전에도 행정계약과 관련해서는 이미 1978년 계약분쟁법(Contract Disputes Act)이 제정되어 대체적 분쟁해결제도가 시행되고 있었다.

19) Administrative Dispute Resolution Act(ADRA), Pub. L. No. 101-552, §2(2), 104 Stat. 2738(1990).

20) David Seibel, To enhance the Operation of Government: Reauthorizing the Administrative Dispute Resolution Act, Havard Negotiation Law Review 1996, p. 241, 245.

예산을 지원받은 미국행정협회가 적절한 법적 소양을 갖춘 인력을 훈련시키고 대

2) 모든 행정분쟁이 합의에 의한 해결방식에 적합할 수는 없을 것인데, 이 법은 여섯 가지 예외사유에 해당될 때에는 적용되지 않는다.

첫째, 당해 사건이 결정적이거나 권위가 되는 선례의 형성을 위해 중요한 경우, 둘째, 당해 문제가 정부정책의 중요한 문제와 관련되어 있고 최종적인 결정을 내리기 전에 추가적인 다른 절차를 거칠 필요가 있는 경우, 셋째, 개별적인 결정들 사이에 차이가 나서는 안 되고 일관된 정책을 유지할 특별한 필요가 있는 경우, 넷째, 당해 문제가 이 절차에 참여하지 않은 제3자에게 중대한 영향을 미치는 경우, 다섯째, 당해 절차에 관한 완벽한 기록작성이 중요한 경우, 여섯째, 관계기관이 변화하는 상황 속에서도 권한의 변화를 초래할 문제에 관해 지속적인 관할권을 가져야만 하는 경우 등이다.

(2) 1996년 행정분쟁해결법(ADRA)의 내용

1) 1990년의 법내용 중 문제되었던 것은 다음과 같다.

첫째, 1990년의 규정은 "중재결정은 모든 당사자들에게 통지된 후 30일 이내에는 최종적인 것이 되지 못한다"고 하고 있었다.[21] 이 규정에 의해 제3자가 개입하여 중재결정을 내리고 다른 당사자에게 통지한 후에도 행정기관이 일정 시기까지는 중재결정을 따르지 않을 수 있어 이 제도의 분쟁해결능력에 대한 불신이 증가하고 있었다.

의회와 연방법무부가 이 규정을 도입하여 집행한 이유는 연방헌법에서 공무원제도를 도입한 취지에 비추어 공무원이 아닌 독립적 지위의 중재인이 내린 구속적 중재결정에 행정기관이 구속되는 것은 헌법적으로 금지된다고 보았기 때문이다. 이러한 입장은 오직 공무원임용규정에 따라 임용된 정식공무원만이 미국정부에게 어떤 작위의무나 급부의무를 지우도록

안적 분쟁해결제도의 운영에 관한 지침과 조언을 제공하였다. 미국행정협회는 지역적으로 넓은 곳에 산재해 있는 많은 행정기관들에게 통일적인 지침과 정보를 제공하여 행정분쟁해결제도의 발전을 촉진시키면서도 전체적인 통일성과 합법성의 보호를 위해 중요한 기여를 하였다. 그러나 정부예산의 제약 때문에 1996년 2월 1일부터는 행정분쟁해결제도의 운영에 관한 의회의 위탁은 종료되었다.

21) 5 U.S.C. §580(b)(2).

할 수 있는데, 중재인들은 일시적으로 하나의 사건을 처리하기 위해 고용된 사람이기 때문에 공무원임용규정에 따른 정식공무원이 아니라는 판단에 기초하고 있었다.[22)]

둘째, 협상과정에서 제3자에게 했던 말이나 제3자가 했던 말은 정보공개법상 공개의 대상으로 인정되었는데, 이로 인해 분쟁당사들과 제3중개인은 그들의 언행이 공개될 경우에 대비하여 솔직한 대화를 나누는 것을 꺼리게 되어 대체적 분쟁해결절차를 이용하지 않기도 했고 그 운영의 효율성도 위협하였다는 점이다.[23)]

정보공개법의 해석에서 공개의 대상으로 본 것은 행정기록은 공공정책과 공익에 관계된 것으로 시민의 알 권리의 대상이므로 시민에게 투명하게 공개되어 공적 책임을 이행해야 한다고 이해했기 때문이다.

2) 5년간의 시험운용기간을 거친 후, 의회는 행정분쟁해결제도의 유용성을 확신하고 1996년 9월 30일부터 이 법을 영구법으로 만들었다. 다만, 1990년의 법내용을 일부 수정하였는데, 그 내용은 다음과 같다.

첫째, 행정분쟁해결법 제8조는 행정기관이 중재인의 구속적 결정을 따르지 않을 수 있는 권한을 폐지하는 대신, 행정기관이 중재결정제도를 이용함으로써 중재결정에 구속되기 전에 연방법무부와 사전협의하여 중재내용에 대한 지침을 발하도록 규정하였다.[24)] 이 지침은 반드시 의무적인 것은 아니지만 구속적 중재결정이 가능한 범위를 제시하는 것이 보통일 것인데, 균형감각을 상실한 중재인의 무모한 중재결정이 초래할 잠재적 위험으로부터 행정과 공익을 보호하기 위한 것이다.

둘째, 정보공개법상 공개의 대상이었던 중재인인 제3자에게 한 말과 그가 한 말에 대해서도 솔직한 대화를 촉진하고 신뢰분위기를 보호하기 위하여, 그리고 이 제도의 이용을 회피하는 것을 극복하고자 의회는 개정된

---

22) Jonathan D. Mester, The Administrative Dispute Resolution Act of 1996: Will the new Era of ADR in federal administrative Agencies occur at the Expense of public Accountability?, Ohio State Journal on Dispute Resolution 1997, p. 171.

23) David Seibel, op.cit.(각주 20), p. 240.

24) 5 U.S.C. §575를 개정한 ADRA 1996, §8(c) 참조.

법에서 공개의 대상에서 제외하였다.25)

4. 미국의 행정분쟁해결법의 수용에 있어 유의하여야 할 사항

1) 외국 제도와 이론의 수용에 있어서는 그 나라의 문화적·법적 전제 조건들을 신중하게 검토하여 수용하는 자세를 가져야 한다.26) 사회와의 관계에서 정부의 기능과 역할도 상당히 다르므로, 미국의 제도가 한국에 그대로 도입될 수 있다고 보는 것은 잘못이다. 정치문화가 다르고 실체법들의 규정내용이 다르며 절차법의 적용범위도 다르다.

따라서, 미국의 제도와 논의를 행정절차에 수용함에 있어서는 적절한 입법실험이 필요하다.27) 이러한 측면에서 볼 때, 우리나라의 몇 개 기초자치단체에서의 민원배심원제도의 시행은 다른 자치단체와 중앙행정을 위한 중요한 입법실험 내지 제도실험의 의미도 가진다고 할 것이다.

2) 미국의 행정분쟁해결법의 아이디어를 우리 법체계에 수용하려고 할 때, 유의해야 할 사항을 몇 가지로 요약해보기로 한다.

첫째, 중재인인 제3자가 구속적 성격의 중재결정권을 갖는 제도는 공무원이 아닌 민간인에게 공익에 관한 결정권을 위탁한다는 점에서 위법하다고 비판받을 수도 있을 것이다.28) 특히, 헌법이나 공법이 보호해야 할 가치를 포함하고 있는 분쟁들에 있어서 분쟁당사자들의 합의에 의한 분쟁해결방식은 보호해야 할 가치를 침해하거나 법의 지배를 위태롭게 할 수도

25) 5 U.S.C. §574를 개정한 ADRA §3(d) 참조.

26) Bernd Holznagel, Der Einsatz von Konfliktmittlern, Schiedsrichtern und Verfahrenswaltern im americanischen Umweltrecht, Die Verwaltung 1989, S. 444.

27) 미국의 ADR을 독일에 수용할 때 주의할 점에 관한 진술인데 한국을 위해서도 유용하다고 본다. Wolfgang Hoffmann-Riem, Konfliktmittler in Verwaltungsverhandlungen, 1989, S. 28, 35.

28) 1940~50년대 미국에서도 같은 이유로 반대의견이 제시되었었다. Lisa B. Bingham, Alternative Dispute Resolution in Public Administration, in: Phillip J. Cooper/Chester A. Newland, Handbook of Public Law and Administration, 1997, p. 548 참조.

있다. 만약 그 합의에 대해서 사법적 통제의 대상에서도 제외한다면, 공법이 보호하려고 하는 가치기준(예, 엄격한 환경보호기준, 남녀차별금지 및 사회적 약자보호)과 현재 도달한 문화적 수준으로부터 회피하기 위한 수단으로 전락할 위험성도 있다.[29)]

이와 관련하여 중재결정에 대해 행정기관이 구속을 받도록 할 것인가, 구속을 받도록 한다면 어떤 사항들은 구속력으로부터 배제시킬 것인지가 문제된다.

둘째, 중재인이 공익을 무시하고 분쟁당사자들의 사익에 편향되고 분쟁당사자 중 일방 당사자에 너무 편향되는 것을 방지하여, 공익과 법에 대한 책임성과 공정성을 어떻게 확보할 것인지가 문제된다.

셋째, 협상절차에 참여하는 제3자가 알게 된 분쟁당사자의 언행이나 제3자의 언행에 대해 직무상 비밀보호의 권리를 인정하고 정보공개법의 적용대상에서 제외할 것인지가 문제된다.

Ⅲ. 민원배심원제도의 법적 분석

1. 민원배심원제도의 분석

(1) 행정절차 또는 민원처리절차의 개혁

1) 민원배심원의 독립성, 중립성, 공정성 및 공개성의 보장

① 민원배심원제는 어느 일방의 완전한 승리에 의해 갈등을 해소하는 것이 아니라 민원배심원들이 조정과 화해를 통해 중재안을 내어 해결하는 제도이기 때문에 이해가 대립되는 사업자와 주민들이 조정자인 민원배심원들을 불신하게 되면 민원배심원제는 실패하게 된다. 따라서 민원배심원의 구성 및 절차진행에 있어 중립성과 공정성이 요구될 뿐만 아니라 독립

29) Harry T. Edwards, Alternative Dispute Resolution: Panacea or Anathema?, Havard Law Review Vol. 99(1986), pp. 668~684; Fiss, Against Settlement, Yale Law Review 93.(1984), p. 1073, 1085.

적인 권위도 요청된다.

민원배심원제도의 운영에 있어서는 미국의 대체적 행정분쟁해결제도와는 달리 분쟁당사자들이 중재인을 선정하는 것이 아니라 처분청 자신이 배심원들을 선정한다. 행정청의 선정에 따른 분쟁당사자들의 불신을 막기 위하여 배심원의 선정과 구성에 있어 편파성과 타락을 막을 수 있도록 객관적이고 사려깊은 노력이 필요하다. 반대 이익을 가진 분쟁당사자들이 자신의 우려와 분쟁에서의 유리한 점을 배심원들이 충분히 고려한다고 믿을 수 있어야 한다.

도시형 자치단체와 농어촌을 포함하는 자치단체의 경우 위원의 구성도 지역사회와 분쟁의 특성을 반영하여 달라져야 할 것이다.

② 해당 절차에 참가하여 결정을 함께 내린 사람만이 결정의 결과에 대해서도 공동책임을 질 것이기 때문에 당해 사안에 이해관계를 갖는 모든 분쟁당사자들이 민원해결과정에 참여할 수 있도록 분쟁해결절차를 설계하는 것도 가능할 것이다.

그러나 민원배심원제도는 분쟁당사자인 주민 모두를 민원배심원으로 참가시키지 않는다. 분쟁당사자인 주민들에게 민원배심원절차의 개시에 있어서 주도권을 인정하고 배심원의 투표과정 등을 참관할 수 있도록 하며 주민대표에게 발언의 기회를 주고 있을 뿐이다. 이 점은 전형적인 미국의 대체적 행정분쟁해결제도가 분쟁당사자의 합의에 의한 중재인의 위촉과 분쟁당사자와의 대화의 방식으로 구성되어 있는 것과 차이를 보이는 부분이다. 오히려, 배심원이라는 용어에서 시사하듯이 미국의 형사재판에서의 배심원제도(주민대표의 참석부분은 다름)에서와 같이 객관적인 제3자들을 중심으로 하여 분쟁당사자와는 일정한 거리를 두고 분쟁조정안을 만들어간다.

이러한 민원배심원구조로 인해 자신의 법적 보호이익을 침해받은 제3자가 행정소송을 제기하는 것을 막을 수는 없다고 해석할 수밖에 없을 것이다.

③ 배심원들은 분쟁과 관련된 이익들에 대한 철저하고 상세한 분석을 해야만 한다. 이익의 고려에 있어 선별적인 태도나 편파적인 태도는 분쟁

을 해결하는 데 전혀 도움을 줄 수가 없다. 배심원 중에는 문제된 사업에 대한 전문적 분석능력을 가진 사람이 반드시 참여하여 사업자 및 주민들에게 적절한 전문지식을 제공하거나 그에 기초하여 조정해야 한다. 또, 처분청과 법률가는 당해 사안에서 지켜져야 하는 다수의 관계법령의 내용을 분석하여 배심원들에게 제공하여야 한다.[30] 전문가의 참여가 당해 분쟁의 내용에 대한 학습에 필요한 시간을 현저히 줄여줄 수 있기 때문이다.

처분청소속의 공무원들은 나중에 소송이 제기되는 것을 막기 위하여 합의안의 도출과정에서 고려되지 않는 이익들이 없도록 적절한 역할을 해야 한다. 따라서, 처분청 소속공무원도 민원배심절차에 참가하여 행정에 부과된 책임의 이행을 위해 노력하여야 하고 민간인들로만 구성된 중재안을 기계적으로 집행하는 역할만을 맡아서는 안 된다. 그러나 처분청의 직접적 개입범위는 1~2인에 한정하여 방어적 차원에서의 최소한의 합법성유지의 기능과 절차의 원활한 진행을 위한 보조임무만을 맡아야 할 것이다.

한편, 배심원들은 주민들과 사업자들의 이해갈등을 조정하는 과정에서 조정안 자체의 형성에 있어 분쟁당사자들과 충분한 대화를 통해 분쟁당사자 자신들의 아이디어를 채택하도록 노력해야 한다. 중재인들의 아이디어는 한계가 있을 수 있으므로 분쟁당사자들 스스로의 창조적인 에너지를 활용해야 한다.

2) 주민의 수용확보를 위한 준비절차의 혁신과 조정안 형성과정의 절차적 정당성의 강화

① 민원배심원제도의 적용영역은 갈등잠재력이 높은 사안을 대상으로 하기 때문에 약간의 의문이 있어도 불신의 장벽이 높아지게 되므로, 주민들과 사업자들은 행정과정의 초기단계부터 자신들에 대한 배려가 존재한다는 느낌을 받을 수 있어야 한다. 따라서, 가능한 한 빨리 정식의 처분절

30) Volkmar Wagner/Matthias Engelhardt, Mediation im Umwelt- und Planungsrecht als Alternative zur behördlichen order gerichtlichen Streitentscheidung, NVwZ 2001, S. 373.

차가 개시되기 전 행정과정의 초기단계에서부터 문제사안에 관한 정보가 완벽하게 제공되어야 한다. 그 시기가 빠를수록 대안의 폭도 커질 것이다.

민원배심원제도는 갈등소지가 있는 인·허가신청이 들어오면 즉시 그 신청사실을 주민들이 알 수 있게 하는 절차를 도입하고 있다. 예를 들어 사업자가 건축허가 신청을 하면 즉시 해당 지역에 건축허가예정부지를 표시하는 현장예고판을 붙여 주민들의 의견을 수렴하는 절차를 도입하고 있다. 이러한 현장예고절차는 우리 행정절차법상 도입되어 있지 않은 것으로 참신한 아이디어라고 할 수 있을 것이다.[31)]

② 민원배심절차에서는 조정안을 도출하고 집행해가는 과정에서 행정처분절차에 비하여 절차적 정당성이 강화된다.

민원배심원절차에서 절차를 개시하도록 신청할 수 있는 권한을 가진 자는 행정절차법상 의견제출의 기회나 청문의 기회를 부여받을 수 있는 당사자 등일 필요는 없으므로 그 범위가 더 넓어지게 된다. 민원배심원들을 보조하기 위한 공무원과 민원배심원들은 회합날짜, 방문장소, 대화시간 등의 문제들을 계획할 뿐만 아니라 사실상 조정안이 행정결정으로 전환되고 집행될 수 있도록 보증하는 역할을 수행한다. 또, 주민들이 민원배심원들의 심의과정을 참관할 수 있도록 공개되므로 그들도 조정안이 실제로 집행될 수 있도록 여론을 조성하는 역할을 하게 될 것이다.

(2) 민원배심원 조정안의 행정결정으로의 전환, 부관설계와 위법한 합의의 문제

1) 민원배심원 조정안의 행정결정으로의 전환

① 민원배심절차에서의 합의나 투표에 의한 중재안의 결정은 행정청

31) 행정절차법상 의견제출기회의 보장제도나 청문제도는 행정기관의 결정권행사의 독립성과 자율성을 침해하지 않도록 당사자등의 참가과정과 결정과정을 분리하여 설계되어 있다. 민원배심원제도가 행정의 응답성을 높인다는 장점은 가지고 있지만 행정기관의 입장에서는 그들의 권한과 전문적 재량을 침해하는 제도이라고 평가할 수도 있다. 제도를 전국적으로 운용할 때에는 이러한 문제와 인식에 어떻게 대응할 것인지 면밀히 검토하고 대응해야 할 것이다. Nancy J. Manring, op.cit.(각주 8), pp. 197~203.

을 구속하는 법적 효력을 갖고 있다고 볼 수 있는가? 배심원의 결정은 단지 사실상의 구속력 내지 정치적 의미를 가질 뿐 법적 구속력은 갖지 않는다고 본다. 그 이유는 위법하거나 공익을 중대하게 침해하는 것을 방지하기 위하여 행정의 최종적 결정권은 존중되어야 하기 때문이다.[32]

중재안은 법적 구속력을 갖는 것이 아니고 지방자치단체장에 대해 사실상의 구속력만을 가지고 있으므로 지방자치단체장의 행정결정이 필요하다. 행정결정에 대해서 소송이 제기될 수도 있으나 민원배심절차의 실행은 판사에게 충실한 이익형량이 이루어졌다는 강력한 증거가 될 수 있다.[33]

민원배심절차에 의한 중재안이 나오지 못한다 하더라도 행정청의 결정권이 사라지는 것은 아니므로, 이 때에도 행정은 결정권을 행사할 수 있다. 행정의 최종적 결정권은 일방 분쟁당사자가 무리한 요구를 고집하는 경우를 제어하는 매우 중요한 권한이므로 포기될 수 없다. 민원사무처리에 관한 법률 시행령 제38조도 행정기관의 장은 "민원조정위원회의 심의의 결과를 존중하여 해당 민원의 적정 여부를 최종결정하여야 한다"고 규정하여 행정기관장의 최종결정권을 명기하고 있다.

② 계약자유의 원칙이 적용되는 사법관계에서는 분쟁의 대상에 대한 처분권을 분쟁당사자들이 가지고 있어서 합의에 의해 해결하는 것이 별 문제가 없다. 하지만, 공법사건은 공익도 관련되기 때문에 분쟁당사자의 처분권은 제약될 수밖에 없다.[34] 합의에 의한 분쟁해결은 법에 의해 인정된 재량의 범위 내에서만 허용되어야 하고, 공익과 제3자의 이익을 적절하게 보호하고 있어야 한다. 합의가 법을 대체할 수는 없으므로 위법한 결과를 발생시켜서도 안 된다.[35] 때문에, 분쟁당사자들 및 제3자가 모여 협상을

---

32) 동지. Wolfgang Hoffmann-Riem, a.a.o.(각주 27), S. 51; Christoph Gusy, Verwaltung durch Verhandlung und Vermittlung, ZfU 4, 1990, S. 357.

33) Wolfgang Hoffmann-Riem, a.a.O.(각주 27), S. 63.

34) Volkmar Wagner/Matthias Engelhardt, a.a.O.(각주 30), S. 371.

35) 배심절차를 신청하는 자는 당해 지역의 주민들일 뿐이므로 다른 지역의 이익을 침해하거나 다음 세대의 이익을 침해하는 안을 합의안으로 도출할 위험성이 존재한다. 민원배심원제가 탈법수단으로 전락하고 지역이기주의를 옹호하여 중앙정부정책의 일관된 추진에 대한 장애로 기능할 위험도 없지 않다. 행정이 배심원의 이해조정과정에

통해 합의에 도달하였다고 하여도, 감독기관들이나 감사원은 그 합의를 이행하는 것을 위법한 것으로 평가하거나 공익을 희생시킨 것으로 평가할 수도 있다고 보아야 한다.

2) 민원배심원에 의한 행정조치의 협상·조정과 부관설계능력의 개선

민원배심원들이 사업자와 주민들의 갈등과정에 개입하여 중재안을 내놓게 되면 그것의 결과는 인·허가에 다양한 부관을 붙이는 방식으로 나타나는 경우가 많다.

우리 행정실무에서 공무원들은 부관설계의 중요성을 제대로 인식하지 못하고 있어 다양한 부관을 붙여야 해결될 수 있는 상황이 되면 매우 당황해 한다. 현대 행정문제의 복잡성을 관리하기 위해서는 이해대립자들의 의견을 적절히 비교형량하여 적절한 부관을 붙일 수 있어야 한다. 부관이 타인의 중대한 기본권을 침해하는 내용 이어서는 안 될 것이지만,[36] 법적으로 허용되는 것임에도 불구하고 법적 근거도 없이 배심원들의 조정여지를 좁혀서도 안 될 것이다.

행정재량은 주로 부관의 설정에 의하여 행사되므로 재량의 합리적인 행사기술로서 부관의 설계기술에 대한 교육과 훈련이 필요하다.[37]

3) '위법한 합의'의 문제

고질적 민원사항과 집단민원사항은 중앙행정기관이나 자치단체장이 합

서 법의 기준이나 공익을 침해하지 않도록 하는 역할을 담당해야 한다. 예를 들어 허가를 받지 않고 사업자가 불법적인 건축행위나 사업개시행위를 하였다면 민원배심절차에서의 조정과는 상관없이 행정은 합의의 대가로 그 동안의 불법행위 등을 용인해서는 안 된다.

36) 예, 대구시 수성구에서 다가구주택의 건축허가를 하면서 세입자를 선별입주시키도록 하는 것(추정컨데 유흥업소종사자의 거주방지를 위하여)을 내용으로 하는 배심원들의 중재안대로 구청장이 부관을 붙였는데, 이러한 부관은 헌법상의 거주이전의 자유를 침해하는 것이 아닌가 하는 의문이 든다.

37) 독일의 유명한 행정법학자인 Hoffmann－Riem도 미국의 대체적 행정분쟁해결제도의 독일적 수용을 시도한 논문에서 부관설계의 중요성을 인식하였다. Wolfgang Hoffmann－Riem, a.a.O.(각주 27), SS. 64~65. 구체적 이해충돌상황에서 법적으로 허용되면서도 합의를 도출할 수 있는 부관을 찾아내는 것은 고질적인 민원이나 집단민원의 해결의 성패를 좌우하는 문제가 되고 있는 것이다.

법적인 방식으로 해결하라고 지시한다고 해서 그 지시만으로 쉽게 해결될 수 있는 간단한 문제가 결코 아니다. 이미 대구시 수성구의 민원배심원지침이 배심원의 심의대상으로 '적법한 행정 처리가 다수의 주민에게 피해를 초래, 해당 민원처리를 조정하고자 할 때'를 그 첫 번째 대상에 포함시키고 있는 것에서 알 수 있듯이, 특정 사업이나 건축의 허가신청에 대하여 허가하는 것이 합법적인 경우에도 주민의 반발로 허가하지 못하고 있는 것이 우리 행정의 현실인 것이다. '위법한 합의'와 '위법하지만 합의된 부관'의 문제는 이러한 우리나라의 현장행정에서 심각하게 제기되고 있는 쟁점이다.

고질민원이나 집단민원의 해결필요를 고려하여 '위법한 합의'일지라도 행정결정과 그 집행단계에서 비극적 차선의 선택으로서 그 합의를 존중하여야 하는가, 아니면 언제나 합법성의 한계는 준수되어야 할 것인가?

민주행정과 주민자치를 강조하는 관점에서는 사회의 실제모습은 위법한 행태들이 광범위하게 존재하고 있고, 고질민원이나 집단민원의 경우 민원배심원들에 의한 조정이 실패하면 더 중대한 공익침해와 불법을 방치하는 것이 된다. 그러므로, 중요한 기본권이나 법령을 침해하지 않고 경미한 정도로 침해한 것이라면 그 중재안이 위법하더라도 일정 범위 내에서는 존중되어야 한다고 볼 것이다.[38] 이 점은 부관의 허용한계와 관련하여서도 문제되는데 '위법하지만 합의된' 부관이 집단민원의 해결을 위해 본질적일 때에는 그 위법의 정도가 경미하다면 존중되어야 한다고 볼 것이다.

2. 민원배심원제의 확대가능성, 입법의 개정방향 및 법해석의 변화가능성

(1) 민원배심원제의 지역적 확대가능성과 일반법에의 한정적 도입과제

1) 현재 시행되고 있는 민원배심원제도에 대하여 법률과 법규명령 수

38) 민원배심원제에 의한 현행법의 위반이 어떤 상황에서 어떤 근거에 의하여 정당화될 수 있고 그 한계는 어디인가 하는 문제는 민원배심원제도의 발전을 위하여 매우 어렵고도 중대한 문제이다. 가능한 한 위법한 합의는 회피되어야 할 것이지만, 한국행정현실에서는 중대한 공익을 보호하기 위하여 경미한 위법은 일정한 경우 허용된다고 볼 수밖에 없지 않나 생각한다.

준에서의 명시적 근거는 아직 존재하지 않는 실정이다. 현행 민원사무처리에 관한 법률 시행령 제37조 제1항은 행정기관에 "유사한 기능을 수행하는 기구가 설치"되어 있는 경우를 제외하고는 민원조정위원회를 설치하도록 의무화하면서, 그 관할사항 중에 "장기 미해결 민원, 반복 민원 및 다수인 관련민원에 대한 해소 또는 방지 대책"을 포함시키고 있다. 하지만, 이 규정을 민원배심원제의 법령상의 명시적 근거규정으로 볼 수는 없을 것이고, 또, 근거규정으로 본다고 하더라도 민원배심원제의 의사결정구조의 특징을 전혀 반영하고 있지도 못하다.

2) 법률 단계에서 명백한 근거를 도입하는 것이 필요할 것으로 본다. 그 이유와 도입방향을 살펴본다.

첫째, 민원배심원제도나 민원공개법정제도는 우수한 장점에도 불구하고 구청장이나 군수의 규칙과 훈령, 예외적으로 조례를 근거로 하여 출현한 것으로 그 법적 기초가 취약하다. 따라서, 행정절차법이나 민원사무처리에 관한 법률에 근거규정과 그 핵심적 내용을 형성해두는 것이 시급히 필요한 실정이다.

둘째, 안전행정부가 이 제도의 정착을 위하여 표준조례로 주민배심원제의 도입을 유도할 때 민원배심원제의 장점이 정확하게 살아나도록 유도할 필요가 있다.

이 제도는 현장공무원과 주민들에게 실질적인 권한을 이전시키고 중앙정부나 상급자치단체 또는 정치가나 행정기관장의 영향력을 상당히 약화시키는데,[39] 안전행정부는 감독권을 갖는 중앙정부나 상급자치단체가 각 전문행정영역에서 이 제도의 적극적 운용을 방해하지 않는지 살펴야 한다. 또, 전통적인 행정법규범들과 그 규범들을 단독적으로 집행하며 형성된 공무원들의 역할기대가 행정기관들로 하여금 합의적인 민원배심원제도의 적극적 운용에 저항하지 않는지 살펴야 할 것이다.

셋째, 민원배심원제도는 모든 일반행정절차에서 도입하는 것보다는 고질화된 갈등이 존재하거나 갈등잠재력이 큰 사안과 영역을 선별하여 그것

39) Nancy J. Manring, op.cit.(각주 8), pp. 200~201.

들을 대상으로 한정하여 행정절차법이나 민원사무처리에 관한 법률에 도입하여야 한다.[40] 단순한 사안인 경우 보통의 처분절차에 따르는 것이 시간과 비용을 줄일 수 있을 것이기 때문에 민원배심원제도에 적합하지 않다. 그리고 타협에 의해 해결될 수 있는 가능성이 있는 사안을 대상으로 해야 한다. 현격한 가치관의 차이를 반영하는 분쟁에는 적합하지 않을 것이다.

넷째, 고질민원과 집단민원의 문제에 한정하여 검토해볼 때, 행정절차법상의 의견제출제도 등은 분쟁의 발생과 고착을 막기에는 시기적으로 너무 늦고 불충분한 대화만 가능하다는 문제점을 가지고 있다. 청문 등에 참가할 수 있는 당사자 등의 범위도 고질적 집단분쟁에서의 이해관계인들과 비교할 때 너무 협소하다.

때문에, 민원배심원제를 도입할 때 심의대상인 고질민원과 집단민원의 가능성이 있는 인·허가사항들은 인·허가신청이 들어오면 초기단계부터 이웃주민들이 그 신청사실을 알 수 있게 하는 현장예고제 등이 필요하다. 그 이유는 민원배심원에 의한 조정도 갈등이 매우 커지지 않은 상태에서 더 성공할 확률이 높기 때문이다.

다섯째, 민원배심원제도가 현행법상의 강행규정들을 위반하도록 운용되어서는 안 된다. 그 강행규정들의 준수를 지원하고 보완하도록 운용되어야 한다.

(2) 행정재량의 인정과 개별법해석에 있어 변화가능성

① 합의에 의한 분쟁해결은 재량영역에서도 가능하지만 불확정개념의 해석 및 적용에 있어서도 구체화여지가 있고 또 사실관계도 상당히 불명확할 때 가능하다.[41]

민원배심원제도가 고질적 집단분쟁처리를 위해 유용한 것으로 인정된다면, 건축이나 생활환경 등 집단분쟁을 많이 야기하는 분야에서는, 입법

---

40) 기존의 결정과정에 비해 결정을 내리기까지 시간이 많이 걸리기 때문에 신속성을 중시하는 행정문화와 충돌하지 않으면서 비용절약적인 성과를 낼 수 있도록 이 제도의 적용영역이나 대상을 한정하는 것이 필요하다. 미국의 ADR의 도입에 대해 검토한 Wolfgang Hoffmann-Riem, a.a.O.(각주 27), SS. 31~32도 같은 의견이다.

41) Wolfgang Hoffmann-Riem, a.a.o.(각주 27), S. 65.

개정을 통해 강행적인 실체적 규정들을 줄이고 재량적인 규정들로 그 성격을 전환시키면서 민원배심원들에게 조정의 공간을 마련해주는 방법도 검토할 수 있을 것이다.

기존에는 기속행위로 다루어지던 행정행위도 집단민원의 대상으로 변하면서 판례가 동종의 행위를 재량행위로 그 성격을 변화시켜 이해하기도 한다. 예를 들어 판례상 이른바 '러브호텔'에 대한 건축허가의 법적 성질에 대한 평가는 바뀌고 있다. 법원은 종래 건축허가를 기속행위로 보아 합법적인 요건을 갖추었으면 허가를 거부할 수 없는 것으로 평가하여 법적 요건이 아닌 주민반대를 이유로 허가를 거부하는 것은 위법이라고 판시해 왔으나, 하급심에서 점차 재량행위로 평가하여 그러한 경우 허가를 거부할 수 있는 것으로 보기 시작했고,[42] 대법원도 그러한 경향을 수용해가고 있다.[43] 이러한 해석변화는 법에 명문화되어 있지 않은 주민반대 등의 요소를 허가과정에서 행정이 고려할 수 있는 것으로 보지 않을 수 없었다는 점에서 사회인식의 변화에 기인한 것으로 볼 수 있을 것이다.[44]

42) 러브호텔 밀집 숙박촌에 가족호텔의 건축을 불허한 행정기관의 처분은 타당하다는 수원지방법원판결이 있었다. 대한매일 2001. 9. 22 사회면 참조.

43) 대법원 1999. 8. 19, 98두1857 건축허가신청서반려처분취소. 이 판결에서 대법원은 "준농림지역 안으로서 지방자치단체의 조례가 정하는 지역에서 식품위생법 소정의 식품접객업, 공중위생법 소정의 숙박업 등을 영위하기 위한 시설 중 지방자치단체의 조례가 정하는 시설의 건축을 제한할 수 있는바, 이러한 관계 법령의 규정을 종합하여 보면, 지방자체단체의 조례의 의하여 준농림지역 내의 건축제한지역이라는 구체적인 취지의 지정·고시가 행하여지지 아니하였다 하더라도, 조례에서 정하는 기준에 맞는 지역에 해당하는 경우에는 숙박시설의 건축을 제한할 수 있다고 할 것이고, 그러한 기준에 해당함에도 불구하고 무조건 숙박시설 등의 건축허가를 하여야 하는 것은 아니라고 할 것이며, 조례에서 정한 요건에 저촉되지 아니하는 경우에 비로소 건축허가를 할 수 있는 것으로 보아야 할 것이다"고 하였다. 이 판결은 건축허가를 기속행위로 보아 명시적인 허가요건만 충족하면 건축허가를 반드시 해주도록 하였던 기존판례와는 그 입장을 달리하는 것으로 이해할 수 있을 것이다.

44) 입법자는 숙박시설 등에 대한 국민들의 인식의 변화와 대법원판결 등을 기초로 건축법을 개정하여 숙박시설에 대한 건축허가의 성격을 재량행위로 변화시켰다. 즉, 2001. 1. 16 건축법 제8조 제5항을 추가하여 "허가권자는 위락시설 또는 숙박시설에 해당하는 건축물의 건축을 허가 하는 경우 당해 대지에 건축하고자 하는 건축물의 용도·규모 또는 형태가 주거환경 또는 교육환경 등 주변환경을 감안할 때 부적합하다고 인정하는 경우에는 이 법 또는 다른 법률의 규정에 불구하고 건축위원회의 심의를 거쳐 건축허가를 하지 아니할 수 있다"고 신설하였다.

② 대법원이 민원배심원회의의 심의결과를 수용한 처분청의 판단을 지지한 판례도 나타났다(대법원 2005. 4. 15, 2004두10883). 재량행위인 주택건설사업계획의 승인신청에 대해, 민원배심원회의에서 전체 토지 중 일부 토지위에 아파트를 짓는 방식으로 개발하는 것은 도시미관과 지역여건을 고려하지 아니한 불합리한 계획으로 지역의 균형개발을 저해한다고 심의하였는데, 이에 따라 대구광역시 수성구청장이 반려처분을 하였다. 이에 대해, 대법원은 "관계 법령이 정하는 제한에 배치되는 경우는 물론이고 그러한 제한사유가 없는 경우에도 공익상 필요가 있으면 처분권자는 그 승인신청에 대하여 불허가 결정을 할 수 있다"고 한 것이다.

집단민원이 야기한 법해석의 변화와 행정의 재량영역의 확대는 행정절차에서 민원배심원제도의 확대도입을 위한 중요한 공간을 열어줄 수도 있다는 점에서 이러한 판례들은 주목할 만하다고 할 것이다.

(3) 자치법규의 형식

우리나라 지방자치단체들이 민원배심원제 등을 도입하는 경우 근거규정의 법형식이 훈령, 예규, 규칙, 조례 등으로 다양한 실정이다.

지역사회에서 고질화된 집단갈등에 대해 민원배심원제를 통해 대응하는 것은 주민들로부터 신뢰와 지지를 얻는 길이 될 수도 있으므로 지방자치단체의 장과 지방의회가 서로 주도권을 가지기 위해 경쟁할 수도 있다. 반대로 민원배심원들이 지역갈등을 잘못 다루어 반발이 더 커지는 사태가 발생할 수도 있는데, 이 경우에는 지방자치단체의 장과 지방의회가 서로 민원배심원제의 도입과 관련된 부담을 지지 않으려 할 것이다.

입법형식의 결정에 있어서는 주민들의 의견을 존중하되 분쟁처리능력이 강화될 수 있도록 지방자치단체의 장과 지방의회가 상호 협력하여 판단해야 할 것이다.

제11장 고질민원과 공공부문의 대응과제

:: 주요 문제의식 ::

1. 우리 사회에서 블랙 컨슈머와 고질민원인이 증가하게 된 원인은 어디에 있는가?
2. 고질민원인들은 어떤 특징을 보여주고 있고 공무원들은 이들을 상대하는데 있어 어떤 어려움을 겪고 있는가?
3. 공무원들은 고질민원인들에 대해 어떻게 대응해야 하는가? 정부와 사회는 블랙 컨슈머와 고질민원인들에 대해 어떻게 대응해야 하는가?

Ⅰ. 블랙 컨슈머와 고질민원인의 증가

1. 경제사회로부터의 소외와 공공의존적 도시빈민의 증가

1) 도시사회가 되면서 대부분의 사람들이 자신의 경작지를 잃어 자급자족적 식량확보능력을 잃게 되면서 필요한 식량을 시장에서 구입하지 않고는 충당할 수 없게 되었고, 도시로 인구가 밀집되면서 주거비용이 급증해 매우 높은 주거료를 지불해야 도시에 살 수 있게 되었다. 이로 인해 지불능력을 갖기 위해 자신의 직장을 통해 주기적으로 일정한 화폐를 수입으로 벌지 않으면 도시의 주민들은 생존의 위협을 받게 되었다.

우리 사회에서 노동집약적인 경공업위주의 경제체제가 저임금국가들의 위협을 받으면서 자본집약적인 중화학공업이나 기술과 자본이 집약된 첨단 전자산업 중심으로 바뀌고 있다. 이에 따라 저개발국가의 수많은 청년들이 우리나라에서 일자리를 구하면서 우리나라의 수많은 청소년들과 성인 남녀들이 정규직 일자리를 얻지 못하고 있다. 양극화의 심화도 경제사회로부터 소외된 사람들이 매우 많은 상황을 설명해주는 현상이라 할 것이다.

2) 이러한 시대흐름 속에서 도시빈민이 급속하게 증가하게 되었고 많은 종교단체들과 시민단체들, 그리고 사회봉사의지가 있는 많은 사람들이 도시빈민을 위해, 음식, 주거, 의료상의 문제점들의 해결을 도와주기 위해 나섰고, 정부와 지방자치단체들도 예산을 조금씩 늘려가며 지원에 나서고 있다. '밥퍼'운동이나 무상급식운동, 공공임대주택의 보급확대, 빈민의료지원운동과 의료급여 등을 통한 정부지원의 확대 등은 그 예이다.

하지만, 청년실업이 고질적 문제로 등장하고 있는 오늘날 사회단체와 정부를 포괄하는 넓은 의미의 공공부문의 대응은 매우 부족하기 때문에 생계형 고질민원인이 급격히 증가하고 있다.

2. 약탈적 사회와 약탈적 기업의 현실화

1) 전세계적으로 산업화 이후 도시사회와 익명사회로 급격히 전환된 상태에서 인간의 이기적 욕망에 기초한 경쟁적 경제사회의 급격한 진전에 따라 과거의 생활공동체(Neighbour Community)가 철저하게 파괴되어 왔는데 이 특성은 우리나라에도 그대로 드러나고 있다.

약탈적 사회(predatory society)[1]는 도시화, 다문화와 익명화의 급격한 진전 등으로 시장에서 익명의 인간들이 타인에 대한 인간적 배려없이 타인의 재산 등을 약탈적으로 탈취해가는 사회를 말하는데 미국에서는 최근 매

1) Paul Blumberg, The Predatory Society: Deception in the American Marketplace, 1990.

우 중요한 학문적 연구주제가 되고 있다.

2) 급전이 필요한 환자, 노인, 가난한 사람들에 대해 전화 한 통화면 자격을 묻지 않고 대출해준다는 광고를 한 뒤 상환을 어렵게 하고 법적 상한을 넘는 고리를 받는 사업자들, 개인이 오랫동안 잊고 있던 과거의 대출을 은행들이 채권추심회사에 팔아서 채권추심회사들이 그 사이 엄청난 이자를 붙여 원금의 몇 배 이자까지 회수하는 사례들, 통신회사나 건강기능식품판매회사 등이 인터넷이나 케이블TV광고 등으로 구매자들을 유혹해놓고 광고와 다른 실제 상품을 발송하고 반품하고 싶어도 그 절차를 매우 복잡하고 어렵게 하여 이익을 편취해가는 사례, 그리고 보이스 피싱의 급격한 증가 등이 그 단편적 예들이다. 우리나라에서도 기업들에 의한 개인의 약탈이 과거보다 훨씬 다양해지고 강도도 강해지고 있다.

3) 약탈적 기업과 약탈적 사회가 국가로부터 제재받지 않고 사회의 한 존재양식으로 자리잡아가면서 개인들은 승자가 되기 위해 약탈적 인간의 대열에 편승하거나 그 인간들에 의해 침해받아 소외된 절망적 인간의 모습으로 나타나고 있다. 우리 사회를 지탱해온 소중한 자산인 사회의 가치와 사회자본을 보호하기 위해 정부는 적극적인 노력을 기울여야 한다. 약탈자들에 대한 효과적인 제재가 마련되지 않는다면 사회의 해체로 인한 엄청난 비용을 우리 사회는 지불하지 않으면 안 될 것이다.

3. 블랙 컨슈머와 고도의 갈등유발적 민원인의 등장과 증가

1) 블랙 컨슈머는 약탈적 기업에 대응하여 고객에게 친절해야 하는 기업들의 약점을 이용하여 자신의 이익을 극단적으로 추구하는 개인들이나, 경쟁사회로 인해 심화된 정신질환적 분노의 표출대상을 기업으로 파악한 소비자들을 지칭하는 용어이다. 이 인간형은 현대 경제사회에서 소외되고 사회적 배려로부터도 소외된 인간이거나 증가하고 있는 약탈적 사회와 기업에 의해 피해를 입고 그들의 행태를 습득한 약탈적 인간의 변형형태인

경우가 많다.

고도의 갈등유발적 민원인(High Conflict Personality)은 적절히 제재받지 않고 있는 약탈적 기업들의 행태에 자극받아 타인에 대한 배려없이 자신의 이익이나 자신의 문제에만 집중하여 집요하고 반복적으로 친절봉사의 의무를 지고 있는 공공조직의 약점을 이용하는 행위를 하는 민원인을 말한다.

2) 약탈적 기업이 증가하는 것은 미국에서도 중요한 사회적 문제가 되고 있다. 흑인 스포츠 스타나 최근 이민한 아시아계 출신 스포츠 스타들을 광고모델로 내세워 소수계들을 상대로 다양한 고이자 대출(high-cost subprime mortgages. payday loans. tax refund loans 등)을 제공하고, 그들의 언어능력부족이나 법지식부족 또는 다른 대응능력의 부족을 이용해 고이윤을 편취함으로써 새로운 극빈층을 양산해내고 있는 행태가 크게 문제되고 있는 것이다.[2] 우리의 경우에도 기업에 대한 규제완화를 이유로 기업활동에 대한 예방적·제재적 규제가 많이 철폐된 것이 기업들에 의한 약탈적 규제가 증가한 한 원인이 되고 있다.

블랙 컨슈머와 고도의 갈등유발적 민원인이 증가한 것은 과거 봉건사회나 독재체제에서는 권위에 억압되어 있었으나, 민주화의 진전과 글로벌 사회에서 이질적 문화를 가진 사람들의 증가 등으로 전통적 권위의 제약과 구속력이 약화된 것도 이유가 되고 있다. 또, 기본권을 근거로 한 위헌판결이 증가하고 인권보호입법이 증가하면서 권리의식과 자신의 이익에 대한 민감성이 증대되면서 국민들이 자신의 문제와 욕망의 추구수단으로서 공공기관을 이용하는 데 익숙해진 것도 한 원인이 되었다.

---

2) Creola Johnson, THE MAGIC OF GROUP IDENTITY: HOW PREDATORY LENDERS USE MINORITIES TO TARGET COMMUNITIES OF COLOR, Georgetown Journal on Poverty Law and Policy 2010, p. 165 ff.

Ⅱ. 고질민원인의 개념과 유형

1. 고질민원인의 개념과 특징

1) 고질민원인은 행정기관에게 불법 또는 부당한 방법으로 특정 사항을 요구하거나 적법한 행정처분 등을 수용하지 않고 자기 의사를 관철시키기 위하여 비타협적으로 장시간 반복적인 주장을 하여 정당한 직무집행을 방해하는 행위를 하는 사람을 말한다.

고질민원인의 주장내용은 현행법에 위반되거나 근거가 불확실하여 현행법상 해결이 곤란한 경우에 속하는 경우가 보통이다. 적법한 처분결과를 통보하였음에도 불구하고 지속적·반복적으로 동일 유사한 민원을 제기하는 경우도 있고, 기관장이나 관리자의 면담을 요구하는 등 적법한 민원처리 절차를 무시하며 자기주장을 되풀이하는 경우도 있다. 또, 민원인이 민원업무 담당자에게 욕설 등 폭언이나 폭력으로 상해를 가하거나 징계 등을 일방적으로 요구하거나, 기물파손 등 불법 또는 부당한 행위의 행태를 보이는 경우도 있다.

2) 고질민원인들이 보여주는 특징을 살펴보면, 다음과 같이 요약할 수 있다. ① 자기중심적이고 감정적이며 고도로 갈등유발적이다. 민원의 반복제기나 폭행협박 등의 방법을 사용한다. ② 객관적 합리성에 대해 무감각하고 자기방어적 입장에서 타인들을 비난한다. 영웅주의적 심리를 가지고 있거나 자기애적 특성이 강하다. 상황에 따라 자기 의견을 바꾸며 편집증적 행태를 보인다. ③ 가정과 생활에 대해 파괴적이고 심대한 행정비용을 발생시킨다.

2. 고질민원인의 유형과 주요 대상사례

다음의 유형과 사례들은 국민권익위원회에서 실제 다루어졌던 것들

이다.[3]

(1) 생계형 고질민원인

사회경제적 배려에서 소외된 자들인 생계형 고질민원인들은 경제적 빈곤에 시달리고 있기 때문에 민원제기의 목적이 생계유지를 위한 경제적 도움을 얻는 것에 있다. 가정환경이 불우하고 강한 심리적 좌절을 경험한 경우가 많아 내면에는 그 충격으로 인해 항상 불안감이 상존하며 자기생각과 다른 경우 매우 쉽게 흥분하고 과격해지며, 폭언을 예사롭게 사용하기도 한다.

사례 1

K시에 사는 김인철(가명, 50세) 씨는 20년 전 군복무 중 일하다가 군차량에 머리를 부딪쳐 부상을 입고 전역 후 '간질'이 재발되어 국가보훈처에 국가유공자 신청을 했지만 당시 군병원의 치료 기록이 없어 국가유공자로 인정받지 못하였다. 이후 김 씨는 소송을 제기하여 대법원에서 최종 패소했지만 6년여에 걸쳐 국민권익위원회에 4,300여 차례의 민원을 제기해 조사관들이 다른 민원을 처리하지 못할 정도로 지속적으로 업무를 방해하여 왔다.

국민권익위원회 특별조사팀은 김 씨와 오랜 시간 대화해 김 씨 역시 '군복무시절 부상당한 치료 기록이 없으면 국가유공자로 인정이 안 된다'는 사실을 잘 알고 있으면서도 계속해 민원을 제기한다는 것을 알게 되었다. '간질'로 인해 취업이 어려워지자 집에서 직업삼아 민원을 제기하는 것을 알고, 특별조사팀은 우선 김 씨의 민원에 대한 기본적인 접수·답변을 하는 데에 담당조사관이 약 716시간을 허비해 약 3개월 동안 아무 일도 하지 못했다는 사실을 알려 민원을 더 이상 제기하지 않도록 협조를 구하는 데 성공하였다.

그리고 관할 지방자치단체로 하여금 자녀 학자금 지원과 장애연금 수령, 부인의 직업알선 등을 통하여 간접적으로 생계를 지원토록 했다. 또한, 김 씨

3) 생계형 고질민원인과 옹고집(막무가내)형 고질민원의 분류 및 그 특징의 설명은, 류춘열, 공공부문 고질민원 대응 매뉴얼 작성 개요, 공공부문 고질민원 대응 매뉴얼 어떻게 만들 것인가?, 국민권익위원회, 2012. 6. 27, 55~56면.

와 함께 사고 당시 근무하였던 강원도 춘천 소재 군부대와 군병원을 방문해 사고당시 기록과 치료기록을 조사해 어떤 기록도 남아있지 않음을 김 씨 스스로 확인토록 해 조사결과를 신뢰하게 만들었다.

또한, 국민권익위원회는 이와 같은 사례를 근본적으로 개선하기 위하여 앞으로 군복무시 부상을 당한 경우 병영생활기록부는 물론 군병원 치료기록 등을 영구보존하도록 국방부 등에 제도개선을 권고하였다.

(2) 옹고집(막무가내)형 고질민원인

옹고집형 고질민원인은 자기 생각(신념, 가치)에 대한 집착이 매우 강하고 고착되어 있어 다른 사람의 어떠한 의견도 수용하지 않으며, 사회로부터 상처를 입고 사회에 대한 강한 거부감과 적대의식을 가지고 있어, 현재 자신의 불우한 처지를 모두 사회나 행정기관의 잘못으로 전가하여 민원을 제기한다. 자신의 목적을 관철하기 위해 나체시위, 자살시도, 피켓시위, 폭언·폭행 등 과격한 언동도 불사하며 민원투쟁이 생활화되어 설득이 거의 불가능하다. 현실인식이 결여되어 있고, 불면증, 우울증, 신경증 등을 앓고 있어 심리적 치료가 필요한 경우도 있으며 폐쇄적이고 고립된 환경에 놓여 있는 경우가 많다.

고질민원 형태 중 가장 대표적인 유형으로 오랜 민원투쟁으로 생활여건이 피폐해지고 비정상적인 가족형태를 유지하는 경우가 많고, 5년 이상 갈등이 누적된 장기 미해결 민원으로, 길게는 20년 이상 된 민원도 있으며, 그만큼 치유가 어려운 고착된 성격의 민원이다.

옹고집형 민원인이 그의 이상 행태를 통해 성과를 쌓아가면서 그것이 제어되지 않는다면 약탈적 인간형으로 진화해갈 것이다.

사례 2

S시에 사는 박양희(가명, 57세) 씨는 지하철공사로 인한 영업피해 보상을 건설사에 요구하며 공사현장에 상주하며 공사를 방해해 실형까지 살았고, 국민권익위원회 전임 위원장의 집앞에서 노숙을 하기도 하였으며, 과천 정부청사

앞에서 자살소동을 벌이는 등 7년여 동안 극한 투쟁과 시위를 계속해왔다.

특별조사팀 조사결과 박 씨와 같이 공사장 주변에서 영업을 하던 가게는 7년 전에 2~3백만 원에 보상을 합의하였으나, 박씨는 5천만 원을 요구하다가 최근에는 자신의 월수입을 4백만 원으로 계산해 3억 원까지 보상을 요구하면서 관철되지 않으면 다시 자살 등 극한 행동을 하겠다고 주장하고 있다. 7년 동안 생업을 전폐하고 시위에만 전념하여 현재 중림동 소재 쪽방집에서 고2 아들과 같이 1평밖에 안 되는 방에서 엄동설한의 추위에 노출된 채 최극빈 생활을 해오는 상태다.

특별조사팀은 그동안 박 씨를 상대로 8차례의 특별조사, 10여 차례의 방문대화, 2차례 건설사 방문 등의 집중적인 노력을 기울였고, 양자간에 제3자가 공감할 수 있는 적정금액으로 합의할 것을 설득 중에 있지만, 박 씨가 3억원을 고집하여 해결하지 못하고 있다.

3. 고질민원의 실제사례들에 대한 통계

현재 공공부문에서 발생하는 고질민원에 대한 전반적인 현황을 파악하는 데에 활용할 수 있는 기본적인 통계자료는 없다. 다만, 최근 국민권익위원회 고충민원 특별조사팀이 고질민원의 선정기준을 마련하고 그 기준에 따라 고충민원을 처리하는 과정에서 발생한 고질민원으로 선정한 30건을 대상으로 나온 통계결과는 고질민원이 행정현장에서 일으키는 문제의 단편을 보여준다.[4)]

최근 5년 동안 고질민원으로 분류된 28명이 총 5,734건의 고충민원을 제기하여 고질민원 제기자 1인당 평균 205건씩을 제출한 것으로 나타났다. 국민권익위원회가 처리한 최근 5년간 전체 고충민원건수는 총 136,322건이며 이 중 고질민원 제기자가 제기한 고충민원은 5,734건으로 전체 4.2%를 차지했다. 2011년도에는 한 명의 민원인이 총 2,836건을 제출하여 동일한 민원을 일일평균 9.5건씩 제출하기도 했다.

---

4) 이연홍, 고질민원에 대한 공공부문 대응전략, 국민권익위원회 심포지움자료, 2011. 12. 12, 16~19면 참조.

또, 고질민원이 지속되는 기간을 분석한 결과 10년 이상 7.1%, 5년 이상 42.9%, 3년 이상 28.6%, 3년 미만 21.4%로 나타나, 5년 이상 지속되는 경우가 50%를 차지한 것으로 나타나, 한 건의 고질민원을 해결하기 위해서는 매우 많은 시간과 노력이 필요하다는 것을 보여주었다.

Ⅲ. 고질민원 매뉴얼에 의한 대응 및 제재

1. 매뉴얼에 따른 상담과 제재의 필요성

(1) 법의 집행에 있어 감정, 상담과 효율원칙의 관계

1) 법령의 많은 기준과 절차는 사회상식과 전문영역 종사자들의 공통된 합의의 산물로서 이해되어 왔다. 때문에 법은 상식 및 합리성과 밀접한 관련성을 가지는 것으로 인식되어 인간의 감정에 대해서는 상대적으로 소홀히 취급해 왔다. 하지만, 인간의 감정적 판단과 평가는 합리성에 기초를 둔 법적 결정의 집행을 방해하기도 하고, 때로는 법령의 기준을 변경시키거나 강화시키는 원인이 되기도 한다.[5]

급변하는 사회에서 시민들은 자신들의 현재와 미래에 대해 불안과 걱정을 가지고 있어 행정에 대해 표출하는 불만과 저항도 매우 거세지고 있다. 이러한 사회적 감정도 명백히 행정환경을 이루는 것으로 문제해결과정에서 새로운 변수로서 점점 중요해지고 있다.

감정은 에너지를 가지고 있을 뿐만 아니라, 또 에너지를 만들어내기 때문에 현실을 지배하는 경우가 많다. 인간심리에 있어 인지적 측면과 감정적인 측면은 그 분리가 어려우므로 의사소통과정에서 감정적인 장벽과 개인적·집단적 편견을 긍정적인 에너지로 바꾸어 해결이 어려운 사회적 난제해결을 위한 새로운 자원으로 활용하여야 한다. 감정이 문제해결에 긍정적 기능을 하고 사회의 통합에 기여하도록 행정과정에서의 의사소통의

---

5) Kathryn Abrams/Hila Keren, WHO'S AFRAID OF LAW AND THE EMOTIONS?, Minnesota Law Review, 2010, p. 1997 ff.

질을 심화시켜야 한다. 미래사회는 이 감정에너지의 활용이 행정의 성패를 결정하는 중요요소가 될 것이다.[6)]

2) 약탈적 사회에서 희생자인 생계형 고질민원인이나 옹고집형 고질민원인에 대해 입법자들과 법집행자들이 질서있는 대응책을 제시하지 못한다면, 경계에서 영향받는 많은 사람들의 행태에 영향을 미쳐 우리사회의 건전한 법문화를 뒤흔들게 될 것이다. 인간이 지닌 여러 감정 중 분노가 부정의나 불공평과 관련하여 발생했을 때 이 감정은 더 오래 지속되고 더 강도가 강하고, 지속적으로 사회에 문제를 제기하는 원동력이 되는 경우가 많다.[7)]

보다 적은 자원을 투입하여 법령을 집행하는 것이 효율원칙에 부합된다 하더라도, 사회에서 소외된 인간들의 감정의 상처를 치유하고 자립할 수 있는 길을 안내해주는 것도 일정 범위에서는 공공의 역할로 인정되어야 한다. 급속한 사회변화과정에서 많은 사람들이 우울증을 앓고 있고 자살자가 많은 우리나라에서, 전문 상담가와의 상담을 통하여 개인이 가지고 있는 어려움을 긍정적인 방향으로 변화시키도록 유도하는 것도 정부와 사회의 주요한 과제가 되어야 할 것이다.

(2) 매뉴얼에 의한 준비된 대응의 필요성

1) 고질민원인은 경계인(Borderline Personality)의 특성을 가지고 있는 경우가 많다. 읍소하거나 자기의 배경이나 지식을 무기로 내세우거나 안되면 협박하거나 회유하며 자기 목적을 달성하려 할 수도 있고, 상황에 따라 자기의 주장내용을 완화하는 등 공무원의 태도에 따라 다양하게 대응한

---

6) Hermann Hill, Kommunikative Problembewältigung bei umweltrelevanten Großvorhaven, DÖV, 1994, SS. 283~285; Hermann Hill, Staatskommunikation, JZ 1993, S. 335.

7) Dennis E. Garrett and Peter G. Toumanoff, Are Consumers Disadvantaged or Vulnerable? An Examination of Consumer Complaints to the Better Business Bureau, The Journal of Consumer Affairs Vol.44, No.1, 2010, p. 3 ff.; 고질민원에 대한 공공부문 대응전략, 국민권익위원회 심포지움자료, 2011. 12. 12, 곽현주 토론문 (143면) 참조.

다. 때문에 공무원은 명확하고 일관되게 그리고 명백한 사실과 법령의 기준에 따라서 응답해야 한다.

민원공무원들이 고질민원인의 반복되는 무리한 주장에 시달리고 폭행과 협박 등에 의해 육체적·정신적 상해를 입는 경우들이 나타나면서 민원부서는 극도로 기피하는 부서가 되고 근무자도 사기가 크게 떨어지고 있다. 민원부서에 근무하는 공무원들이 갈등상황에 대한 교육훈련과 정보가 부족하고 대처방법을 몰라 고질민원인에 의해 감정이 격발되고 과격한 대응을 하여 새로운 법적 문제를 일으키는 경우도 있다.[8)]

2) 이상과 같은 이유 때문에 민원공무원들은 이제 과거와 달리 고질민원에 대응할 수 있도록 필요한 교육훈련을 받아 배치될 필요가 있다. 이를 위해 국민권익위원회 등 중앙행정부처는 고질민원 대응매뉴얼을 작성하여 현장의 민원공무원들에 대한 교육을 실시하여야 한다. 민원공무원들이 문제상황에서 교육받은 매뉴얼대로 감정적 개입없이 중립적 입장에서 준비된 절차에 따라 대응할 수 있게 해야 할 것이다.

(3) 경제사회에서 약탈적 기업 및 약탈적 인간에 대한 법적 제재의 필요성

1) 약탈적 기업과 인간에 있어 약탈적 행태는 그에 있어 하나의 삶의 기술이자 방법일 수 있다. 그들은 자신들의 문제해결의 방법으로 자신의 성실한 영업활동이나 노동을 통한 해결하려 하지 않는다. 폭리를 취하기 위해 사회제도와 사회구조의 허점을 이용하고, 터무니없는 주장을 고질적으로 반복하거나 협박과 폭행을 통해 관철시키려 한다.

약탈적 행태로 성공한 사람들은 이 방법을 다른 영역에서도 적용하고자 하는 폭리의 유혹을 받기 때문에 멈추기 어렵다. 약탈적 행태에 대한 사회적 방치와 묵인은 경계선상에 있는 많은 기업들과 사람들에게 학습효과

---

8) 사회와 행정조직의 정상적인 구성원들도 일정한 한계상황에서는 불합리한 행동을 하면서 고도의 갈등을 유발할 경계인적 특성과 위험성을 가지고 있다.

를 줄 것이고 그들에 대한 모방을 통해 자신들의 문제를 해결하려는 행태를 광범위하게 유포시킬 것이다. 폭리에의 유혹은 매우 강력하기 때문에 그 약탈성과 폭력성은 집단화되고 강도는 더 강해질 것이다.

기업들과 개인들의 약탈적 행태가 계속해서 묵인되고 방치된다면 우리 사회는 결국 더 이상 치안안전국가로 남기도 어렵고 사회갈등시 폭탄테러와 같은 극단적 표현수단들로부터 안전한 국가로 남기 어려울 것이다.

2) 사회와 가정에서 사람들이 약탈적 기업들과 인간들을 회피하고 무서워하듯이 공무원들이 고질민원을 회피한다고 해서 문제가 해결될 수는 없다. 옹고집형 고질민원인들이 집요한 주장을 반복해서 불법적으로 과도한 이익을 취득하는 것이 가능하게 되고 그 수가 늘어난다면, 공공기관이나 기업들 그리고 성실한 사람들로부터 불법적으로 이익을 편취하려는 약탈적 인간들이 우리 사회의 건전한 근로문화를 뒤흔들게 될 것이다. 때문에, 기업과 개인의 막무가내식 약탈적 행태에 대해 정부가 적극적으로 현행법령을 적용하고 새로운 법적 수단들을 보완하여 필요한 제재를 하는 것이 필요하다.

극단적인 행태를 보이는 사람들은 가정과 사회생활 등에서 거의 제어받지 않고 주변인을 괴롭히거나 공무원들에게 심각한 정신적 육체적 상처를 주어 왔다. 이들에 대해 적절한 제재수단들을 적용하는 것은 그들의 가정, 사회와 공공기관에 있어 평화를 보장하고 질서를 회복하기 위해 반드시 필요한 것이다. 때문에, 공무원들도 이들에 대해 제재수단을 사용할 때 친절봉사의 선입견 등에 의해 지나치게 주저하는 것은 타당하지 않다 할 것이다.

2. 고질민원인의 유형에 따른 대응

(1) 고질민원인에 대한 매뉴얼에 의한 대응

고질민원인이 자신의 불합리한 기대와 욕망을 달성하기 위한 수단으로 민원을 이용하는 경우 공무원의 준비되지 않은 대응은 손해배상소송이나 형사소송 등 다른 문제를 야기할 수 있다. 따라서, 상담하는 공무원이 감정적으로 격발되지 않고 중립적인 입장에서 매뉴얼에 따라 대응함으로써 새로운 법적 문제를 만들어내지 않는 것이 중요하다.

옹고집형 고질민원인 경우에는 소송이나 그 이후의 절차까지 갈 것이라는 것을 염두에 두어야 한다. 때문에, 상담공무원은 사실을 파악하고 민원인이 선택할 수 있는 객관적 대안들에 대해 정보를 제공하며 조언하는 것에 역할을 한정하여야 한다.

(2) 민원인의 협력의무의 인정필요

1) 행정절차에 있어서는 당사자 등 민원인이 자신에게 수익적인 주장을 하기 위해서는 자신의 주장내용을 신청서에 서면으로 작성하여 필요한 사실관계를 기술하고 관련되는 증거를 수집하여 제시하여야 한다. 이를 행정절차에 있어 당사자 등 민원인의 협력의무라고 부른다.

행정절차에서 민원인이 제공한 정보를 기초로 행정은 부족한 사실관계를 조사하고 법령을 해석하여 결정할 의무를 진다. 민원인이 협력의무를 전혀 이행하지 않는 경우 행정은 그에 대한 보완명령을 내릴 수 있고, 민원인이 협력의무를 충실히 이행하지 않는 경우 행정은 더 이상의 심사절차를 중단할 수 있다.

2) 최근 인터넷이 널리 이용되면서 인터넷이나 전화로 지나치게 간단하게 부실한 내용의 민원이 제기되는 경우가 급증하고 있다. 이 때마다 행정이 홀로 모든 증거자료를 직권으로 조사하여야 한다면, 민원제기와 관련하여 자신에게 상응하는 노력과 비용이 발생하지 않을 것이므로 민원인은 반복해서 민원을 제기하려는 유혹에 빠질 것이고, 행정에게는 과다한 조사비용이 발생하게 될 것이다.

민원상담절차는 광의의 행정절차에 속한다고 볼 수 있다. 행정절차에 있어 행정과 민원인의 정상적인 역할에 맞추어 민원상담절차에서도 민원인이 충실한 협력의무를 이행하도록 하는 것이 과다한 행정비용의 발생을 막기 위하여 필요하다고 할 것이다.

(3) 생계형 고질민원인에 대한 대응

생계형 고질민원인들은 경제적 빈곤에 시달리고 있지만, 현행 제도와 법의 틀 내에서 신청기간의 도과, 요건의 미충족 등의 사유로 사회보장이나 손실보상 등의 혜택을 받지 못하는 경우가 많다.

생계형 고질민원의 경우 그들이 어떤 방식이든 생계유지를 위한 도움을 제공받을 수 있다면 그 민원은 해소될 가능성이 높다는 점을 인식할 필요가 있다. 하지만, 현행법의 테두리를 벗어나 사회복지를 무작정 확대하는 것보다는 적절한 일자리를 제공하는 것이 도움이 될 수도 있다. 이러한 관점에서, 공무원들은 민원인이 제기한 현안사항 이외에 사회보장적 관점에서 질병의 치료, 생활수단의 제공(예, 취업기회의 제공 등) 등에 관심을 기울여 해결방안을 함께 고민하려는 태도를 가질 필요가 있다.

또, 생계형 민원인들에 대해서 현행 제도가 보호하지 못하고 있는 영역에 대해서는 해당 기관에 제도개선을 제안하고 권고하는 노력도 병행하여야 한다. 예를 들어 현실적으로 신용불량자인 주민들에 대해서는 미소금융 등과 같이 신용을 보호하고 회복할 수 있는 제도의 확충이 필요하다.

(4) 옹고집(막무가내)형 고질민원인에 대한 대응

1) 옹고집형 고질민원인들은 생계형 민원인들과 달리 폭력성을 드러내는 경우도 있는데, 이 때에는 제재와 처벌의 관점에서 대응하는 것도 필요하다. 그 필요성은 다음에서 찾아볼 수 있을 것이다.

첫째, 행정현장에서 상담공무원들은 상담 중 폭언과 모욕을 당하거나 폭행과 신체에 대한 협박을 당하는 빈도와 강도가 증가하고 있다. 최근 여성공무원들의 숫자가 늘어나면서 심리적·신체적 위협을 받은 공무원들에게 심각한 정신적·육체적 피해가 발생하는 경우도 나타나고 있다. 이러한 상황에서 공무원들을 위한 보호수단이 필요하다.

또, 폭행과 협박이 방치된다면 행정조직의 관점에서는 민원부서와 상담부서는 위험직군이자 기피직군으로 인식되어 모든 공무원들이 근무를 회피하게 되어 민원행정은 크게 후퇴하게 될 것이므로 통제할 수 없는 폭력상황으로부터 그들을 보호하는 수단들이 필요하다.

둘째, 사회질서와 평화를 파괴하는 사람들에 대한 제재에 있어 검찰, 경찰은 물론 해당 민원업무 담당기관들과 담당공무원들이 가치와 질서의 보호자의 역할을 일정 부분 수행해주는 것이 필요하다. 민원현장에서 옹고집형에서 더 나아가 약탈적 인간형이라는 것이 확인된 뒤에도 그들을 제어하지 않고 끌려다니거나 방조해서는 안 된다. 그들이 불법적인 고유의 기술과 방법을 적용하여 승리하는 것을 방치하게 되면, 공공부문에서 끝까지 보호하고 존중해야 할 생활인들의 사회상식과 건전한 규범적 가치를 기초에서부터 파괴하는 것이 될 것이기 때문이다.

2) 신체적 폭력은 물론 심리적 폭력을 행사하는 고질민원인에 대한 제재와 처벌수단의 설계에 있어 모욕의 정도나 폭력성의 정도 등에 따라 유형화하여 적용하는 것이 필요하다. 제재수단으로는 전통적인 형법적 수단(공무집행방해죄, 공갈협박죄, 상해죄 등) 이외에 과태료 등 금전적 제재수단과 같이 보다 완화된 비형사적 수단들을 이용할 수 있다.

이 외에도, 병원치료명령, 일정 시간 동안의 교육명령이나 사회봉사명령 등도 새롭게 도입될 필요가 있다. 예를 들어 고질민원의 깊은 원인이 주위로부터의 소외로 인한 고독감일 수도 있는데, 교육명령을 통해 유사한 사람들이 모여서 서로 위로받으며 강사 등으로부터 다양한 교육프로그램을 받음으로써 사회에 대한 적대감을 어느 정도 누그러뜨릴 수도 있을 것이다. 현재, 각 대학이나 민간기구들 중 상담프로그램을 진행하는 곳이 많기 때문에 정부가 민간기관들의 프로그램을 심사해서 인증을 해주는 방식으로 민간프로그램들을 활용할 수도 있을 것이다.

또, 고질민원의 원인이 정신질환이나 상당한 우울증에 기인할 수도 있는데, 이 경우는 정신과 병원 등에서 치료를 받도록 하는 병원치료명령을 내릴 수 있게 하는 법규정이 도입될 필요가 있다.

형사적 수단들은 낙인효과 때문에 민원인의 사회생활을 힘들게 하는 부분도 있어서 제재수단으로서 사용을 주저하게 되는데, 모욕이나 폭력성의 정도 등에 따라 치료명령, 봉사명령과 교육명령 등을 단계적으로 적용할 수도 있을 것이다.

Ⅳ. 고질민원의 대응방법에 대한 사회인식의 변화 필요

우리 사회와 정부는 고질민원에 대해 원인을 보다 정확히 파악하여 그에 맞는 대응방안들을 찾아내야 한다. 고질민원들을 분류해보면 생계형 고질민원도 있지만 옹고집형 고질민원도 있다.

고질민원에 대한 대응방안을 세움에 있어 우리 사회구성원들의 인식이 새롭게 변해야 할 부분도 있다. 민원인 편에서 사회복지관점에서 대응하는 것이 필요한 경우도 있지만, 온정주의적으로 끌려다니기만 해서는 현장행정의 가치와 질서가 무너지기 때문에 민원인에 대한 제재와 처벌이 필요한 경우도 있을 수 있다. 전자는 물론 후자도 망각되어서는 안 될 것이다.

제12장 자치단체와 지역시민단체의 협력관계형성을 위한 제도적 과제

:: 주요 문제의식 ::

1. 우리 지역시민운동에 있어 우리나라와 선진 외국의 주된 차이는 어디에 있는가? 파트너십 법치주의라는 말은 어떤 시대인식을 배경으로 출현하였는가?
2. 우리 지역사회의 현실과 주민들의 상황에 비추어 우리 지역시민운동의 주된 문제점은 어디에 있고 어떤 방향으로 나아가야 하는가?
3. 우리 정부와 자치단체는 파트너십 법치주의의 실현을 위해 지역시민단체와의 관계에서 어떤 역할과 책임을 수행하여야 하는가?

Ⅰ. 지역공동체의 발전과 파트너십 법치주의

1. 지역공동체발전의 과제

1) 과거 농어촌지역에서는 많은 사람들이 모여 살면서 거의 이동하지 않았기 때문에 서로를 잘 알아 지역공동체가 자연스럽게 형성되어 존속해왔다. 공동체는 각 개인에게는 의무적이고 강제된 것이었다. 이러한 분위기에서 개인은 자유를 누리기가 어려웠다. 농어촌 젊은이들에게 도시는 가

족이 공유한 것이 아닌 자기만의 직업과 자유를 의미했고, 공동체와 질서로부터의 해방을 의미했다. 도시는 문화의 중심지였고 예술가들과 학자들이 있었으며 이동성이 인정되었다. 젊은이들이 떠난 농어촌에서 공동체는 점차 그 활력을 잃게 되었다.

한편, 급속한 도시화를 거쳐 등장한 많은 도시들에서 개인들은 서로를 잘 모르기 때문에 공동체를 이룰 수 없었다. 또, 좁은 지역에 많은 인구가 모여 살면서 시청과 같은 행정기관만으로는 수많은 도시인의 생활환경악화요인들을 적절히 다룰 수도 없었다. 익명의 도시인들이 공동체에 속하지 않은 채 모여 사는 도시는 점차 범죄와 매춘, 환경파괴, 교통법규위반과 뇌물, 불친절과 상호불신의 세계가 되었다. 그럼에도 불구하고, 자치단체의 능력은 매우 제한적이어서 도시인들의 안전위험과 실업을 예방해줄 수 없었다.

2) 민주화가 진전되면서 자치단체에 대한 주민들의 기대수준은 점점 올라가고 있지만, 작은 정부, 규제개혁과 민영화의 시대에 공공서비스를 직접 제공할 수 있는 자치단체의 능력은 극히 한정되게 된다.

독일의 경우에도 중세도시국가의 전통을 가지고 주민들의 영업활동, 문화활동, 생존배려를 위해 매우 커다란 역할을 해왔던 자치단체가 점점 어려움에 처하고 있다. 경제성장과정에서 법률의 규율밀도가 높아가고 각종 중앙계획이 증가하면서 국가가 사전에 제시한 기준에 맞는 경우에만 지역개발도 가능하고 중앙예산부처로부터 재정지원도 이루어지게 되어 자치단체의 재량권은 크게 축소되어 왔다.[1] 이 과정에서 자치단체는 조직편성권이나 인사권에 있어서도 상당한 제약을 받아왔다. 더구나, 독일이 통일되면서 국가재정이 어렵게 되고, 통합유럽과 같은 글로벌국가의 시대가 되면서 기업의 규모는 더 커져 국제적 영향을 많이 받고, 주민들의 생활도 통합유럽정부에 의하여 더 많은 영향을 받게 되어, 자치단체가 독자적으로 주민복리를 위한 서비스를 제공할 수 있는 능력은 점점 약화되고 있다.[2]

---

1) Ernst Pappermann, Chancen und Gefährdung der kommunalen Selbstverwaltung, Verwaltungsrundschau, 1987. 7, S. 224.

3) 하지만, 인간은 공동체, 특히 건설적인 목적을 위한 공동체를 필요로 하는데, 여기에 참여함으로써 중요한 일에 기여한다는 성취감을 느낄 수 있게 된다. 이러한 공동체가 형성되지 않는다면, 갱집단과 같이 범죄와 혼란을 위한 파괴적인 공동체들이 대신 들어서서 도시에서의 삶을 근본적으로 위협하게 된다. 따라서, 자치단체와 주민들은 함께 지역공동체를 발전시켜야 할 과제를 안게 된 것이다.

이러한 공동체는 전통적인 농촌사회에 존재하던 공동체, 즉 모든 주민들 상호간의 유대에 의해 형성되면서 태어나면서부터 반강제적으로 가입하게 되는 공동체와는 다른 면을 가지고 있다. 도시지역에서는 도시인들 스스로의 자유의사에 의해 의도적으로 비영리단체에 참가하여 공동체의 구성원이 되어 자발적인 공동체운동을 하게 된다. 따라서, 전통적 농촌사회가 젊은이들에게 자유를 억압하고 인습에 얽메이게 했던 폐해는 크게 부각되지 않을 것이다. 오히려 도시의 삭막하고 외로운 생활에서 자기의사에 의해 비슷한 생각을 가진 사람들과 단체를 형성하여 공동체의 발전을 위한 활동을 함으로써 감정적 일체감을 가지고 봉사욕구와 다양한 창조적 욕구를 해결할 수 있게 된다. 또, 시민이 맡아야 할 일정한 권한과 책무를 자발적으로 이행함으로써 공익의 증진에도 기여할 수 있다.

2. 파트너십 법치주의(partnerschaftlicher Rechtsstaat)[3)]

1) 작은 정부로 인해 자치단체의 급부능력과 주민의 기대 사이의 괴리를 극복하는 것은 쉽지 않다. 기업들은 많은 직장을 만들어내 사람들의 생활을 안정시키지만, 기업들도 근본적으로 이윤추구단체이기 때문에 공공영역에서 발생하는 사회적 약자의 보호나 환경보호 등의 문제에 있어 무력

---

2) Günter Püttner, Deutsche kommunale Selbstverwaltung unter dem Wandel der Daseinsvorsorge, 현대공법이론의 제문제(석종현교수화갑기념논문), 2003, SS. 51~64.

3) Rainer Pitschas, Neues Verwaltungsrecht im partnerschaftlichen Rechtsstaat, 현대공법이론의 제문제(석종현교수화갑기념논문), 2003, SS. 165~187; Rainer Pitschas, Das deutsche Verwaltungsrecht zwischen rechtsstaatlicher Gesetzmäßigkeit und sachpolitischer Autonomie der Verwaltung, 2003. 10. 25, 한국공법학회 발표문, 16면.

하고 유해하기까지 한 측면도 있다. 그렇다고 해서 행정의 직접적인 생활 배려기능을 확대하는 것은 거대정부로 인한 재정악화라는 심각한 문제를 가져온다.

이러한 딜레마를 해결할 수 있는 답은 지역주민들의 자발적 공동체의 출현과 행정과의 적절한 파트너십의 형성에 있다.[4] 자치단체와 주민들의 자발적 공동체는 협력관계를 형성하고 책임을 적절하게 배분함으로써 지역공동체의 발전을 위한 과제를 공동으로 수행할 수 있게 된다. 자치단체는 시장과 민간에 아웃소싱할 수 있는 업무는 직접 처리하지 않고 기업이나 지역시민단체(NPO: Non Profit Organization)들에게 위탁하거나 민영화함으로써 행정의 효율성을 높일 수도 있게 된다.[5][6]

2) 한국에서 지역사회공동체의 발전운동은 지역경제발전운동의 측면과, 사회적 약자보호, 환경보호, 재난구조 등과 같은 주민들의 인간다운 생존배려를 위한 사회발전운동의 측면을 함께 추구하지 않으면 안 된다. 지역사회 자체가 젊은이들이 외면하거나 저취업상태에 있어 극히 활력이 부족해 붕괴위기에 처한 곳도 많기 때문에 경제발전과 사회발전을 함께 지원하는 것이 되어야 한다. 지역사회에서 다양한 영리기업들과 비영리단체들이 나타난다면 중앙집권적으로 관료화된 한국사회의 관료제적 병리의 극복가능성도 생기고, 점증하고 있는 고학력자들이 그들의 전문적 능력을 활용할 수 있는 보다 많은 기회를 확보할 수 있게 될 것이다.

---

4) Peter F. Drucker, Introduction: Civilizing the City, The Community of the Future, Drucker Foundation, 1997, pp. 1~6.

5) Jörn Ipsen, Grundfragen der kommunalen Verwaltungsreform, DVBl 1988, SS. 806~808.

6) 이러한 목적의 시민단체들을 지칭하는 용어로 비영리민간단체를 사용하는 것이 비영리민간단체지원법과도 조화를 이루는 것으로 보이지만, 한국사회에서 비영리민간단체라는 용어는 시민운동가들에게 아직 호응을 얻고 있는 것 같지는 않다. 또, NGO라는 용어는 보통 국제적인 환경운동단체 등을 지칭하고, 지역시민단체에 대해서는 미국, 일본, 독일 모두 NPO라는 용어를 사용하는 것이 일반적이다. 지역사회시민운동의 초창기인 한국에서는 NGO라는 용어가 많이 쓰이고 있지만, 특히 지역사회시민운동단체의 영문명칭을 여기서는 NPO라고 쓰기로 한다.

3) 자치단체가 주민들의 자발적 공동체나 지역시민단체들과 함께 공동체발전의 과제를 공동으로 수행하려 할 때 자치단체가 이행해야 하는 책임의 내용은 독특한 특징을 보여준다. 새로운 행정기관을 처음 설치할 때와 비슷하다. 무엇보다 시민단체들이 우선적으로 모여서 업무를 협의할 수 있는 물적 설비와 활동재원, 그리고 필요한 지식과 같이 인프라의 건설을 위한 행정책임이 중요한 의미를 갖게 된다. 이것은 시민단체들이 공공서비스를 제공하는 협력적 파트너[7]로서의 실질적 능력을 갖도록 하기 위한 지원의 의미를 가진다.

지역시민단체들은 기업이나 회원들의 기부를 받거나 바자회 등을 개최하여 활동에 필요한 시설과 재원의 일부를 충당할 수도 있지만, 아직까지 기부문화가 취약한 한국의 실정으로는 행정의 지원이 실질적으로 중요한 의미를 갖게 된다.

또, 다른 측면에서 행정이 사법적 통제와 행정감사와 같은 통제를 받는 것처럼 공공서비스를 제공하는 시민단체들에 대한 감독도 필요하게 된다. 행정으로부터 제공받거나 기업이나 주민들로부터 기부받은 재원의 사용내역이나 서비스제공활동에 대한 정보의 공개와 그것의 합법성 및 합리성에 대한 통제가 필요하다. 이를 위해 공공서비스를 제공하는 시민단체들은 행정과 주민들로부터의 사후적 감독과 통제를 받을 의무가 있도록 제도가 설계되고 운용되어야 한다.

---

7) Andreas Vosskuhle, Beteiligung Privater an der Wahrnehmung öffentlicher Aufgaben und staatliche Verantwortung, VVDStRL Bd.62, 2003, S. 279 f.

Ⅱ. 시민단체들에 대한 법적 규율의 내용과 활동상황의 국제적 비교

1. 시민단체에 대한 한국과 일본의 법적 규율의 비교

(1) 우리나라 비영리민간단체의 개념과 그 요건

1) 우리나라에서 시민단체를 규율하는 기본법인 비영리민간단체지원법은 2000년 1월 12일 "비영리민간단체의 자발적인 활동을 보장하고 건전한 민간단체로의 성장을 지원함으로써 비영리민간단체의 공익활동증진과 민주사회발전에 기여함을 목적으로" 제정되었다(법 제1조).

이 법에서 말하는 비영리민간단체는 다음의 요건을 갖추어야 한다(법 제2조). 1. 사업의 직접 수혜자가 불특정 다수일 것, 2. 구성원 상호간에 이익분배를 하지 아니할 것, 3. 사실상 특정정당 또는 선출직 후보를 지지·지원할 것을 주된 목적으로 하거나, 특정 종교의 교리전파를 주된 목적으로 설립·운영되지 아니할 것, 4. 상시 구성원수가 100인 이상일 것, 5. 최근 1년 이상 공익활동실적이 있을 것, 6. 법인이 아닌 단체일 경우에는 대표자 또는 관리인이 있을 것.

우리나라에서 비영리민간단체는 등록을 필요로 하는데 그의 주된 공익활동을 주관하는 장관, 특별시장·광역시장 또는 도지사에게 등록을 신청하여야 한다.

등록신청서에는 다음의 것이 기재되어야 한다. 1. 회칙 1부, 2. 당해 연도 및 전년도의 총회회의록 각 1부, 3. 당해 연도 및 전년도의 사업계획·수지예산서, 전년도의 결산서 각 1부, 4. 회원명부 1부.

2) 비영리민간단체는 '비영리', 즉 영리목적을 추구하지 않으므로 이익을 단체구성원들에게 배분하지 않는다. 또, 우리나라에서 비영리민간단체는 법인일 것을 요구하지 않으므로, 법인자격을 취득한 것도 있고 법인이 아닌 것들도 있다. 시민단체들이 비영리민간단체지원법에 따라 등록을 한

민간단체들을 의미한다는 점에서, 민법의 규율을 받는 사단법인, 재단법인, 사회복지법인, 학교법인, 종교법인 등 많은 전통적인 비영리법인들과 구별된다.

(2) 시민단체들에 대한 일본의 법적 규율

1) 우리나라 지역사회 시민운동에 있어 지역시민단체와 마을만들기가 활성화된 일본의 영향은 매우 큰 편이어서, 우리나라의 법적 규율의 내용이 갖는 비교법적 위치를 확인하고 장래 변화방향을 모색하기 위해서는 일본의 지역시민단체들에 대한 일본의 법적 규율상황을 살펴보는 것이 필요하다.

일본에서 시민단체들에 대해서는 1998년 제정된 특정비영리활동촉진법(特定非營利活動促進法)이 규율하고 있는데, 우리와 달리 시민단체들이 법인격을 취득하도록 하고 있다.

일본의 시민단체들은 특정비영리활동을 하는 법인으로서 영리를 목적으로 하지 않아야 한다. 회원의 자격에 대해 부당한 제한을 하지 않고, 회원 중 보수를 받는 자가 회원총수의 3분의 1 이하이어야 하며, 종교의 전도나 정치적 목적을 추구하지 말아야 하고, 폭력단이나 그 구성원의 통제를 받는 단체이어서도 안 된다. 또, 특정인이 아니라 불특정 다수를 위해 활동을 해야 한다.

법인설립을 위해서는 정관, 임원명단, 10인 이상의 회원이 있어야 하고, 10인 이상의 회원들의 이름과 주소를 제출해야 하며, 설립과정을 증명할 수 있는 의사록 등의 서류를 갖추어 사무소가 소재한 지방자치단체에 법인설립의 등기를 하여야 한다. 3인 이상의 이사와 1인 이상의 감사를 두어야 한다.

더 나아가, 일본의 시민단체들 중 일정한 기준을 충족한 것들을 대상으로 '인정특정비영리활동법인'제도를 두고 있는데, 인정 시민단체가 되면 시민들이 기부를 할 때 기부한 사람에 대해 일정한 소득공제를 해줄 수 있고, 기부를 받은 인정법인도 법인세의 경감 조치를 받을 수 있도록 하고 있다.

2) 일본에서 시민단체들은 보건·의료·복지, 마을만들기, 문화, 환경과 국제 협력 등 다양한 분야에서 활동하고 있다. 행정뿐만 아니라 시민, 기업과 시민단체 등 민간 주체들도 공공적인 재화와 서비스의 공급자로 참여함으로써 협력을 통해 공익을 실현해가는 핵심적인 주체로 발전해가고 있다.

최근 동일본 대지진 후 많은 시민단체가 다양한 지원 활동을 전개하여 재해복구에 기여하는 등 사회의 다양한 요구에 대응하면서 시민단체는 일본사회에서 점점 더 중요해지고 있다.

(3) 양국의 비교

1) 일본의 경우에는 법인으로 요건을 갖추어 등기를 하도록 하고 있으나, 우리나라에서는 등록을 하도록 하고 있다. 한국의 시민단체들 중에는 법인설립허가를 받은 단체들도 있지만, 많은 단체들은 단지 등록만을 해놓고 있다.

우리나라에서 비영리민간단체의 등록요건 중 "상시 구성원수가 100인 이상일 것"이란 요건은 기초자치지역에서 마을공동체의 형성을 돕고 다양한 시민들의 수요를 충족시키기 위해 지역시민단체가 활성화되어야 한다는 관점에서 보았을 때 너무나 과도한 요구조건이라 할 것이다. 일본의 경우에는 회원수가 10인 이상이면 법인설립이 가능하도록 규율하고 있다.

현실적으로 이 요건은 정치성을 띤 시민단체만 충족가능하거나, 아니면 문서상으로만 100명 이상의 상시 구성원의 요건을 충족할 뿐인 시민단체들을 양산하게 하는 원인이 되고 있다고 본다. 시급하게 개정할 필요가 있다.

2) 우리 비영리민간단체지원법에 따를 때, 안전행정부장관과 시·도지사는 비영리민간단체에 대하여 필요한 행정지원 및 재정지원을 할 수 있어서, 공익사업에 대한 사업비와 같은 소요경비를 지원할 수 있도록 되어 있다. 이 경비에는 인적 경비와 물적 경비가 포함되는데, 인적 경비는 단체의 임직원에 대한 보수가 아닌 실비성격의 경비만 포함된다.

또, 안전행정부장관과 시·도지사는 매년 공익사업의 지원에 관한 사회적 수요를 파악하여 지원할 수 있는데, 보조금을 교부받고자 하는 단체는 사업의 목적과 내용, 소요경비, 기타 필요한 사항을 기재한 사업계획서를 당해 회계연도 3월말까지 제출하여야 한다. 사업을 완료한 때에는 다음 회계연도 1월말까지 사업보고서를 작성하여 제출하여야 한다.

우리나라에서도 시민단체들에 대해서는 조세를 감면할 수 있으며, 우편요금의 일부를 감액할 수도 있다. 하지만, 안전행정부장관 또는 시·도지사는 사업계획서에 허위의 사실을 기재하거나 기타 부정한 방법으로 보조금을 교부받거나 교부받은 보조금을 사업계획서에 기재한 용도가 아닌 다른 용도에 사용한 때에는 책임자에 대해서 징역형이나 벌금을 부과할 수도 있다.

3) 시민단체의 존재양상이나 활동현실을 살펴볼 때, 우리의 경우 일본과 법적 규율의 내용은 비슷하지만 실제여건에는 중대한 차이가 존재하는 부분이 있다. 특히, 지역사회에서는 지역시민운동의 역사가 짧고 주민들의 참여와 인식도 낮아 일본과 달리 시민단체들의 재정적 기초가 매우 취약하다.

일본과 우리나라 시민단체들의 재정적 기초의 중대한 차이를 고려할 때, 우리 정부와 지방자치단체에게는 지역시민단체의 활동을 가능하게 할 인프라를 제공하여 활동의 제도적 기초를 형성시켜 줄 제도화(Institutionalization)의무가 있다고 할 것이다.

우리 비영리민간단체지원법은 명시적으로 제도화의 책임을 정부에 부과하고 있지는 않으나, 정부에게는 비영리민간단체들이 '비영리민간단체의 공익활동증진과 민주사회발전에 기여'하고(법 제1조), '창의성과 전문성을 발휘하여 공익활동에 참여할 수 있도록 보장'해야 할 의무가 있으므로(법 제3조), 이 규정들로부터 그 책임이 도출된다고 볼 것이다. 책임의 내용으로는 공공서비스를 함께 제공하는 파트너로서 시민단체들이 모여서 업무를 협의할 수 있는 물적 설비와 활동재원, 그리고 필요한 경영과 법에 관한 지식 등 전문지식이 포함된다고 본다.

2. 시민단체들의 활동상황에 관한 국제적 비교

(1) 외국의 상황

통계에 나타난 것을 살펴보면, 비영리부문의 고용인구가 선진국들에서는 3.5% 내외이고, 독일을 제외한 다른 7개 국가들에서는 교육과 연구, 건강, 사회복지, 문화와 스포츠 순으로 시민단체들의 활동이 많으나, 독일의 경우는 특히 건강, 사회복지, 공동주거건축의 비율이 매우 높다. 또, 독일을 제외한 다른 7개국에서는 수입원도 정부와 자체수익활동에서 비슷한 수입을 확보하는 데 비하여 독일의 경우에는 정부로부터의 지원이 매우 높다.

표 8 독일과 다른 7개국가들의 비영리부문의 비교

	독 일	미국, 프랑스, 영국, 이탈리아, 일본, 헝가리의 평균
고용인구	1.017.945	
전체고용인구대비 비율	3.7%	3.4%
활동분야(비율)		
문화와 스포츠	7.4	16.5
교육과 연구	12.0	24.0
건 강	34.8	21.6
사회복지	23.4	19.6
공동주거건축	14.1	5.0
노동조합, 이익대표	5.3	9.2
기 타	3.0	4.1
합 계	100%	100.0%

출처: Salamon and Anheier, The Emerging Secter. An Overview, 1996, p. 79

독일에서 건강, 사회복지, 공동주거건축 분야와 다른 분야들의 시민단체활동이 보여주는 이원적 구조는 역사적 타협의 산물이다. 즉, 오랜 역사 동안 정부와 상관없이 복지활동을 수행해왔던 교회가 정부의 복지활동증가에 반발하면서 타협한 결과인 것이다. 이러한 복지단체들은 관료의 파트너로 인정되었을 뿐만 아니라 그들의 복지활동은 보충성원리에 의해 법적인 존속보장을 받는 것으로 연방헌법재판소에 의해서도 승인되었다.[8] 그

8) 이상의 내용은, Annette Zimmer, Modernisierung des Staates und der Nonprofit

에 비하여 스포츠와 문화같은 분야는 존속을 보장받는 것이 아니라 정부가 그들의 활동을 촉진시킬 의무를 질뿐이어서 구속력이 없다.

한편, 일본에서 특정비영리활동촉진법이 시행된 1998년 10월부터 2001년 8월까지 특정비영리활동법인으로 인증받은 시민단체의 숫자는 3년이 안 된 기간 동안에 4,759개에 달하고, 동경의 경우만 1,065개, 오사카의 경우는 353개에 달했다. 2001년 10월부터는 "인정NPO법인에 대한 기부금에 관한 특례조치"에 의하여 소득세, 법인세, 상속세 등에 관하여 우대조치를 받을 수 있게 되어 더 빠른 속도로 증가하고 있다.[9)]

2012년 8월 조사시점에서 특정비영리활동법인의 숫자는 46,161개 이었는데, 과거 1년간 증가한 숫자는 2,531개이었다.[10)]

(2) 우리나라의 상황

1) 우리나라의 경우 2000년 1월 12일 제정된 비영리민간단체지원법에 의해 시민단체들이 등록하기 시작했다. 이하에서는 2010. 9. 30 시점에서의 현황을 조사했다.

표 9 한국의 비영리민간단체등록현황—설립시기 기준

	설립시기						
구분	'59년 이전	'60년대	'70년대	'80년대	'90년대	'00년대	'10년 이후
계	62	112	222	936	2,185	5,829	141
중앙	19	12	13	41	139	784	69
지방	43	100	209	895	2,046	5,045	72

안전행정부, 2010 비영리민간단체 등록현황(2010. 9. 30 기준, 2010. 12. 30 발간, 5면)

[표 9]에서 알 수 있듯이 1959년도 이전에 설립하여 등록한 단체가 62

Sektor, in: Grunow/Wollman, Lokale Verwaltungsreform in Aktion: Fortschritte und Fallstricke, 1998, SS. 125~133.

9) 田中豊治, NPOとまちづくり地方分權下の地方自治(本田弘/下條美智彦 編), 2002, 211~225면.

10) 일본 비영리법인데이터시스템(NOPODAS. http://www.nopodas.com)에서 참조. 2012년 4월 18일 방문.

개밖에 존재하지 않았다. 우리나라는 조선의 멸망과 6.25사변 등 최근세사에서 험난한 역사적 경험을 거치며, 등록 비영리민간단체 중 50년 이상의 역사를 갖고 있는 것은 매우 드물어서, 중앙에 19개, 지방에 43개밖에 없었다. 이 통계로 보아 해방 이후 1959년까지 지방에 기반을 둔 지역사회 시민단체들은 극히 적고 활동도 매우 미약했음을 알 수 있다.

비영리민간단체들은 60년대(112개)와 70년대(222개)를 거치며 10년 기간마다 배 이상씩 숫자가 증가했다. 이 시기 중앙에서는 60년대(12개), 70년대(13개) 비영리민간단체의 설립이 10여 개 내외로 별로 활발하지 않았다. 하지만, 지방에서는 60년대(50년대 43개→100개), 70년대(209개)에 중앙보다 더 활발하게 설립되었다. 70년대를 기준으로 보면 지방에서 중앙과 비교하여 16배 정도의 비영리민간단체들이 설립되었다.

그 원인에 대해서 정확히 알기 어렵지만, 70년대 경제성장에 몰입한 정부의 권위주의적 성격 때문에 중앙에서는 관과 밀착한 전국규모 민간단체를 제외하고는 설립되기 어려웠었던 것으로 보인다. 이에 비하여 지방에서는 급격하게 진행된 도시화로 농어촌공동체를 상실해가는 상황에서 과거에 비해 상대적으로 생활수준이 나아지면서 도시지역을 중심으로 지역사회를 위한 비영리민간단체들이 늘어나기 시작한 것으로 이해할 수 있을 것이다.

80년대에는 합계 936개의 단체들이 설립되었는데, 중앙에는 70년대의 13개로부터 41개, 지방에는 70년대의 209개로부터 895개가 설립되었다. 중앙과 지방 모두 단체의 설립이 점차 활발해졌는데 지방에서 더 많은 단체들이 설립되었다. 지방은 중앙보다 약 22배의 숫자만큼의 비영리민간단체들이 있었다.

90년대에는 합계 2,185개의 단체들이 설립되었는데, 중앙에는 139개 지방에는 2,046개가 생겨났다. 지방의 단체들이 중앙의 14.7배이었다. 90년대 민주화의 성공으로 중앙에서 80년대의 41개보다 3.3배인 139개가 생겨난 것이 80년대와 다른 변화라고 할 수 있을 것이다.

2) 2000년대에는 합계 5,829개의 단체들이 설립되었는데, 중앙에는

139개에서 784개로 5.6배로 증가하였고, 지방에는 2,046개에서 5,045개로 늘어났다.

2000년대에 설립된 단체들의 경우, 우리나라의 특징인 중앙에서 전국 지향적인 시민단체들의 비율이 매우 높아, 지방의 단체들이 중앙보다 6.4배 정도밖에 많지 않게 된 것은 중요한 사실을 의미한다고 보아야 할 것이다. 즉, 80년대 권위주의 정부시절 지방의 비율이 22배로 많았던 것에서 2000대를 지나면서 6.4배가 된 것은, 민주화가 진전되면서 많은 비영리단체들이 전국규모의 시민단체가 되고자 하였고, 해당 지역사회에서 다양한 사회적 수요에 맞춤형으로 대응하려는 지역밀착형 시민단체가 되려는 목표는 그다지 중요한 동력이 되지 못했다는 것을 시사한다.

3) [표 10]을 통해 2010년 9월 30일 시점에서 등록한 단체들을 기준으로 살펴보면, 중앙에는 1,077개, 지방에는 8,410개의 단체가 있어 합계 9,487개 존재했다. 2002년 3월 31일(합계 3,892개)로부터 8년 6개월 정도 지난 시점에 2.4배 정도로 증가했다.

표 10 한국의 비영리민간단체 등록현황—설립형태, 회원수, 설립시기별 현황

구분	소계	설립형태		소계	회원수								소계
		법인(사단 및 재단)	비법인		500명 이하	500~999명	1천~3천명	3천~5천명	1만~5만명	1만~5만명	5만~10만명	10만명 이상	
계	9,487	2,262	7,225	9,487	7,106	843	742	215	191	257	40	93	9,487
중앙	1,077	660	417	1,077	567	124	127	44	48	82	27	58	1,077
지방	8,410	1,602	6,808	8,410	6,539	719	615	171	143	175	13	35	8,410

안전행정부, 2010 비영리민간단체 등록현황(2010. 9. 30 기준, 2010. 12. 30 발간, 5면)

중앙에 비하여 지방에 약 7.8배 정도의 단체들이 등록되어 있다. 이 중에서 법인형태는 2,262개, 비법인 7,225개로 비법인형태가 법인형태의 약 3.2배이었다.

회원수로 살펴보면 500명 이하는 중앙에 567개, 그리고 지방에 6,539

개가 존재하고 있었다. 500명 이하의 단체들의 경우 중앙과 비교하여 지방에 11.5배 정도의 단체들이 존재했다. 회원수가 10만 명 이상인 단체는 중앙에 58개, 지방에 35개가 존재했다.

2010년 9월 30일 시점에서 중앙과 비교하여 지방 7.8배의 비율을 보여주는데, 이것은 2,000년대의 지방 6.4배의 비율이 비슷하게 유지되고 있음을 보여준다. 90년대 이후 전국규모의 시민단체가 되고자 하는 목표가 우리 시민단체들의 지배적인 목표로 되어 현재까지 고착되고 있음을 보여준다고 본다.

4) [표 11]은 우리나라 비영리민간단체들을 설립목적에 따라 분류한 것이다.

표 11 한국의 비영리민간단체등록현황—설립시기 기준

구분	소계	설립목적																		
		종합	일반행정	여성 청소년	재정 국세 소비자	평화통일	외교 국제협력	사법 인권	국방 보훈	지방자치	자원봉사	교육 연구 학술	과기정보통신	문화 체육 관광	농림수산	산업 노동	보건 복지 장애	환경 자연보호	건설 교통 도시	방범·재난 소방	기타
계	9,487	255	519	1,207	121	273	158	103	224	398	684	354	82	929	212	270	1,498	1,246	234	218	502
중앙	1,077		134	80	14	97	31	9	28	4	38	47	9	127	44	71	156	149	7	23	9
지방	8,410	255	385	1,127	107	176	127	94	196	394	646	307	73	802	168	199	1,342	1,097	227	195	493

안전행정부, 2010 비영리민간단체 등록현황(2010. 9. 30 기준, 2010. 12. 30 발간, 5면)

중앙과 지방의 비율이 매우 낮아 중앙지향적 단체들의 비중이 높은 곳을 찾아보면 일반행정, 평화통일, 외교 국제 협력, 농림수산, 산업 노동 등이었다. 이것을 통해 전국규모의 단체의 비중이 높은 곳은 행정개혁, 통일과 안보 등 정치적 영역, 그리고 농민과 노동 등 최근 전국규모 시위가 잦은 곳임을 알 수 있다.

지역시민단체로서 지역밀착형 시민단체들의 비율을 알아보기 위해, 500명 이하의 단체들의 경우 중앙과 비교하여 지방에 11.5배 정도의 단체들이 존재하고 있음을 고려하여, 지방의 시민단체들의 비율이 11.5배가 넘는 숫자를 차지하는 단체들을 설립목적에 의해 찾아보면, 여성 청소년, 지방자치(거의 99배), 자원봉사, 건설 교통 도시 등이었다. 여성 청소년, 지방자치와 자원봉사가 설립목적인 단체들은 지역사회 공동체의 건설과 관련된 단체들인 경우가 많은 반면에, 건설 교통 도시 등에서는 지방지향적 단체들이기는 하지만 주택건축이나 도로건설 등을 둘러싸고 권한을 가진 지방자치단체 등을 상대로 정책반대운동을 주도하는 단체들도 많다.

5) 이상의 통계에서 우리나라의 경우 전국적인 시위나 정책반대운동을 주도하는 단체들의 비중이 상대적으로 매우 높은 편이라는 것을 알 수 있을다.

단체를 유지하고 활동을 지속적으로 전개하기 위해서는 관리자들에게 많은 비용과 노력이 필요하다. 그러한 문제점 때문에 우리나라에서는 간이한 비영리법인의 등록절차를 이용하여 등록만 하고 사업은 휴업상태인 등록업체들도 상당히 많은 상황이다. 현재로서는 우리나라에서 지역사회의 건설적 수요를 충족하기 위한 지역시민단체들은 매우 저활성상태에 있고 활동적인 지역시민단체들의 숫자도 많지 않다. 다만, 바람직한 것은 지역시민단체들에 대한 관심이 증가하고 있고 사회적 분위기도 바뀌어가고 있다는 점이다.

Ⅲ. 지역시민단체들에 대한 행정책임

1. 자원봉사운동과 정책반대운동으로서 한국 시민운동의 한계

공동체발전을 위해서는 중앙, 자치단체와 지역시민단체들이 협력적 파트너십을 구축하여 상호보완적 역할을 수행하는 것이 필요하다. 이를 위해

갈등과 비협조가 개선되어야 한다. 하지만, 우리나라 지방자치단체와 지역시민단체간에는 협력적 파트너십이 부족하거나 부재할 뿐만 아니라 심지어 갈등상태에 있는 경우도 있다. 국회의원들이나 자치단체장들 또는 지방의회의원들이나 그 지망생들은 주민조직을 비공식적 사전선거운동으로 이용해오기도 했다.

(1) 자원봉사운동으로서 주민운동과 시민단체활동의 현황과 그 한계

1) 가족의 붕괴, 노령인구의 증가와 노인봉양풍습의 약화, 장애인에 대한 지원시스템의 미비, 그리고 도시화와 수명연장에 따른 질병의 증가 등에 기인하여 아동, 노인, 장애인 그리고 환자 등에 대한 자원봉사인력의 수요가 우리 사회에서도 급증하고 있다. 홍수나 화재 등으로 인해 재난극복을 위한 자원봉사인력에 대한 수요도 증가하고 있다.

하지만, 전통적인 유학사상의 영향을 받아 복지문제를 혈족중심으로 해결해온 결과 혈족이 아닌 타인들에 대한 자원봉사활동은 매우 미미했으나, 최근 자원봉사에 대한 사회적 분위기가 바뀌어가고 있는 추세이다.

2) 우리나라의 자원봉사운동의 연혁과 현황을 살펴본다.

1996년부터 자원봉사센터가 설립되기 시작해서 2002년에 204개가 되었고, 여성자원활동센터가 전국 160여 시·군·구에 개설되었다. 전국 180여 대학들이 사회봉사 학점제를 도입해서 사회봉사단 혹은 전담 부서를 설치했고, 또 16개 시·도에 청소년자원봉사센터가 개설되었다. 또 전국 동사무소에 주민자치센터가 개설되며 자원봉사 업무가 개시되기 시작했다.[11]

안전행정부가 발표한 '2012 행정안전통계연보에 따를 때,[12] 2011년에 자원봉사에 참여한 성인 인구수는 5,077,428명이다. 이는 총 성인인구의 12.9%를 차지하는 비율인데, 아래의 표에서 보듯이 자원봉사인구는 빠르게 증가해왔다.

---

11) 한국자원봉사단체협의회, 한국의 자원봉사단체 현황, 2002.

12) 안전행정부, 2012 행정안전통계연보, 2012. 7. 6, 356면.

표 12 자원봉사자의 변화추이

(단위: 명)

구분 Classification	2004	2005	2006	2007	2008	2009	2010	2011
총 성인 인구수	35,974,391	35,744,497	36,786,161	37,188,043	37,618,582	38,038,526	38,931,267	39,377,310
자원봉사참여 성인 인구수	1,333,786	1,621,976	2,103,718	2,548,599	3,294,204	3,879,489	4,634,597	5,077,428
참 여 율	3.7%	4.5%	5.7%	6.9%	8.8%	10.2%	11.9%	12.9%
참여 증가율	15.2%	21.6%	29.7%	21.1%	29.3%	17.8%	19.5%	9.6%

2012 행정안전통계연보(2012. 7. 6 발간, 356면)

[표 12]에서 보듯이 2004년 이후 2011년을 제외하고 15% 이상씩 꾸준하게 자원봉사참여자가 증가추세를 보여준다. 여기에서 드러나는 것은 많은 어려움에도 불구하고 우리의 행정과 사회가 공익의 보호와 실현을 위해 보다 협력적이 되어가고 있으며 시민의 주체성이 강화되는 방식으로 변해 가고 있다는 점이다.

3) 하지만, 자원봉사참가자의 증가와 같은 변화만으로는 현대사회의 복잡한 과제에 대응하기에는 한계가 있다. 주민들이 자원봉사활동만을 하게 되면 지역공동체의 발전을 위해 시민단체가 담당해야 할 다른 많은 역할들은 충족될 수 없게 된다.

자원봉사활동은 평소에 어떤 단체에 속하지 않은 사람도 개인으로서 자원봉사수요가 있는 곳을 자발적으로 방문하여 할 수 있는 것으로 자기만족을 위한 활동이다. 원칙적으로 무보수인 것이고 자기 스스로 어떤 목적과 계획이 없더라도 주어진 봉사활동을 하면 된다. 어떤 단체가 자원봉사활동을 하는 경우에도 그 단체의 자산이나 활동의 관리임무는 부차적인 것이 된다. 수익활동이 없는 것이 보통이고 있더라도 부수적이다. 자원봉사자가 시민단체활동에 참가해도 자원봉사자는 무보수이지만, 시민단체직원은 보수를 받는 경우가 많다.

이에 비하여 시민단체는 하나의 조직으로서 비영리활동을 하기는 하지만 보수를 받고 행정으로부터 수탁받은 활동을 하는 경우가 많다. 때문에 공공과제의 수행을 위해 적극적으로 행정의 파트너로서 전문적인 일도 수행해낼 수 있다. 시민단체는 자율성을 가지고 스스로 프로그램을 세우고 목표를 제시하여 그 목표와 프로그램의 성취정도에 의해 그 활동이 평가된다. 자원봉사활동과 달리 지속적인 단체활동을 위하여 건물과 재원이 필요하게 되고, 따라서 자산, 인력 및 활동에 대한 관리업무가 중요하게 된다. 수익활동도 필요하다. 다만, 이익이 있어도 단체구성원들에게 배분하지 않을 뿐이다.[13)]

(2) 정책반대운동으로서 주민운동과 시민단체활동의 한계

1) 우리나라에서 최근 주민운동은 특히, 재산권 등의 이익 보호를 목적으로 특정한 정책에 대한 반대 운동의 성격을 보여주는 경우가 많은데, 바람직한 공동체의 형성을 위한 긍정적인 공동체발전(Development of Communities) 운동의 방향으로 성격전환될 수는 없을 것인가? 인간은 자유를 원하지만 또한 공동체에 소속되지 않고는 살아갈 수 없는 존재이므로 긍정적인 지역사회공동체 발전운동의 길에 대한 탐색은 매우 중요한 과제라 할 수 있다.

마르크시즘 이래 정치사회운동은 노동운동을 축으로 한 물질중심, 국가중심, 계급중심이었고, 60년대 말 이후 80년대 초반까지 서유럽이나 미국에서 활발했던 운동은 소비자보호, 일조권, 환경권, 재산권 등을 중심으로 한 권리혁명운동으로서 시민과 소비자의 권리신장에 초점을 맞추었다. 하지만, 80년대 이후 세계적으로 기업하기 좋은 나라를 목표로 권리를 보호하기 위한 규정들인 경제적 규제는 물론 사회적 규제에 대해서까지 규제철폐운동이 활발하게 전개되어 왔다.

2) 우리나라에서는 80년대까지 경제성장을 목표로 노동자와 주민들의 권리를 일정 범위로 제한해 왔으나, 90년대 이후 노동자와 주민들은 지속적으로 권리범위의 확장을 위해 투쟁의 시기를 계속해오고 있다. 지역사회

---

13) 이상의 설명은 市民活動を支える制度をつくる会, NPO法人ハンドブック シリーズ 5. 2002, 7~9면 참조.

의 입장에서 볼 때, 경제발전은 수도권중심으로 진행되어 지역경제는 낙후되어 있으므로, 지역경제발전정책은 젊은이들의 일자리를 창출하여 지역사회를 재생시키는 것으로 주민들에게는 아직도 매우 중요한 의미를 가지고 있다.

그러나 다른 측면에서는 전국규모 환경운동단체의 환경운동 등을 통해 지역경제발전정책에 대한 반대운동도 강화되어왔다. 환경운동의 경우 지역주민과 환경단체의 상반된 입장은 사회에 상당한 갈등과 혼란을 초래하고 있다. 하지만, 중앙행정주도의 지역발전정책들은 획일적이고 토목건설위주의 발전정책으로서 다양성과 창의성의 부족으로 유휴상태에 있는 지역의 많은 첨단산업기지나 농공단지처럼 성공사례가 드물어 재정손실과 국토자원의 훼손이 큰 문제로 대두되고 있다.

3) 60년대의 서구사회에서도 지역공동체활성화운동은 중앙행정이나 지방행정과의 대립과 갈등의 과정에서 주민들이나 시민단체들을 뭉치게 하는 형태를 취했다. 주민들이나 시민단체들은 투쟁과정에서 연대의식을 느끼고 흩어진 자원과 아이디어들을 결집시킬 수 있었던 것이고, 운동의 참여자들에게 고립된 개인들이 아니라 연결됨으로써 힘을 얻고 그 힘을 행사할 수 있게 됨으로써 성취감을 느낄 수 있게 하였던 것이다.

하지만, 지역사회의 발전에 연계되지 않는, 반대를 위한 주민네트워크의 활성화는 시간이 지나면서 해당 지역에서 주민들을 떠나게 하고 참여자들을 지치게 만들며 지역사회를 정체시키게 되었다. 또, 행정공무원들도 복잡하게 얽혀 있는 이익들 중 특정 이익만을 지나치게 옹호하며 행정의 정책에 반대하는 시민단체들에 대해서는 알레르기반응과 그 이기성에 혐오감을 느끼게 되어 행정과 시민단체가 신뢰에 기초하여 진정한 파트너십을 형성하지 못하게 되었다. 이것이 지역사회의 합의를 창출하는 것을 중시하는 긍정적인 공동체운동이 필요하게 된 이유이다.[14]

---

14) Eichler, Michael, Consensus Organizing: sharing power to gain power, National Civic Review, Vol.84, Issue 3, 1995.

2. 지역시민단체들의 기여가능성과 가능한 사업활동들

(1) 긍정적인 공동체발전운동을 위한 지역시민단체들의 기여가능성

1) 한국의 지역사회에서 발전과 복지의 공동추구는 절실한 과제로서 지역사회의 어떤 주체도 각종 공공서비스프로그램을 혼자서 성공시킬 수 없는 실정이다. 더구나, 법률은 일반성과 추상성의 특징 때문에 도농 지역사회 주민들의 기대의 다양성과 복잡성에 신속히 대응하기 어렵다. 또, 지방행정현장에서는 지방특별행정기관들과 지방자치단체 그리고 교육기관이나 경찰서, 소방서 등이 서로 분리되어 있어 행정현장의 문제에 대해 종합적 대응이 어렵다. 자치단체장들이 선거기간을 주기로 바뀌거나 공무원들의 인사이동주기가 매우 짧고 여러 부서를 순환하기 때문에 공공서비스와 정책의 계속성을 유지하기가 어렵다.

2) 지역시민단체들은 지역사회에서 사회적 약자보호나 환경과 같은 공공재의 보호자로서 이윤이 창출되지 않는 사회봉사영역이나 정책개발영역 등에서 민간기업들의 한계를 극복하는 데 기여할 수 있다. 시민단체에 속한 회원들은 현장에서 계속 일을 하기 때문에 주민들과 기업들의 문제상황을 잘 알고 있을 뿐 아니라, 동기부여가 잘 되어 있고 계속성을 유지하기 때문에 공공서비스와 정책의 계속성을 담보하는 데 중요한 기여를 할 수 있다.[15] 또, 행정실패나 시장실패를 보완하는 자로서 지역시민단체들은 기존의 정부실패, 즉 고비용, 경직성, 비효율의 문제를 극복하는 데 도움을 줄 수 있다.

더 나아가, 지역시민단체들은 지역사회에서 기업과 주민들, 행정과 주민들의 이익갈등의 심화를 막는 완충자로서 중요한 역할을 할 수 있다. 주민들의 권리의식의 성장으로 인해 지방행정에 대한 주민기대의 상승, 그리고 기업경쟁의 심화로 인해 한국사회 전체는 물론이고 지역사회도 갈등이 항상 존재하는 시대가 되었기 때문에 갈등의 완충적 조정자로서 시민단체의 역할은 중요하다. 이러한 역할을 충실히 수행하기 위하여 시민단체에게

15) 田中榮治, NPO, 行政はどうかかわるか, 新地方自治の論点, 2002, 186~188면.

는 공정성과 청렴성 그리고 전문성이 강력하게 요구된다.

3) 지역사회에는 행정, 기업, 주민과 시민단체가 모두 필요하고 그들의 상호협력 없이는 많은 지역사회의 문제들은 해결되지 않는다. 행정과 기업의 자세도 변해야 하지만, 주민운동과 시민단체활동도 거리에서 피켓들고 데모하는 이미지를 벗어나서, 행정과의 파트너십을 확대하여 긍정적인 공동체발전(Community Development)운동으로 발전하여야 한다.

(2) 시민단체가 활동가능한 사업내용들

자치단체와 주민, 기업과 시민단체는 지역발전과 지역주민의 생존 및 위험의 배려업무를 위하여 다양한 파트너십을 형성할 수 있다. 일본의 많은 시민단체들이 다루고 있는 다양한 사업내용들에 관한 정보는 정보 그 자체만으로도 한국의 시민단체들의 사업활동 다각화에 도움을 줄 수도 있다. 이하에서 요약하여 그 내용을 살펴보기로 한다.[16)]

① 보건의료분야

환자의 권리보호, 의약품의 부작용감시, 의료과오감시, 질병예방, 공중위생, 에이즈환자지원, 금연운동, 응급의료환자지원, 식품안전보호 등.

② 사회복지

고령자·장애자의 지원, 난치병환자의 지원, 급식서비스의 제공, 알콜중독자의 치료지원, 생활보호자의 지원, 환자이송서비스, 맹인견의 양육과 교육, 청각장애자의 지원, 점자·수화서클활동, 장애아의 보육, 장애인의 고용소개, 소년소녀가장의 지원, 양부모맺어주기운동, 청소년매춘금지 등.

③ 지역사회

역사적 건축물의 보존, 외딴집방문, 고향마을방문, 자연경관보존, 지역정보지발간, 화초재배운동, 마을청소운동, 도시농촌교류운동, 건축안전심

---

16) 市民活動を支える制度をつくる会, 앞의 책(각주 13), 12~13면.

사, 고령자, 장애인, 외국인의 주택수리, 자치단체장의 정책에 대한 주민의 견제출운동, 지역의회와의 정책의제 공동워크숍, 안전관리운동, 범죄방지운동, 범죄자의 사회복귀지원, 범죄자가족지원 등.

④ 교육·문화·스포츠

등교거부아동의 부모모임, 왕따방지운동, 가정학교운동, 대안학교운동, 민간박물관, 역사관, 향토자료관, 민속놀이전승관, 전통문화의 진흥과 계승, 지역소년소녀스포츠팀, 시민음악단, 합창단, 연극활동, 스포츠지도, 역사탐구회 등.

⑤ 환경보존

야생동물보호, 야생희귀식물보호, 자연사랑하기운동, 늪지보존, 하천정화, 수질보존, 합성세제추방, 재생지사용, 과잉포장추방, 환경교육, 지역생태계조사, 프레온가스회수, 원자력발전반대, 동물학대금지, 트러스트운동, 리사이클운동, 골프장반대운동, 소음반대운동, 중고품재활용운동 등.

⑥ 국제협력·교류

외국인노동자지원, 난민지원, 외국인 및 그 자녀교육지원, 기아추방, 식품원조, 외국인을 위한 민박집지원, 외국인을 위한 통역, 번역지원, 유학생지원, 외국의 시민단체활동의 정보제공, 외국과의 문화교류 등.

⑦ 기타

재해의 지원, 사고피해자의 지원, 여성의 자립지원, 여성의 직업활동을 위한 여건조성운동, 여성경영자의 지원, 외국인인권보호, 핵무기반대, 전쟁반대, 지뢰금지운동, 국제평화운동, 스크린쿼터보호운동, 농업개방반대운동, 아동학대반대, 노숙자지원, 권리보호를 위한 법률상담 및 서비스지원, 강간방지, 안락사허용운동, 행정감시운동, 유전자조작감시, 기업의 사회적 책임의 감시, 소액주주운동, 기술오남용감시, 화학약품감시.

이상 열거한 내용들만 보아도 앞으로 얼마나 많은 분야에서 시민단체 활동이 기대되고 있는가를 알 수 있다.

3. 지역시민단체들에 대한 행정의 지원책임

(1) 지역시민단체들에 대한 행정지원의 확대방안 개관

지역공동체의 발전을 위하여 지역시민단체들이 기능할 수 있도록 행정지원이 확대될 필요가 있는 현안과제들을 개관한다.

첫째, 행정과 시민단체사이에 인적 교류를 활성화시키기 위하여 정보교환, 의견교환을 정례화시키는 것이 필요하다. 이를 위한 방법으로 행정위원회와 비공식적 회의 등에의 참여, 시민단체의 회의나 공청회 등에의 공무원의 참여, 합동심포지움의 개최, 인사교류, 합동연수회의 개최, 대학을 매개로 한 합동분석평가회의 개최 등이 필요하다.

둘째, 벤치마킹의 대상이 될 수 있는 파트너십 사례들을 발굴하여 행정지원을 확대하는 것이 필요하다. 지역시민센터건물의 설치, 위탁가능한 사업의 발굴, 지원자금의 확대와 그 방식의 개발 등이다. 그리고 시민단체가 행정으로부터 사업을 위탁받은 경우 사업활동시 행정부서로부터 위탁받았다는 사실을 표시할 수 있도록 하는 것이 필요하다. 위탁가능한 사업도 복지 등 특정 분야에 한정하지 말고, 교육, 복지, 의료, 환경, 문화, 예술 등 여러 행정분야의 업무들을 분석하여 발굴하는 것이 필요하다. 이 때, 행정과 시민단체들은 일정한 시험기간과 시험영역을 확보하여 몇 가지의 파트너십 방식을 실험해보는 것이 필요할 수 있다. 이러한 실험을 통해 보다 합리적인 파트너십 모델이 발견되어 확정될 수 있을 것이다.

셋째, 시민단체들 중에는 행정과 기업, 행정과 주민, 기업과 주민 사이에서 중간자적 위치에서 조정능력을 발휘할 수 있는 시민단체들도 있다. 이러한 시민단체들은 완충적인 역할을 할 수 있는 경험을 축적하고 있어, 특히 복잡한 문제들의 조정능력이 탁월할 수도 있다. 한국사회에서 집단분쟁이 많이 발생하고 있기 때문에 종합적 전문지식과 협상능력을 함께 갖추고 신뢰성을 축적한 시민단체의 출현과 성장을 위한 행정지원도 강화되어야 한다.

넷째, 점차 지역사회를 위한 많은 시민단체들이 출현할 것인데, 유사한 시민단체들 사이에 조직과 활동을 위한 정보와 지식을 상호교환할 수 있도록 정보인프라가 구축되어야 한다. 안전행정부와 광역자치단체, 그리고 기초자치단체들은 시민단체들이 활용할 수 있는 정보가 포함된 정보데이터베이스를 만들어 제공하여야 한다.

(2) 지역시민센터의 건립

현재 시점에서 우리나라 지역공동체의 발전을 위하여 자치단체가 지역시민단체들을 지원해야 하는 책임 중 가장 시급한 것 중의 하나가 많은 지역시민단체들이 활동할 수 있는 업무공간인 지역시민센터의 제공이다.

일본의 경우에는 시와 같은 대부분의 자치단체들에 지역시민센터가 존재한다. 예를 들어, 오사카시의 '오사카 NPO플라자'[17]는 독립한 3층 빌딩으로서 그 빌딩 내에 각 층마다 일정공간씩 임시칸막이로 배정받은 많은 시민단체들이 활동계획을 수립하고 사업을 토론한다.[18] 오사카시내에 있는 주요 시민단체들이 저렴한 임대료만 내고 모여 일을 할 수 있게 됨으로써 정보교환, 프로그램작성, 다양한 연수 등으로부터 시민단체활동에 많은 도움을 얻고 있다.

우리나라의 경우 시민단체들은 고가의 임대료를 내고 사무실을 구하여 사용하고 있을 뿐만 아니라 서로 분산되어 있어 정보교류나 협력활동에 어려움을 겪고 있다. 동사무소를 주민자치센터로 전환하여 시민들이 이용하도록 하고 있으나 일시적 회의가 가끔 가능한 정도이어서 별 도움을 주지 못하고 있다. 지역시민단체들이 활동할 수 있는 공간을 저렴하게 확보할 수 있도록 자치단체들은 지원을 확대하여야 할 것이다.

17) 필자는 2003년 7월 일본의 오사카에 있는 '오사카 NPO플라자'를 방문했다. 이하의 내용은, 大阪ボランテイア協會, 大阪NPOプラザができるまで, 2002를 참조했다.

18) 이 건물은 세무서이었던 건물을 새로이 개량한 것으로 시는 건물만 제공하고 그 건물의 관리운영도 시민단체가 맡았다. 오사카시는 이 건물의 관리단체를 공개모집하여 선정하였다. 2002년 기준으로 연간 2,500만엔이 들었는데, 사무실임대료, 회의공간사용료 등의 수입을 통해 관리운영을 맡은 시민단체가 그 비용을 스스로 확보했다.

(3) 시민단체활동비에 대한 지원확대

1) 지역시민단체들에게 있어 재원과 비용문제는 항상 해결하기가 어려운 문제이다. 필요한 재원을 마련하는 데 너무 많은 시간을 소비해 시민단체의 고유목적사업을 하기 위한 시간이 크게 부족해질 수도 있다.

중앙정부나 자치단체로부터 재정지원을 받는 것은 긍정적인 면은 물론 부정적인 면도 가지고 있다. 자치단체와 계속 접촉하면서 시민단체는 정부비판적인 기능을 상실할 우려도 있기 때문이다. 때문에, 시민단체가 본래의 임무를 망각하지 않으면서 어떻게 유용한 파트너가 될 수 있는지가 공동체발전운동에 참여한 단체들의 딜레마가 되고 있다.[19)]

전주시의 경우에서와 같이 봉사도중에 입을 상해위험에 대비하여 상해보험비용만 행정이 부담하고 수당의 의미를 갖는 봉사활동비는 행정으로부터 받지 않는 형태도 있을 수 있다. 전주시는 자원봉사자활동복을 봉사기간 동안 제공하고 공공시설사용료를 감면하고 있으나 수당을 지급하지 않고 있는데, 그것은 자원봉사이기 때문에 가능한 것이고, 보통의 시민단체는 영리단체는 아니지만 수당을 받아야 조직이 존속할 수 있다.

2) 우리나라의 비영리민간단체지원법에 따를 때, 안전행정부장관과 시·도지사는 비영리민간단체에 대하여 필요한 행정지원 및 재정지원을 할 수 있지만, 정부로부터 받는 사업실비는 단체의 운영을 위하여 매우 부족하다. 기업이나 개인들로부터 일정 금액을 기부받을 수도 있으나, 한국에서 시민단체에 대한 기업들과 개인들의 기부금액수는 많지 않다.

기존에 행정이 하던 공공서비스를 협약을 통하여 민간단체들에게 위탁하고 그 비용을 행정이 지불하는 방식도 있는데, 이 방식은 어떻게 구체화되는가에 따라 내용이 달라질 수 있다.

예를 들어 사회보장의 수급권을 갖는 사람들이나 양로원, 고아원 등에게 민간단체로부터 필요한 서비스를 구매할 수 있는 티켓(Voucher)을 미리

---

19) Brian Wharf/Michael Claque, Lessons and legacies, Community Organizing: Canadian Experiences, 1997, pp. 315~316.

행정이 일정 숫자 발급할 수 있다. 이 때, 수급권자들은 서비스를 받는 시간만큼 티켓을 민간단체에게 교부하여 최종적으로 민간단체들이 그 티켓을 행정에게 제출하여 현금을 지급받는다.[20)]

자원봉사단체 등이 자원봉사활동을 한 후 서비스를 제공받은 사람으로부터 시간과 서비스내용 등을 기재한 확인증을 교부받아 그것을 행정에 제출함으로써 비용을 제공받는 방식도 있다.

3) 특정제품의 판매촉진을 위한 기업들의 홍보행사와 관련하여 그 행사를 공동주관하거나 로고를 사용하도록 허용하는 등의 방법도 외국에서는 이용된다. 하지만, 우리나라에서 기업들의 영리활동에 직접 시민단체들이 참여하는 것은 시민단체들의 도덕성과 신뢰성에 타격을 가할 위험도 크다.

시민단체들이 벼룩시장을 열어 티셔츠 등을 파는 등 상품판매에 나설 수도 있으나 활동비용의 조달에 한계가 있다.

4) 현 시점의 우리나라에서는 행정에 의한 사업비지원을 더 확대하는 방식을 취하면서 사회적으로 시민단체에 대한 기부문화를 확산시키는 것이 필요하다고 본다.

(4) 시민단체를 지원하고 교육훈련시키는 시민단체에 대한 지원확대

1) 현 단계에서 지역사회 공동체발전운동을 위해 가장 필요한 것 중의 하나가 지역사회의 소규모 주민단체들의 리더들이나 자원봉사자들을 교육시키는 일이다.

지역 시민단체의 리더들과 지역사회의 여러 주체들은 부족한 전문성과 아이디어를 보완하며 다른 의견을 가진 자를 설득하는 기술을 배우고 훈련받아야 한다. 서비스프로그램의 수립과 집행에 필요한 정보들도 습득

---

20) Martha Minow, Partners, not Rivals? Rewarding the lines between public and private, non－profit and profit, and secular and religious, Boston University Law Review 2000, pp. 1063~1064.

하여야 한다. 생각이 다른 사람들과 만나 의견을 듣고 공동의 목표를 발견하고 함께 노력해가는 것은 많은 인내와 노력을 필요로 하고 합의와 절충의 기술을 습득해야 한다.

2) 리더들은 무엇보다 비전과 성실성, 그리고 전문지식 및 기술을 갖춘 전문가가 되도록 훈련시켜야 한다. 또, 자원봉사활동을 조직화하고 필요한 자금을 경제적으로 사용할 수 있도록 훈련시켜야 한다.

이를 위해 인간관계에 관한 지식과 기술 등에서부터 실용적인 의학상식, 생활법지식(복지관계법, 환경법, 도시계획 및 건축 관계법, 인·허가제도, 계약과 손해배상, 재난관계법 등), 재무관리의 기본지침, 지방행정의 기본적인 업무처리과정에 관한 지식과 같이 활동에 필요한 지식, 그리고 시민단체의 등록이나 법인설립허가 등에 관한 지식이 교육되어야 한다.[21]

4. 지역시민단체활동과 그 자금사용내역에 대한 행정감독책임

2012년 9월 30일 현재, 우리나라에서 비영리민간단체로 등록된 단체수는 9,487개지만 간이절차인 등록만 하도록 한 결과, 비법인단체가 7,225개로 그의 비율이 높아 전체 등록단체 중 76%나 된다. 또, 실질적으로 활동을 거의 하지 않는 유명무실한 단체들도 상당수 존재하고 있다.

따라서, 점차 행정의 지원을 확대함과 함께 지원받은 시민단체의 책임도 강화시켜나가야 할 것이다. 행정으로부터 사업비를 받거나 기부받은 돈을 적정하게 사용하고 있는지 여부, 즉 부실운용에 대한 감독을 철저하게 하여야 한다.

등록만 받아놓고 거의 활동하지 않는 단체에 대해 보고만 받을 것이 아니라, 감독청이 실제로 현장조사하여 개선명령 또는 시정명령을 할 수 있어야 하고, 등록취소를 하는 것이 가능하도록 입법적 보완이 필요하다. 또, 시민단체들은 그들의 활동상황이나 재무운용에 관한 정보를 담은 문서나 책자를 사무실 내에 비치하여 누구나 열람가능하도록 공개하여야 할 것이다.

---

21) 田中榮治, 앞의 책(각주 15), 188면.

Ⅳ. 요약 및 맺음말

1) 정부와 시장은 모두 지역공동체의 발전을 위하여 정부실패와 시장실패라는 약점을 지니고 있다. 이를 보완하여 지역공동체를 발전시키기 위하여 자치단체와 지역시민단체 사이에 긍정적인 파트너십의 형성이 필요하다. 파트너십 법치주의는 법제도적 측면에서 이러한 목적을 지원하기 위한 개념이다.

현대 한국사회에서 지역시민단체활동은 독일이나 일본, 그리고 다른 선진국들에 비하여 출발시기가 늦다. 현재 보여주는 시민단체들의 정책반대운동이나 소극적이고 임시적인 자원봉사운동은 한계가 있다. 전문성과 봉사정신으로 무장하여 지역사회의 활성화를 위해 신뢰할 수 있는 지역시민단체들이 되기는 어렵다.

많은 지방도시들과 농어촌지역에 있어서는 젊은이들이 정착해 살 수 있도록 우선 직업 그 자체를 창출하는 지역경제발전에 주민들은 관심을 보이고 있다. 지역시민단체들도 직업을 창출할 수 있도록 지역경제발전을 위해 노력하면서 더불어 삶의 질 향상에 관심을 가져야 한다. 때문에, 공동체 발전에 건설적으로 기여할 수 있는 지역시민단체를 지향해야 하고, 이를 위해 자치단체와 지역시민단체들 사이에 긍정적인 파트너십이 형성되어야 한다.

2) 현재 우리나라의 비영리민간단체지원법상 규정된 간이한 등록절차로 인해 등록만 하고 실질적인 활동이 거의 없는 단체들도 있다. 그것은 그만큼 지역시민단체들이 인적·물적으로 열악한 상황에 놓여 있기 때문이다. 이를 타개할 수 있도록 행정지원을 확대해야 한다.

특히, 행정과 시민단체간 정보교류확대와 범정부적 정보데이터베이스 구축, 지역시민센타의 건립, 시민단체활동비에 대한 지원확대가 필요하다. 또, 우리나라 지역시민단체가 형성의 초기단계에 있는 점을 고려하여 시민단체를 지원하고 교육훈련시키는 시민단체에 대한 지원을 확대해야 한다.

시민단체활동과 그 자금사용에 대한 행정감독도 합리적으로 재설계되어 본래의 임무나 사명을 오랫동안 방치하거나 재정운용과정에서의 불법적인 사유화 등이 발생하지 않도록 하여야 한다. 정보공개를 위해 그들의 활동상황이나 재무관리정보를 담은 문서나 책자를 사무실 내에 비치하여 공개하도록 하여야 한다.

찾아보기

선정원

서울대학교 법과대학 졸업
서울대학교 대학원 졸업(법학박사)
독일(Universität Bayreuth), 미국(University of Texas) 등에서 행정법연구
행정법이론실무학회 회장, 한국공법학회 연구이사·총무이사, 한국지방자치법학회 총무이사
법제처 법령해석심의위원, 국회 입법자문위원, 행정자치부 주민소송자문위원,
중앙선거관리위원회 행정심판위원
각종 공무원시험 위원
강릉대학교 법학과 교수, 명지대학교 행정학과 교수
현재 명지대학교 법과대학 교수 및 학장

공무원과 법

초판인쇄 2013년 8월 10일
초판발행 2013년 8월 20일

지은이 선정원
펴낸이 안종만

편 집 김선민·나경선
기 획 노 현
마케팅 최봉준
표지디자인 ㈜네오북
제 작 우인도·고철민

펴낸곳 (주) 박영사
서울특별시 종로구 평동 13-31번지
등록 1959. 3. 11. 제300-1959-1호(倫)
전 화 02)733-6771
f a x 02)736-4818
e-mail pys@pybook.co.kr
homepage www.pybook.co.kr
ISBN 979-11-303-2517-0 93360

정 가 18,000원